日本全国

都市の通信簿

主要35都市を採点する

岩中祥史

草思社

はじめに

「都市」と「都会」――。文字面《づら》はよく似ているものの、それぞれが意味するところは大きく異なります。『大辞林』で「都市」を引くと、「都市　繁華な都会。人口が集中する、政経・文化などの中心的地域という意味でも使う。」とあります。なんだかわかったようなわからないような説明ですが、「都会」の項を見ると、その違いがもう少し鮮明になってきます。

「**都会**　人々が多く集まり住んで、商工業や文化の発達した土地。みやこ。都市。」とあり、さらに「**都会人**　都会に住み慣れている人。都会的なセンスをもっている人。」「**都会病**（略）②地方に住んでいる人が都会生活にあこがれる傾向。」とも書かれています。つまり「都会」とは、人々を「あこがれ」させるような魅力を備えた「都市」といえそうです。そして、どこの「都市」も、できればいつの日か「都会」になりたいと願っていることでしょう。

ところがいまの日本では、「都会」をめざすどころか、とりあえず「都市」として生き残ることに必死にならざるを得ない状況におちいっているところが少なくありません。その兆候はかなり以前からありました。かつて都市であるための必要条件だった「商工業」のうち「工業」に重きが置かれなくなったころからです。軽薄短小だの3Kだのといった言葉がひんぱんに聞かれはじめるようになった時期といえばわかりやすいでしょうか。

もう一つの「商業」も、ここのところ大きな地殻変動をきたしています。昔ふうの個人商店が立ち行けなくなったのです。かつて、街のそこここに見られた本屋さんがどんどん減りつづけているのがそれを象徴しています。といって、書店の売り場面積そのものが減っているわけではなく、郊外のロードサイドに大型の書店が出ているため、むしろ増えているのです。

地方都市の中心街にあってかつては多くの人でにぎわっていたエリアがさびれているという状況が指摘されはじめ、もう数年が経過しています。人口が三十万、四十万を超えるような都市ですらその傾向が見られます。そうしたなかで、都市が商業や工業だけに頼って生き残ろうとするのは無理なのかもしれません。というよりも、そこに住んでいる人たちだけで問題を解決しようとするのはもはやむずかしいのです。逆にいうなら、離れたところからどれほど多くの人に訪れてもらうかに知恵をしぼる必要があるということです。

「都市」の「市」は、市場や広場を指し、「都会」の「会」も、人と人、人と物が出会うという意味でしょう。そこには、その都市（周辺部も含めて）の住民だけという限定などありません。となると、そうした出会いの場・チャンスをいかにつくりだすかということが重要なカギになってきます。「都市」は「都市」でありつづけようとするのではなく、「都会」をめざす、つまり住んでいる人と訪れてくる人とで進化・発展させることを考えないと、「都市」の座からすべり落ちてしまうといえるのです。ところがこの場合、別の次元の問題が出てきます。

それは、その都市に住まう人々の価値観、発想スタイル、行動規範のようなものが大きく影響するからです。排他的な考えが強いところでは、よそから人がやってくること自体、受けつけないかもしれません。あきらめのいい人が多い都市では、その街を見捨ててさっさとどこか別の街に移り住んでしまうことでしょう。考えが保守的で優柔不断な人が多い街では、いつまでたっても新たな手立てが講じられないという状況をきたしそうです。どこかの後追いばかりしてきたところには、独自のアイデアが生まれる期待すらできません。

本書では、全国三十五の都市を取り上げました（コラムで言及したところも含めれば、六十三都市）。活発な都市、落ち込んでいる都市、現状をなかなか変えられない都市……、さまざまです。しかし、いちばん残念なのは、その都市にしかない独自の魅力を見失っていることです。いまさらいうまでもなく、どこの都市も皆、東京のように例外的な大都会をめざす必要はありません。地方都市として、独自の魅力（アピールポイント）を見いだし（つくりだし）、それをテコに多くの人に来てもらうことで、活性化を図るしかありません。

どういう経緯であれ、ひとたび「都市」になり得たところは、何がしかの吸引力があったはずです。それがいまはたまたま潜伏しているだけなのです。その潜伏度合いを、「通信簿、採点」という大胆不敵な表現で筆者なりに表現してみました。ここに取り上げた都市がすべて、本当の意味での活性化を実現し、道州制が導入されようがされまいが、この先長く発展していただきたいと、心の底から願っています。

二〇〇七年五月

岩中祥史《いわなかよしふみ》

日本全国　都市の通信簿◎目次

【本書登場の都市・掲載ページ】

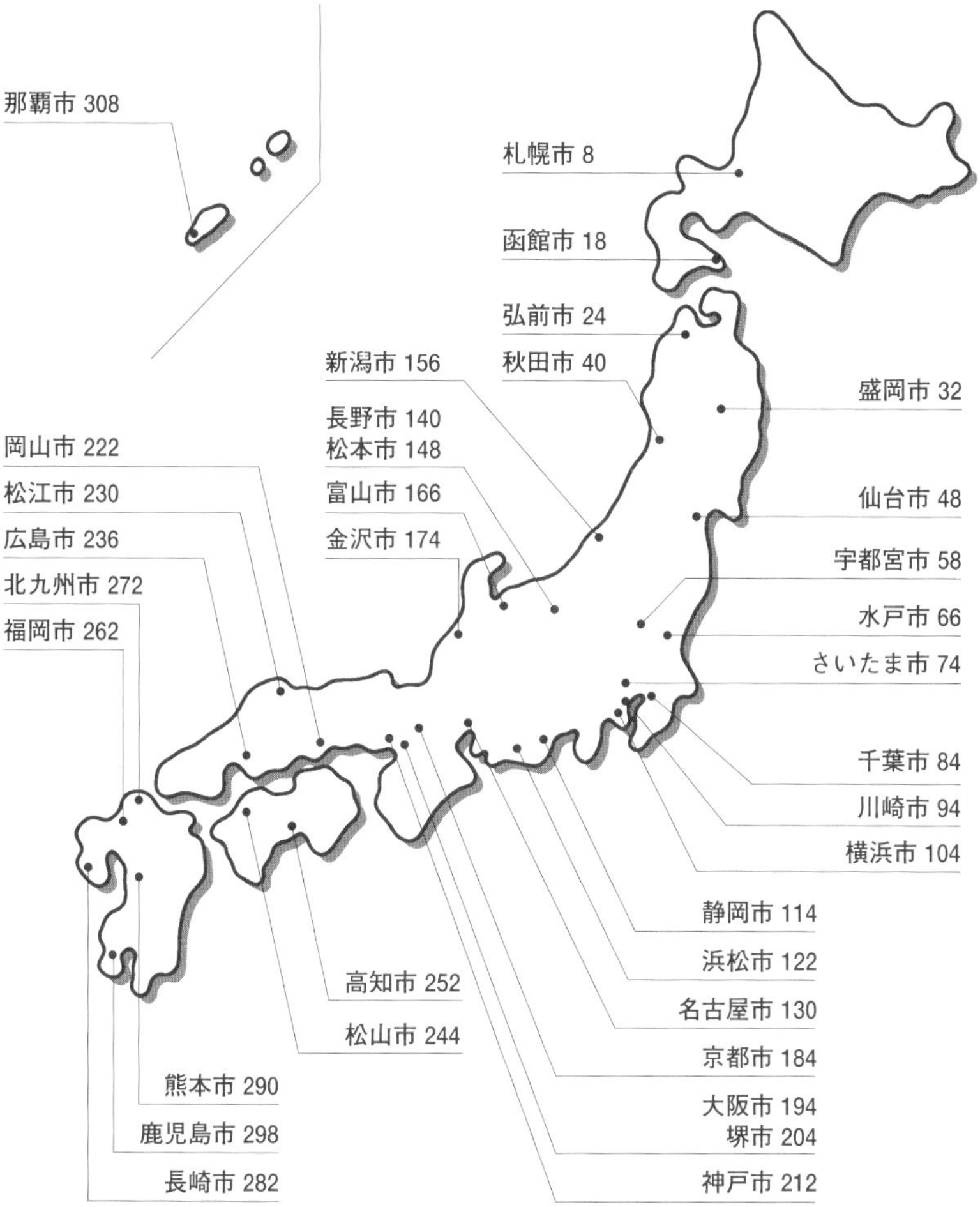

※コラムに登場の都市は、右ページをごらんください。

1 札幌市

「魅力的な市」ナンバーワンにあげられる北の街

洗練された「北海道の首都」だが、気がかりは中央まかせの甘え意識

女性は美しく、食べ物はおいしい

聞き慣れてしまえばどうということもないのだが、札幌というのは、その名前からして、なんともエキゾチックである。「ポ」という、純粋の日本語にはごく少ない半濁音がそうしたイメージを増幅するのにひと役買っているのかもしれない。事実、「サッポロ」という名前は、アイヌ語で「乾いた広いところ」を意味する「サッ・ポロ」に由来している（「サリ・ポロ・ペッ＝大きな湿地のあるところ」とする説も）。

どういうわけか、内地（本州・四国・九州）の人間は「北」にある種のあこがれを抱いているようで、流行歌でも昔から「北」「北国」をテーマにした曲が多い。なかでも北海道は、本州と海をへだてていることもあり、よけいに異国情緒を刺激する。

そもそも「北海道」に対するイメージ自体、多くの内地人にとって〝外国〟に近いものがある。もちろん、法的には外国でもなんでもないが、梅雨がないというだけで、その資格は十分満たし

ているのではないか。全国の主要都市のデパートで年に二〜三回開催される「北海道物産展」はどこも皆、例外なくにぎわいを見せる。高い旅費や宿泊費をかけなくても、〝外国〟気分が味わえるのだから、それも当然だろう。

その〝外国〟の首都が札幌である。東京からは飛行機で一時間半足らず、福岡からでも二時間ほどで行けるとなれば、仕事・観光を問わず、だれだって行ってみたいと思う。「北」にあるというだけでなぜか、女性はさぞかし美しいだろう、食べ物もおいしそうだという期待がふくらむ。ちょっと足を伸ばせば大自然も堪能できる。

しかも、人口は二百万人近いから、都市としての基盤は十分に整っていそうだ。地下鉄も走っていれば、全国にその名が知れわたっている「すすきの」という大きな盛り場もある。ゴルフ場も多い。道庁もあるし、内地の企業のほとんどが支店を置いている。サラリーマンのあいだで常に、「転勤したい都市」のナンバーワンにあげられるのは当然のことだろう。

サラリーマンだけでなく、なんと日本人全体の八割以上が「魅力的な市」の筆頭に札幌をあ

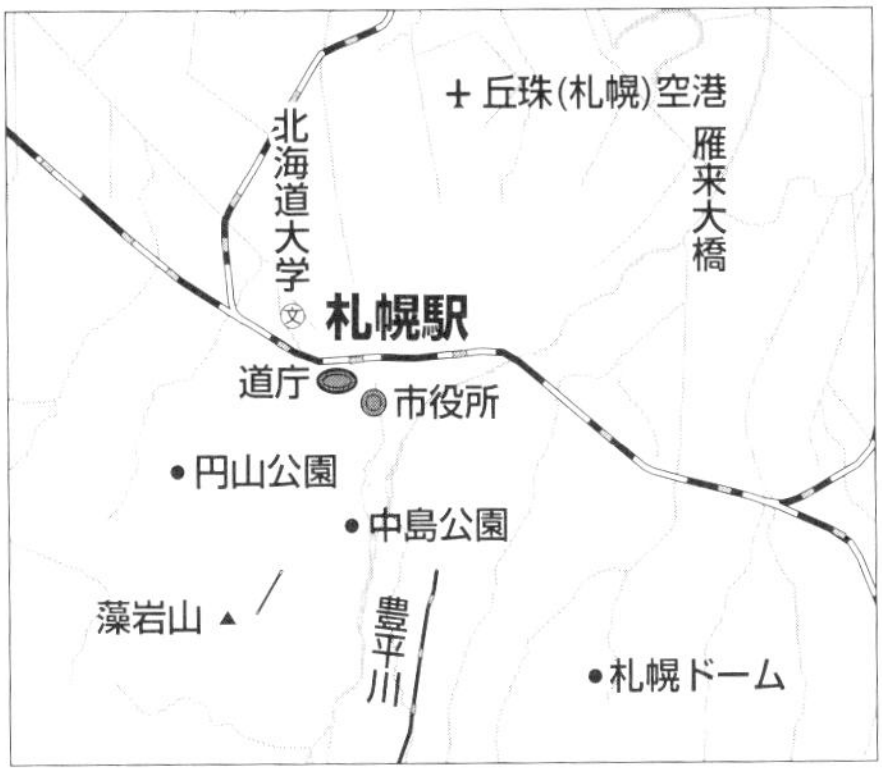

行ってみたい度……★★★★★
住んでみたい度……★★★★
刺激度……★★★★
いやされ度……★★
ガックリ度(訪れた際の期待はずれ度＝以下同)…★

げている（ブランド総合研究所の調査による）。ちなみに、同調査の第二位は神戸市、第三位は函館市だが、札幌の場合、何より、いともお手軽に〝外国〟を体験できるのが大きい。しかも、そこでは日本語がそのまま通じるのだから、ありがたいことこの上ない。

だからといって、北海道―札幌の人たちの心まで、あるいは頭の中まで内地と同じだと思うと、痛い目にあうから気をつける必要がある。たとえば、札幌の女性は非常に積極的である。札幌だけでなく、北海道の女性は総じて、意中の男性と結婚したいと思ったら、十中八、九、女性のほうから男性にプロポーズするのだという。一方、札幌に単身で赴任している男性は、一人暮らしのわびしさをまぎらわせようと、夜な夜な歓楽街にくり出しているうちに、つい、そうした女性にイレ込んでしまいがちである。

「北」のかもし出す独得の空気がそれを後押しする。とくに冬は、男性が感じるさみしさもひとしおだろう。晩秋から年明け、二月半ばあたりまで、札幌の夜は光り輝く。街のシンボルでもある大通り公園と、そこからすすきのに南下していく通りにともされるイルミネーションの美しさはおそらく日本一ではないか。

神戸のルミナリエは一点集中型だが、札幌の場合、広範囲にわたっているから、街を歩いているだけで開放的な気分になる。それが歌謡曲の歌詞と重なり合うことで、自他ともに理性的と認めている男性でも、みずからをその主人公に擬してしまう恐れが、なきにしもあらずだろう。

結果、札幌で道ならぬ恋に身をやつし、帰任するときにはすっかり〝でき上がってしまった〟

という男性が後を絶たないことになるわけだ。札幌市の離婚率（人口十万人あたりの離婚件数・二〇〇三年）が、政令指定都市のなかで大阪市（三一・五五）に次いで第二位であるのもいたし方ないかもしれない。ちなみに、県庁所在地まで範囲を広げると、高知市が第二位（二八・四〇）である。全国の都市のうち、離婚率のベスト五十に、北海道からはなんと十四市も名を連ねている。やはり北海道は離婚が多いのである。

いまでこそ離婚など、めずらしくもなんともないが、かつての日本ではけっして人さまにほめられることではなかった。そうした価値観がいまだに根強い北陸地方や東海地方ではいまでも離婚率が低い。だが、世間体《せけんてい》より合理・実利を優先する北海道や大阪府、高知県、沖縄県の都市に住む人たちは、いつまでもウジウジ我慢しながら同じ屋根の下で一緒にいるなど、考えもつかないのだろう。

「しがらみ」が薄い分、粘っこさ、我慢強さに欠ける

このことに象徴されるように、札幌人というのは、誤解を恐れずいうなら「なんでもあり」なのである。伝統的な価値観に縛られ、我慢しながら生きるより、自由奔放に生きるほうがはるかに健康的という考え方に立っているわけだ。もともと本州をはじめ全国各地から集まってきた人たちだから、男女関係にかぎらず、何ごとにつけ、いわゆる「しがらみ」が薄く、その意味では、東京にひけを取るどころか、それ以上に都会的な都市といっても過言ではないだろう。

そうした「なんでもあり」の札幌だからこそ、あの新庄剛志も人々に受け入れられたのである。思うに、新庄を文句なしに受け入れられる都市といえば、札幌以外では大阪、あとは、せいぜい福岡と那覇くらいのものだ。周囲の思惑や評価などまったく歯牙《しが》にもかけず、自分の思ったとおりにしゃべり動くというのは、欧米流の個人主義社会ならまだしも、島国根性のいまだ抜け切らない日本ではかなりしんどいはずである。

だが、新庄の場合、アメリカ大リーグでそうした生き方にさらに磨きをかけてきたようで、大リーグから戻って迷わずパ・リーグ、それも札幌にフランチャイズを移したばかりの日本ハムに移籍している。その読みはズバリ的中した。新庄の人気は予想以上で、それがチームを大いに勢いづけ、リーグ優勝、あまつさえ日本シリーズも勝ってしまった（二〇〇六年）。

ただ、「なんでもあり」というのは、いかにも都会らしいが、それもよし悪しのところがある。たとえば、自己破産が多いなどというのは考えさせられてしまう。都道府県別の自己破産件数（労働力人口一千人あたり、二〇〇四年の最高裁広報課統計）を見ると、上位には九州の七県すべてがズラリ顔を並べているのが特徴的だが、北海道と高知県も毎年かならず名前を連ねている（なぜか、離婚件数の多いところと重なっているのがおもしろい）。北海道のうち、人口がもっとも多い札幌の占める割合はかなり高いはずである。

だがこうした気質は、ビジネスの面では非常に開放的であることの証《あかし》でもあるから、内地から行った人や企業にとっては組しやすいともいえる。内地の人、企業だから……などといったことはまずいわれなさそうである。実際、札幌で成功している企業の経営者には道外の出身者が少なくない。もちろん、北海道・札幌側の企業にしてみれば、内地からそうそう安易に出てこられても困るだろうが、コストさえ抑えれば十分に太刀打ちできるという読みもあろう。

ただ、それにしても札幌はここ数年、元気さという点ではいまイチのきらいがある。それは、いうまでもないことだが、拓殖銀行の倒産による北海道経済のひどい落ち込みによるところが大きい。拓銀の存在感は、名古屋の旧東海銀行（現・三菱東京ＵＦＪ銀行）、埼玉県の旧埼玉銀行（現・埼玉りそな銀行）など比較にならないほど、圧倒的なものがあった。

東海や埼玉は、バブル後の不良債権処理でつまずいたものの倒産したわけではないし、最終的にはメガバンクに吸収されたからまだいい。だが、拓銀はバブル期に大ケガを負い、どこからも救済の手がのばされないまま、一九九七（平成九）年十一月に経営破綻《はたん》してしまった。それによる影響はすさまじく、札幌はもちろん、道内全体が悲惨な状況を呈することになったのである。

東京などでは多くの企業が負債金額の減免や返済繰り延べといった救済措置を受けたが、北海道―札幌の場合、そうした恩恵もないまま野垂れ死にしていった企業が少なくない。それがいまだに尾を引いており、有効求人倍率は低いままだし、高校生の就職率（二〇〇七年三月卒）も、全国第一位の福島県（九八・九パーセント）に比べ、最下位の八二・六パーセントにとどまっている。そのため、北海道の高校生は道内に就職先が見つからず、主に本州・東日本、それも景気のよいところに散っていくしかないという状況にある。

経済が落ち込むと、普通はホームレスが増えたり犯罪がひんぱんに起こったりなど、治安面で問題が出てくるものだが、札幌ではとりたててそうした傾向は見られない。もともとが「なんでもあり」だから、いまさらということなのだろうか。というより、札幌人はあきらめが早いのかもしれない。津軽海峡をへだてた向かい側にある弘前人とは正反対といってもよいほど、粘っこさ、我慢強さに欠けるのである。

それに加え、北海道全体の傾向として昔からよく指摘される、「中央」まかせの気風が強いのも、立ち直りが遅れている一因かもしれない。道庁とは別に、「北海道開発庁」なる中央官庁が、予算面などで力を持っていたため、自治体としての北海道が何もしなくても、最後は開発庁がカバーしてくれるといった甘え根性がしみついてしまっているようなのだ。それが、苦しくても自力でなんとかしようという意識を希薄化させていると、地元の識者は嘆く。開発庁は二〇〇一（平成十三）年一月、国土交通省に吸収されてしまったが、それまで半世紀にわたって権勢を振るっていたため、その影響はいまだ根強く残っている。

「開発」といっても、早い話が公共事業である。近ごろの全国的な公共事業抑制の動きともあいまって、北海道でも大幅に減った公共事業。それを頼りに成り立っていた地元の建設・土木業者がネを上げているのは当然かもしれない。都会特有のひ弱さともまた違う、この中央まかせの気風が、この先ネックにならなければよいのだが……。

道路幅がいい頃合いにできている都市

都会の街並みというのはなんとも不思議である。碁盤の目のように整えられている都市もあれば、狭い路地が昔のまま複雑に入り組んでいる都市もあるが、どちらもそれなりに魅力がある。城下町ではない、明治時代に入ってからつくられた札幌は前者の代表だろうし、弘前や盛岡は後者の代表といえる。

京都や奈良も基本的には碁盤の目状につくられているが、札幌と違うのは道幅が非常に狭いことだ。また、名古屋の中心部も同じように整ってはいるが、いかんせん道路幅が広すぎて街が寸断され、人と人との心の距離にすき間ができてしまう。その点、札幌は道路の幅がなんともいい頃合いにつくられている。

そうした環境が、そこに暮らす人々にさまざまな影響を及ぼしていることに、私たちは意外と鈍感である。道路幅が適度に狭いと、向かい側に渡っていくことにもためらいを感じない。名古屋のように広すぎると、とてもではないが、そういう気持ちになれないものだ。

空間構成というのは都市の顔をかたちづくり、その顔に合わせて人々は自分の行動をコントロールしていく。都市の雰囲気は、環境と、そこに住まう人々によってつちかわれるものなのだ。札幌の場合、それがうまく調和しており、町を歩く人々の風情も自然と洗練されたものになっている。それに加え、内地に見られる農耕社会的な「しがらみ」もないから、都会らしさがきわだっている。

東京・山の手に生まれ育った人に特徴的だが、本当の都会人には、あくせくしたところがあまり感じられない。どこかクールだがスマートで、さりげなくおしゃれ、何ごとにも恬淡《てんたん》としている。拙著『出身県でわかる人の性格』でも触れたが、とにかくタフな神経の持ち主でなければ生きていけない東京で、日夜あくせくしているのはむしろ、東京以外のところからやってきている人たちである。

札幌人も上昇志向はそれほど強くない。何がなんでも偉くなろう、有名になろう、人から注目されるような存在になろう……といったギラギラしたエネルギーが弱いのだ。事実、文学や芸能界、スポーツ界には札幌人の名前がほとんど見当たらない。

要するに、札幌の人は根っからの都会人なのである。だから、新しいもの、先行きヒットしそうなものをかぎつけるセンスに関しては、かなり鋭いものを持ち合わせている。札幌が新商品のテスト・マーケティングをおこなう場所に選ばれているのも故あることなのだ。

かつて日本で初めてという心臓移植手術（一九六八年八月）をおこなって社会問題にまでなった和田寿郎《じゅろう》（札幌医科大学教授・当時）も札幌市出身だが、世間をあっといわせようという気持ちにもとづいてそうしたことをしたわけではない。いいと判断すれば、たとえ前例のないこと・ものであっても、また周囲の人がどういおうが、ためらわずに受け入れ、迷わず実行しようという、これまた札幌人の都会的気質によるものなのである。

旭山動物園で成功した**旭川市**
優れたソフトで観光客を集めた**小樽市**

旭山動物園で一躍、全国各地から大変な数の観光客が訪れるようになった**旭川市**。人口三十五・八万人という、北海道第二の都市である。全国で初めて「歩行者天国」を実施した一九六九（昭和四十四）年以来、久しぶりに脚光を浴びている。旭川市が属する上川《かみかわ》支庁では、ドラマ・映画の『北の国から』のおかげで、富良野《ふらの》市の知名度が圧倒的に高かったが、最近はそれに迫る勢いを見せている。

札幌や小樽、函館とはまったく異なる、いかにも北海道らしい雄大さがこの都市の魅力だろう。高層ビルがほとんどないだけに、それが一段と強く実感できるのだ。北海道最高峰・旭岳の、雪をいただいた頂上がほとんど一年中見られるのだから、人々の気質も開けっぴろげで屈託がない。課題は、旭山動物園だけに頼らない観光客呼び寄せのための工夫だろう。

一方、札幌からJRの快速電車なら二五分ほどで行ける**小樽市**（人口十四万人）は、観光都市としていまや完全に地歩《ちほ》を固めた感がある。名所旧跡や自然環境だけでなく、優れたソフトがあれば多くの人を集められることをもののみごとに実証してみせたという意味で、小樽市の存在意義は大きい。最近でこそ、それにいささか安住しすぎているきらいもあるが、「魅力度ランキング」では全国第七位、「親しみがある」では第一位だから、たいしたものである。

札幌との位置関係といい、歴史といい、横浜市に似た部分もあるが、こちらは「適正規模」というか、強い個性を保ちつづけることのできる大きさである。

日本初の洋食専門店、ストーブなど、いち早く西洋が根づく

2 函館市

新幹線開通に向けて盛り上がる異国情緒あふれたハイカラな街

魅力的な観光スポットがふんだんにある「異国」の街

若い人たちの間ではロックバンド「ＧＬＡＹ」が生まれた都市として知られている函館。それを自分の目で確かめようと、この地を訪れて生家の周辺を歩きまわったりする人も少なくないという。そして、ついでに市内を観光し、魅力に満ちた街であることを知って驚くのだ。

だが大多数の人は、函館というと、「朝市」を思い浮かべるのではないだろうか。たしかに、カラスもまたいで通るとまでいわれるほどふんだんに獲れるイカをはじめ、ウニ、サケ、ホッケ、カニ、八角《はっかく》（トクビレの別名）など、地物の魚介類は豊富だし、安くてうまい。

だが、函館市はけっして食べ物だけが売り物の町ではない。食べ物はむしろ付属物のようなもので、それより魅力的な観光スポットがふんだんにある。しかも、異国情緒という言葉はこの街のためにあるのではないかと思うくらい、まるで外国に来たかのような印象を抱かせるところが多いのだ。空港や、新しくなったとはいえＪＲの駅など、これといった特徴があるわけではない。

しかし、街の中には「外国」が満ちあふれている。

観光スポットとしていちばん有名な五稜郭《ごりょうかく》も西洋式の城だし、函館山のふもと周辺には、旧函館区公会堂、ハリストス正教会など、明治から昭和初期にかけてつくられた建物が百軒以上も残っているという。カトリック元町教会、聖ヨハネ教会などの宗教建築物、旧ロシア領事館、旧イギリス領事館、開港当時外国人を相手に商いを営んでいた店もある。また、港の近くには、赤レンガ倉庫群が往時そのままの姿をとどめている。二〇〇七（平成十九）年四月には、かつて最大のショッピングスポットだった旧丸井今井函館店（東北以北では最古のエレベーターがある）を、そのままの外観で「地域交流まちづくりセンター」として再生させる粋なアイデアを実現させた。

また、それらをはじめ、多くの建物が、本州ではあまり見かけない色づかいでつくられており、いかにもハイカラという印象を与えるのである。道路標示にもさりげなくロシア語が出ていたりして、本州や九州で出会うのとはひと味違う「異国」がそこここにある。

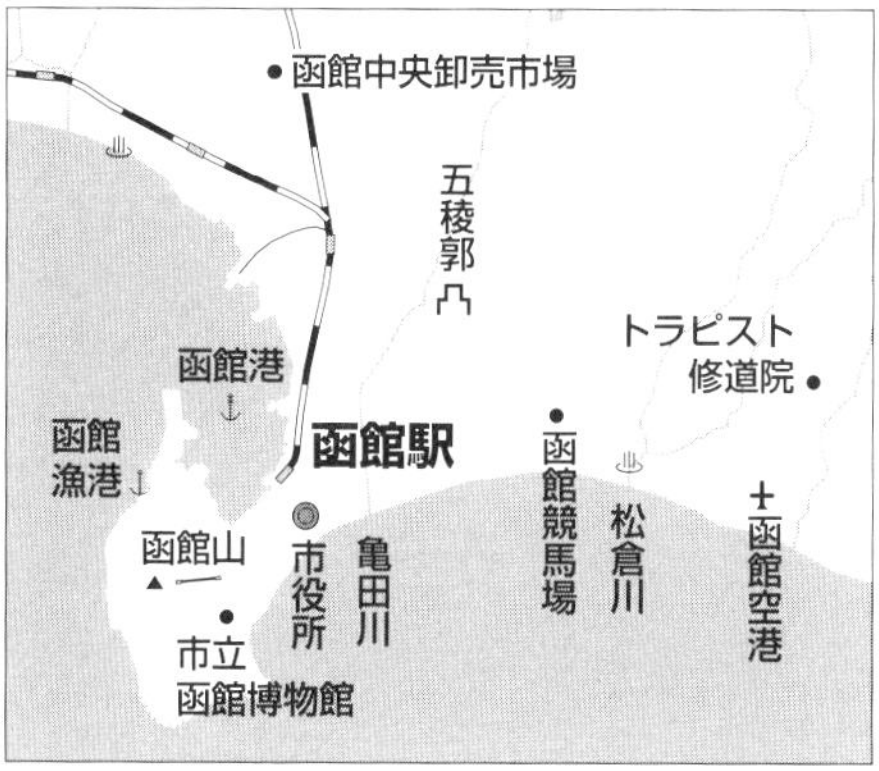

行ってみたい度……★★★★
住んでみたい度……★★★
刺激度……★★★
いやされ度……★★★★
ガックリ度……★★

北海道にしては冬も比較的暖かいから、市内では雪が降ることも少ない。これも、海（津軽海峡）に面し、暖流（対馬海流）が流れているからだろう。地図を見ればすぐに気がつくことだが、北海道南部でいちばん地の利に恵まれているのはこの函館であることがすぐわかる。

ところが、江戸時代この蝦夷地を治めていた松前氏は、本拠を函館（当時は箱館）に置かなかった。後背地が広く開けているため、いつアイヌ民族に襲われるかわからないという不安があったためだという。そのため、この地は十八世紀末までずっと、一寒村でしかなかった。

しかし、函館湾は外海に向け扇形に開けており、港としては絶好の条件を備えていた。十八世紀末になり、上方から北陸、東北地方の日本海側との間で物資の輸送にあたっていた北前船が、蝦夷地にも足を伸ばすようになり、函館をその拠点として使いはじめる。その先陣を切ったのが高田屋嘉兵衛《かへえ》で、港の近くには彼の資料館もある。それにより和人もこの地に定住するようになったため、急激に栄えるようになったのである。

幕末になって、日本周辺に来航しはじめた諸外国の艦船も、天然の良港・函館に目を着けた。その結果、江戸幕府が各国と結んだ通商条約ではかならず、函館の開港が盛り込まれ、実際、横浜や神戸より早い時期から貿易港として機能していた。

函館にはイギリスとロシアがさっそく領事館を設けたし、街の中には燃料・食糧の補給のために立ち寄る外国船の船員など、多くの外国人があふれるようになった。一八五九（安政六）年には日本で初めてという洋食専門レストランも開店している。そのほか、日本最古のコンクリート電柱、国内初の上水道、日本で初めてのストーブなど、数多くのものがこの函館で生まれており、日本で一、二を争う、西洋化された都市となった。それも非常に短期間のうちだったから、異国情緒の根づき具合という点では横浜や神戸もかなわないのではないか。

しかも、函館にはわが国最古の競馬場はあるし温泉もある。また、大沼や駒ケ岳など、雄大な自然に恵まれた観光地も近くにそろっている。札幌よりよほど、人を集める潜在力はありそうである。にもかかわらず、観光客の数は札幌よりも少ない。函館よりはるかに遅れて開けた小樽市をも下まわっていそうである。

観光こそが生き延びる道

函館市からは多くの人物が世に出ている。益田喜頓《きーとん》、高峰秀子、岩崎加根子、叶《かのう》和貴子、中原理恵、森山加代子、川内康範《かわうちこうはん》、亀井勝一郎、久生十蘭《ひさおじゅうらん》、五島勉《ごとうべん》など、札幌市に比べると断然多い。田中角栄の秘書だった早坂茂三も函館市出身である。

函館は早くから西欧文化と触れ、しかも横浜や神戸に比べ地域的にも狭いから、その密度も濃かったと推測できる。そのため、ハイカラなものを追求する気質がはぐくまれたにちがいない。また、街の中で毎日目にする非日本的な光景も、人々の夢、ロマンを強く刺激したはずである。

とともに、それほど大きな街ではないのだが、とにかく坂が多い。それらの坂を登り下りしているだけでも、しょっちゅう海が目に入ってくる。さらに、標高三三四メートルの函館山に登って下界に目をやれば、津軽半島と下北半島がいっぺんに視界に入ってくる。それをへだてているのは津軽海峡だが、それを渡って南に下れば首都・東京である。そこにはたくさんの人がいて……、おそらくそうした気持ちになるのではないか。

そうなると、いまの自分に満足していてはいけないという気概のようなものがふつふつと湧きあがってきそうである。これは、内陸にある札幌にいては味わえない感覚である。むしろ、札幌は北海道の中心都市だし、函館より大きいから、そこでやっていけるという甘えのようなものがめばえるのかもしれない。それが札幌より、〝全国区〟の人材を多く輩出していることにつながっているようだ。

と同時に、函館人には、この街こそ北海道でいちばん最初に開けたところだというプライドもあるだろう。道内ナンバーワンの都市であった期間は短いかもしれないが、一時は函館県庁も置かれていた。道庁が札幌に置かれ、日本銀行の支店が小樽に開設されて以降、函館の座は大きく揺らいだものの、それでも北海道で最初に和人が築いた近代都市であるとの自負は大きい。札幌や小樽、旭川、釧路《くしろ》、帯広《おびひろ》ともまったく違った独特の味わいはいまでも健在である。

それ以降今日にいたるまで、漁業と造船、そして観光で成り立っていた函館だが、近年、造船はすっかり廃れてしまった。漁業も昔ほどではなくなっている。残るは観光だけだが、これしかないということに気づき、力を入れはじめたころには、札幌や小樽のほうが先を進んでいた。そのため、あわてて観光都市として整備を始めたものの、遅れを挽回するのは大変である。

だが、札幌と同様、まだ歴史も浅く、地縁・血縁のしがらみが薄いから開放的な気分が強いし、雄大な自然環境に囲まれていて、細かなことにこだわらず、何があってもおおらかにかまえていられる函館人気質に揺らぎがなければ、それほど心配する必要もあるまい。

二〇一五（平成二十七）年には青森から北海道新幹線も延伸してくる。厳密には函館市でなく、やや北の北斗市にできる新函館という駅までだが、それでも地元は大いに盛り上がるだろう。これが札幌までつながれば、東京・札幌間は四時間弱で結ばれるのだという。それを考えると、今後も大きく落ち込むことはなさそうである。

それに、函館人は、ひとたび生まれ故郷を離れても、多くの場合、函館に舞い戻ってくるケースが多いそうだ。順応性に乏しいというより、それくらい函館の吸引力が強いのだろう。

ただ、函館の経済が今後、飛躍的に発展するとは考えにくい。それでも戻ってきたいというわけだから、新幹線の開通に焦点を合わせ、サービス精神をさらに鍛えるといいのではないかという気がする。過去長い間、北海道内では数少ない自立した都市だったせいもあるのか、観光、観光といいながら、サービスという点では、正直いまひとつの感があった。

観光こそ、函館市が生き延びていくための生命線である。そう思えば、リピーターの観光客を増やすための努力が必要になる。「いいところだろう。お好きにどうぞ見ていってください」というわけにはいかなくなるにちがいない。道内のほかの観光地に先を越されたときはもう遅い。そうならないためにも、観光にもっと力を入れることが必要なのではないかと思われる。

3 弘前市

弘前城と四季の祭りだけで満足せず、ダイナミックな発展力がほしい

厳しい風土から生まれた「じょっぱり」

高校野球ファンなら誰でも東奥《とうおう》義塾という校名に記憶があるだろう。「義塾」は慶應を真似して（一九八四年、高知県に明徳義塾ができるまで、「義塾」を名乗る高校は全国で二校しかなかった）のものだろうが、この学校が青森県弘前《ひろさき》市にあるということまではあまり知られていない。

前身は一七九六（寛政八）年に設置された藩校「稽古館《けいこかん》」で、一八七二（明治五）年に私立校として開学した後、しばらく公立校になったこともある。ミッションスクールの同校は、東北地方で最初にアメリカ人教師が教鞭をとったことでも知られるが、弘前は、そうした学校があっても違和感を与えないハイカラな雰囲気がいまなお色濃く残っている都市である。

その弘前は、言葉は悪いが田舎の代表ともいえるようなイメージを持つ「津軽」の中心都市として知られている。といっても、人口は二十万人（「都市圏」としては三十三万人だが）に満たず、県庁が置かれているわけでもない。

だが、県庁所在地である青森市に対して、弘前の人たちはいまでも強い優越感を持っているように思える。青森も同じ旧津軽藩に属していたが、もとをたどれば、越後・越前・近江《おうみ》などから移住民を募ることによって新たにつくられた港町で、北前船《きたまえぶね》の寄港地としては津軽地方最大の規模を誇っていた。北陸商人、近江商人も多く出入りしていたから、新しい情報も入ってきた。だが、青森はしょせん単なる通過点であり、京都や大坂（現・大阪）から入ってくる文物や情報の最終到着点は藩都・弘前である。

行ってみたい度……………………★★★★
住んでみたい度……………………★★★
刺激度………………………………★★
いやされ度…………………………★★★★
ガックリ度…………………………★★

弘前は藩主・津軽氏の城下町として栄えていた。明治維新後の廃藩置県で生まれた弘前県の県庁も当初は弘前に置かれ（ただし、津軽と南部の融和のため、県庁を両藩の境界線近くにある現在の青森市に移したため、県名も変わってしまった）、一八八九（明治二十二）年には県内で最初の市にもなっている。要するに、弘前人にとって青森とは、交通の便がいいだけの新興都市でしかなく、「津軽」の中心は弘前という強い思いがあるのだろう。

実際、弘前市出身の文化人は多い。詩人の佐藤紅緑《こうろく》（サトウハチロー、佐藤愛子の父）、秋田雨雀《うじやく》、一戸謙三《いちのへ》、作家の葛西善蔵《かさい》、石坂洋次郎、高木恭造、今《こん》官一、長部日出雄《おさべ》、寺山修司、明治時代屈指のジャーナリスト陸羯南《くがかつなん》、ルポライターの鎌田慧《さとし》、文芸評論家の三浦雅士など目白押しである。

太宰治は同じ津軽の金木町《かなぎ》（現在は五所川原市）出身だが、旧制弘前高等学校で学んでいる。兄弟で直木賞を受賞している作家の今日出海《ひでみ》、今東光《とうこう》も両親は弘前出身だ。学者・弁護士も多いし、スポーツ界では初代若乃花、弟の貴ノ花、レスリングの赤石光生《こうせい》、芸能界では歌手の井沢八郎（「あゝ上野駅」）などが出ている。いずれも、強烈な個性が魅力の面々である。

共通するのは、重みのある話し方をするということだ。ズーズー弁の代表ともいえる津軽弁には独得のリズムがあり、けっして立て板に水というわけではないが、一つひとつの言葉がズシンと響いてくる。軽口をたたいているように聞こえても、甘く受け止めないほうがいいといわれるのはそのためで、津軽―弘前の人は、言語に対する緊張感がことのほか強いようである。それは、よく指摘される津軽藩と南部藩（青森県東部から岩手県全域）の長年の対立でつちかわれたものともいわれている。

津軽藩は、もともと南部藩の一部が、豊臣秀吉が天下を統一したころに分離独立してできたということになっているが、南部の人たちはそう見ていない。自分たちの領土を津軽氏がかすめ取っていったと、いまでも批判する。ちょっとでもスキを見せればそのあたりを突かれる恐れがあるから、言葉を何より大切にするのかもしれない。

津軽といえば、その気質として広く知られているのが「じょっぱり」である。津軽弁で「頑固者」とか「強情っぱり」という意味だが、けっして感情的な次元にとどまるものではなく、みずからの主義主張を変えない頑固さ、肉体の限界にまで挑戦する強靭《きょうじん》さをともなっている。この地方出身から数多くの力士が輩出しているのを見ても、それは理解できる。それはおそらく、この地方の厳しい気候によってつちかわれたものだろう。

津軽三味線のあの強烈なエネルギーも、そうした厳しさを吹き飛ばそうとする気持ちのあらわれのように思えてならない。津軽弁にしても、極寒の季節に少しでも口を開ける時間を減らして寒さをしのぐためにそうなったのではないかという説があるくらいである。

だが、そのわりに弘前人には、陽気で積極的な性格の持ち主が多い。東北地方出身というと口数が少ないのではとの先入観を抱きがちだが、弘前人は例外なしに、話し好きである。市内の鍛冶《かじ》町、土手町一帯の繁華街は自称〝東北一〟だそうだが、夜な夜なそういう店に足を運んでは、口角泡を飛ばしながら、互いに「じょっぱり」合っているのだろう。

また、青森県は男女とも平均寿命が最下位である。体のどこかが少々痛んだり、病気にかかったりしても、じょっぱり精神を発揮して我慢しすぎてしまい、気がついたときには手遅れなどということがあるのかもしれない。

上下関係をわきまえる

先にも名前をあげた陸羯南は、「名山出名士　此語久相伝　試問巌城下　誰人天下賢（名山のあるところからは、素晴らしい人材が出る。この言葉が世に伝えられて久しい。試みに問うが、岩木山という秀峰が見えるこの弘前城下から、いったいどんな人材が出ただろうか）」という有名な漢詩を残しているが、それも命あっての物種だろう。

それにしても、この岩木山の存在感はなんとも大きい。弘前城がある街の中心地にいて、富士山を彷彿させる岩木山の姿を見ていると、気宇壮大《きうそうだい》になるだろう。作家や文化人が数多く出ているのもむべなるかなという気がする。

進取の気性にも富んでいる弘前人には、おしゃれな都会的感覚も深くしみ込んでいるようである。さいはての街なのに、フランス料理店やきりっとした雰囲気のバーが多いのもそのためだろう。市内にいまなお残されている旧市立図書館、東奥義塾外人教師館、弘前学院外人宣教師館、青森銀行記念館（旧五十九銀行本店）などの西洋建築物を見ても、それが感じられる。

古いものを大切にする気質もまた、弘前ならではのものだ。弘前人と付き合うときは、上下関係をきちんとわきまえることが大事だといわれる。青森県人は、「自分を抑えてでも、年長者の意見に従うほうがいい」と考える人の割合が四五・〇パーセントと、四十七都道府県でいちばん多い（一位は佐賀県、二位は宮崎県）が、わけても津軽地方はその傾向が強い。

市立博物館の展示を見るとわかるが、藩主・津軽氏に対する尊崇《そんすう》の念の強さがひしひしと感じられる。自分たちがいま暮らしている町を城とともにつくりあげたという思いもあるのだろうが、先輩や年長者、目上の者を尊敬する気持ちが非常に強いためではないか。そもそも、初代から幕末まで領土が安泰、また国替えや改易のなかった大名はほとんど例がない。歴代の藩主が、領民のために新田の開墾、産業の振興等に手を尽くした功績も大きいようだ。

ただ、これは余談だが、弘前市の市章はなんと卍《まんじ》である。これはもともと津軽氏の家紋で、ずっと以前から使っていたのだが、市民の合意でという考えで、二〇〇六（平成十八）年、周辺町村との合併を機に新しく市章を公募して決めたのだという。市のホームページによると、「藩政時代に津軽氏の旗印として用いられた由緒あるもので、功徳・円満の意味で、吉祥万徳《きしようまんとく》の相を表すといわれ、明治33年6月から旧弘前市の市章として用いられてきました」というのだが、どう考えても連想されるのはナチスドイツだろう。

ちなみに、これと同じデザインをシンボルマークとして長らく使っていた少林寺拳法は、欧米でそうした誤解を招かぬよう、二〇〇五（平成十七）年に新しいデザインのものに変更している。

弘前にはとりたててこれといった産業もないから、これから先も観光を目玉にするしかないように思える。そうした都市のなかには、たとえば奈良市のようにオツにすましたところもあるが、弘前人は観光のなんたるかをよく心得ているようで、かならずもう一度は来てもらおうというサービス精神が言動の端々から感じられる。

弘前には春のさくらまつり、夏のねぷたまつり、秋の菊と紅葉まつり、そして冬の雪灯籠まつりと、四季折々に祭りがある。このうち、ねぷたを除く三つの舞台になっているのが弘前人の大きな誇り＝弘前城である。とくに春は、津軽の長く厳しい冬がようやく終わったタイミングだから、弘前人の気持ちも大いに高揚している。そこへさらに全国から多くの観光客も詰めかけ、この時期全国各地でおこなわれる、桜にちなんだ祭りのなかでも最高に盛り上がる。

また、沖縄の那覇市ほど数多くはないが、津軽三味線のライブが楽しめる居酒屋があちこちにあるのも魅力的である。三味線はもちろん、地元の食材、食べ物、食べ方などまで事細かに説明してくれる店主のホスピタリティーも、観光都市らしくソツがない。

だが、その半面、ダイナミックな発展力という点ではもの足りないところがある。文化水準の高さに固執し、というか安住し、気がついたら多くの面で青森市に遅れを取ってしまった――いまの弘前はそんな感じがする。

街を歩いていて感じる、どうにも表現しがたいうらさびしさがそれを物語っている。再開発されて美しくなったJR弘前駅ではあるが、駅前一帯があまりに整いすぎていることで、人のぬくもりがむしろ消え去ってしまったような印象を受ける。先行きはかなり厳しいといわなければならないが、観光による集客をいっそう充実させるよう、知恵をしぼってほしいものだ。陸羯南が指摘したように、弘前人にはその才覚があるはずである。このままさびれさせてしまうには惜しい街である。

新幹線延伸を心待ちにする青森市
知恵と工夫の出しどころ——山形市

　本州最北端の県庁所在地・**青森市**（人口三十一・一万人）は最近、北東北観光の起点として久しぶりの盛り上がりを見せつつある。まさか卓球の愛ちゃんや野球で有名な青森山田高校、カーリングで活躍したチーム青森のおかげではあるまいが、「北国」がかもし出す独得のイメージはやはり強烈なのかもしれない。

　八戸まで来ている東北新幹線の全線開通も間近いから、人々のテンションもいやが上にも高まる。ただ、青森港に面している「アスパム（観光物産館）」も、そろそろ人を集めるパワーを失いつつある。駅から、あるいは街の中心街からそこまで行く間、これといったスポットがないのが災いしているのだ。となると、新幹線全通を観光客誘致にどう生かすかである。弘前と〝共闘〟すれば、まだまだひと花咲かせることはできそうだが、果たしてどうなるか。

　近ごろはもっぱら「そば」で売っている感のある山形県の県都・**山形市**（人口二十五・六万人）。仙台市（宮城県）と隣接していることもあって、人（通勤・通学）の流れ、街の勢いまでそちらに吸い取られそうな部分もあるが、逆に、仙台まで来た観光客を蔵王を越えて山形県側に引き寄せられるかが大きな課題といえる。

　山形市内になるたけ多くの人に泊まってもらい、県内に散在する観光スポットに送り出すための工夫が必要と思われるが、それには、当の山形市がもっと知恵を絞らなくてはならない。だが、かつて上杉鷹山《ようざん》が活躍した米沢市、新幹線の駅に温泉を設けて成功した高畠《たかはた》町に客を奪われる一方では展望は暗い。

4 盛岡市

「かわいらしい町」――こじんまりした造りが、猥雑さを排除

人通りも多いアーケード街

詩人の立原道造《たちはらみちぞう》は盛岡のことを「かわいらしい町」と評したという。作家の浅田次郎は「ものすごく真面目な町」といっている。地元で長く仕事をしている筆者の友人は、「こじんまりした町」という言い方をしていた。「こじんまり」とはいっても、人口は三十万をほんのわずか切るくらいで、日本では大きな都市の部類に入る。

岩手県が「県」としては全国でいちばん面積の広いことは意外と知られていない。日本地図をじっくりながめてみると想像がつくし、それを実感するのは、東北新幹線に乗ったときだ。東京から仙台（宮城県）までの距離は約三五〇キロで、これは名古屋までとほぼ同じである。ところがその先、仙台から盛岡までが約一八〇キロ、八戸《はちのへ》（青森県）までは約二八〇キロもある。まだ全線開通はしていないが、青森までは三八五キロほどの距離があり、結局のところ、仙台は東京・青森間のほぼ中間でしかなく、岩手県の中で、いかに長い距離を走っているかということがわか

る。

その県都・盛岡市は、県のどちらかといえば北寄りに位置している。市内を北上川と支流の中津川・雫石《しずくいし》川の三つの川がゆったりと流れており、川幅もさほど広くはないのだが、東京や大阪のようにせせこましい感じはしない。地方都市の常として、高層ビルがほとんど見当たらないのも大きい。南部氏（盛岡藩）の城下町だが、第二次世界大戦中に空襲を受けなかったため、町の造りはほとんど昔のままである。軍事的にはけっこう重要な拠点だったにもかかわらず空襲を受けなかったのは意外な感じもする。

行ってみたい度……………………★★★★
住んでみたい度……………………★★★★
刺激度……………………★★
いやされ度……………………★★★★
ガックリ度……………………★

当然、道路の幅は狭い。市の中心にある繁華街を歩いていても、向かい側の店がすぐ目に入ってくる。注意をひくものがあると、すぐ通りを渡っていくこともできる。そのため、片方の通りだけで消費意欲が消え失せてしまうということはない。そうした人たちがそこここにいるわけだからにぎやかに感じる。

いま全国的に駅前商店街の落ち込みが問題になっている。島根県出雲市など、駅舎はたいそう立派なのに、その前に軒を連ねる商店街の、なんと三軒に二軒はシャッターを閉めてしまっている。どうりで、駅前に降り立つとうそ寒い風が吹き抜けるのを感じたはずである。

その点、盛岡の場合は、新幹線開通を機に立派な駅舎ができ、駅ビルに入っている店舗の数も多い。駅前にはさほど多くの店はないが、一〇分足らずも歩けば、すぐに大きな繁華街＝大通りアーケード街がある。人通りも多いし、どの店もけっして楽ではないだろうが、そこそこ商売が成り立っているように見える。同じ東北の城下町でも、弘前の中心街（土手町）などとはかなり様相が違うのだ。

弘前市も戦災をまぬかれているから、町の構造そのものが大きく変わっているわけではない。違いは県庁が置かれていないことくらいのものだろう。むしろ、町の格式としては、弘前のほうが上かもしれない。旧制高等学校はあったし、陸軍の師団本部も置かれていた。城もいまなお健在である。盛り場は、地元の人が「東北一ですよ」というくらい規模が大きい（「本当だろうか」と思うのだが）。文化人も数多く輩出している。

それに比べ、盛岡の場合、それほどたくさんの〝売り物〟があるわけではない。食べ物にしても、わんこそば、盛岡冷麺、じゃじゃ麺の三つ（だが、存在感は大きい！）があるだけだ。城下町といっても、城の姿はない。ただ、町の中から名山（岩手山）が見えるのは、岩木山がある弘前市と共通している。

ただ、盛岡市出身の有名人で広く知られているのは、せいぜい石川啄木、宮沢賢治くらいである（宮沢賢治は現在の花巻市生まれだが、盛岡中学から盛岡高等農林学校に進んでいる）。それでも暗い印象をほとんど受けないのは、いったい何が原因なのだろうか。

平民宰相・原敬を生んだ土壌

ひとつ考えられるのは、この街が、不浄なものをほとんど感じさせないことである。都会特有の猥雑《わいざつ》さ、いかがわしさがないのだ。どこにいても岩手山が見え、それが人々を神々《こうごう》しい気持ちにさせるからだろうか。それとも、夏場でも空気がどこか凛《りん》とし、澄んでいるからだろうか。

夜の繁華街を歩いても、けばけばしさがないから、まちがってもおかしな店に立ち寄ろうなどという気にはならない。仙台市や弘前市、秋田市ではそういうわけにはいくまい。夜もさわやかというと、なんだか奇妙だが、少年のような純粋さが街に満ちているのである。清潔イコール明るいという等式が成り立つかどうかわからないが、そういう意味では国内でもめずらしい部類の都市に入るだろう。

盛岡市が生んだ偉人の一人に平民宰相の名で親しまれた首相・原敬《たかし》がいる。原はかつての南部藩で要職を務める家柄に生まれたが、明治維新後、大方の武士が爵位を受けたにもかかわらず、それをかたくなに拒んだため、平民であった。一九一八（大正七）年、第十九代内閣総理大臣に就任するのだが、それまでの首相で、原のように衆議院に議席を持つ者は一人もいなかった。全員が貴族院議員か軍人、あるいはそれ以外の官職に就いていたのである。

その原は、近ごろの政治家とはほど遠い人柄の持ち主であった。栄誉栄達を一切求めず、金銭にも清廉潔白だった。一八七五（明治八）年から東京駅駅頭で暗殺される一九二一（大正十）年まで、ほぼ一日も欠かさず日記をつけていたともいう。

こう書くと、石部金吉のような融通の利《き》かない、生真面目だけがとりえの男性を思い浮かべるかもしれないが、実生活での原はおしゃれで食通の紳士だった。礼儀作法を重んじ、けっしてでしゃばらず、といって主張すべきは主張する、近ごろの自称政治家に、爪のアカでも煎じて飲ませたいような生き方を生涯貫いた男なのである。

こうした気質は、原敬個人によるものもあるが、盛岡人全体に共通するものだといったらほめ過ぎだろうか。盛岡人ではもう一人、海軍大将の米内《よない》光政が首相になっている。米内もまた、当時の海軍を象徴するように、非常にスマートな人物として知られていた。

アメリカ留学時代に名著『武士道』を著した新渡戸稲造《にとべいなぞう》も盛岡市の出だが、その新渡戸におもしろい逸話がある。野球のことを、「盗塁をはじめ、他者をだますことで勝利を得ようとする卑劣な競技である」と酷評し、心の底から嫌っていたというのである（鷹揚なことでは日本でもトップクラスの松山人・正岡子規とは正反対である）。たしかに、スポーツは純粋なものと考えようとする盛岡人には、そうした面がある野球はなじみにくいのかもしれない。それにしても、これは盛岡人でなければ考えもつかない発想ではないかという気がする。

真っ正直、純情、才気走らない、世間ズレしない――このあたりが盛岡人の共通項かもしれない。そういえば、この県で穫れるお米は「岩手純情米」という。

また、ご存じかもしれないが、盛岡一高の校歌は軍艦マーチと同じメロディである。一九七八（昭和五十三）年、同校が夏の甲子園に出場したとき、ブラスバンドが奏でる勇壮な校歌をバックに、応援団が戦前の旧制高校を彷彿させるバンカラそのものの姿で応援を続けていた場面はいまでも目に焼きついている。岩手県予選では、そのほかの公立高も盛岡一高と似た応援スタイルだという。

宮沢賢治も稀代のロマンチストである。石川啄木にいたっては盛岡人そのものというか、その純情さは競争の厳しい世の中にあってはまったく通じなかった。結局、これほどまでにと思えるような貧窮生活を送るなか、病魔にまで襲われ、なんとも薄倖《はっこう》な、しかもごく短い生涯を終えている。

一度決めたら、とことんやり抜く

純粋無垢な盛岡人は、ひとたびこうと決めたことは最後まで実行しないと気が済まないのであろう。幕末、奥羽越列藩同盟の一員として薩長に抵抗、途中薩長側に寝返った秋田藩・津軽藩に対し、会津藩や仙台藩とともに最後まで戦った盛岡藩は、結局は敗北したため、朝敵の汚名を着せられた。

そのため、新政府からは厳しい処分が下され、盛岡城も取り壊しとなってしまう。当時朝敵とされた藩は、廃藩置県によって県名と県庁所在地の名前が異なるようにされたのですぐにそれとわかるが、盛岡もその例に漏れず、県名は「岩手」となった。

このときの屈辱がその後、薩長に対する怨念となり、盛岡をはじめ岩手県人の多くは、いつか薩長を見返してやろうとの思いを胸に、軍人、政治家をめざすようになる。

原敬は、首相になる直前の一九一七（大正六）年九月、それこそ積年の恨み、ここに晴れたりとの思いもあったのだろう、故郷に戻り、戊辰《ぼしん》戦争の戦犯として市内の報恩寺で処刑された南部藩主席家老・楢山佐渡《ならやまさど》の霊を弔うため戊辰戦争殉難者五十年祭として、同じ場所で大々的な法要を執りおこなっている。ただ、怨念といっても、陰々滅々としたものでなく、何ごとにつけ寡黙な東北人らしく、胸の奥深くにぐっとしまい込むところがある。

盛岡人も、都会人ではあるが、軽々しいところがない。移り気でもない。たとえば、サラリーマンのスポーツといえば、判で押したようにゴルフをたしなむ人がほとんどなのだ。

統計を見ても、盛岡市は、ゴルフ用具の年間購入額（一世帯あたり）が第一位である（平成十五年家計調査年報）。第二位の鹿児島市を大きく引き離しているから、相当のゴルフ好きといえよう。

それを裏づけるかのように、岩手県人の早寝早起きも全国一だ。土曜日でさえ、約半分の人が朝六時～六時十五分には目を覚ましている（２００５年ＮＨＫ国民生活時間調査）というのだから恐れ入る。もちろん、都市部の盛岡あたりではそこまで行かないだろうが、早起きの人にとってゴルフはたしかに向いているスポーツかもしれない。

盛岡人の豆腐好きもそうした文脈から解釈することができる。全国県庁所在地別の一世帯あたり豆腐購入数量を見ると、盛岡市が日本一なのである。市内にある覚山《かくさん》地蔵尊には、次のような伝説がある――。江戸で、辻斬りをした南部藩の殿様が目付役に追われ、豆腐屋に逃げ込み難を逃れた。殿様はその主に「困ったときは、盛岡に来るように」といって別れた。その後、盛岡にやってきたその豆腐屋が「江戸豆腐」として売り出したところ大評判になったのだそうである（その豆腐屋が亡くなった後、殿様が地蔵尊を刻ませたのだという）。

こうした盛岡人の一途《いちず》なまでの純情さが、こじんまりとした街の姿と重なり合い、「かわいらしい町」という立原道造の表現に結びついたのかもしれない。

5 秋田市

豊かさから衰退への転落
復活のカギは豊かな観光資源に

猛烈に少子高齢化が進み、人口が減りつづけている

内気でおっとりした大旦那風

秋田県は日本でいま、もっとも猛烈に少子高齢化が進み、人口も激減しつつある県である。一九五五（昭和三十）年のピーク時に比べると、二〇〇六（平成十八）年の人口は一六パーセント減というから、なんとも危機的である。

県都・秋田市もその余波で、激しい人口減に見舞われている。平成の大合併で河辺《かわべ》町、雄和《ゆうわ》町を取り込むことにより、数字的には増えた（約三十三万人）ものの、東北ではもっとも衰退のいちじるしい都市といわれている。そのため、中心市街地（商業地）の地価はここ二年連続して、全国一の下落率を示しているありさまだ。

秋田新幹線の開通にともなっておこなわれた再開発により、秋田駅の西口はペデストリアンデッキ（空中回廊）によって駅前の商店街とつながり、これはこれで一見便利そうに見える。だが、仙台駅（西口）前の場合と同じく、それによって、古くからあった地上の店はどこかに消えてし

まったにちがいない。

のっけから暗い話をしてしまったが、そうした状況に置かれていながら、秋田の人々はいまだ、のんびりした雰囲気から脱け出せないでいるようである。秋田人は保守的というか、我慢強く従順で、争いを好まない。既成秩序をことのほか重んじるから、礼儀正しくもある。内気でおっとりした大旦那風といった気風がここにきて、裏目に出ているのだ。

「おおぼら吹いで、うまいもの食って、酒っこ飲んで、唄っこうだえば天下泰平。何もいうごとない」――これが秋田人だなどという人もいる。

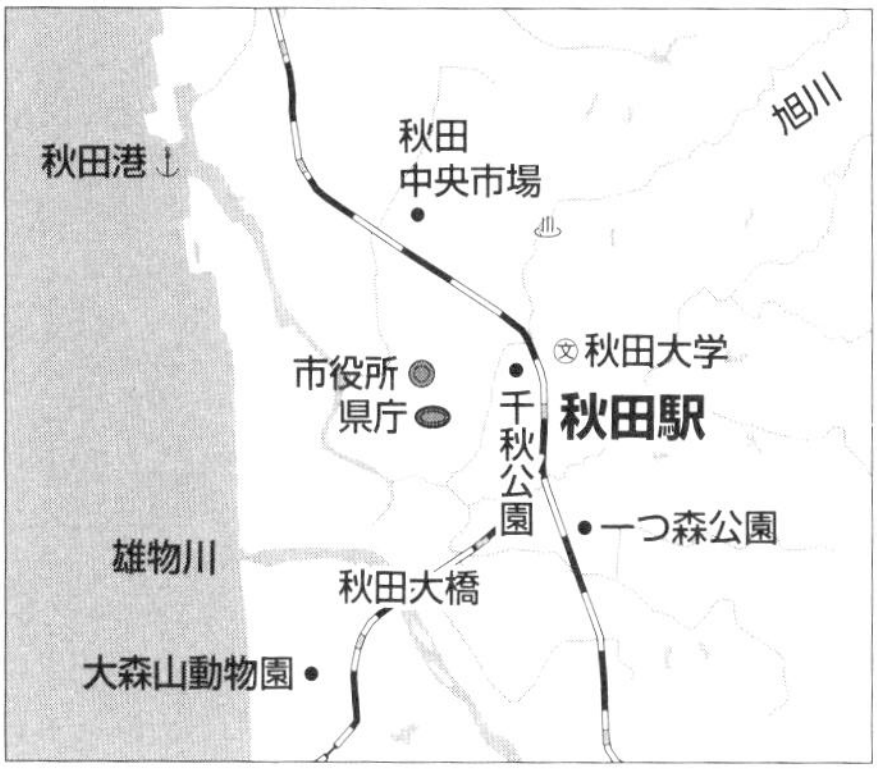

行ってみたい度	★★★
住んでみたい度	★★★
刺激度	★★
いやされ度	★★★
ガックリ度	★★★

おおらかといえば聞こえはいいが、長い間ぬるま湯的な環境に安住してきたせいか、競争社会には向いていない気質なのだろう。

たしかに、秋田というところは、自然条件がことのほか厳しい東北地方、それも日本海側にありながら江戸時代から非常に豊かな地域だった。弘前や盛岡、仙台などに比べ飢饉の影響が少なかったという。

その秋田に城を構え旧秋田藩を治めていたのは佐竹氏である。佐竹氏は豊臣秀吉政権のもとで常陸国《ひたち》（現在の茨城県）五十四万石に封じられていたが、関ヶ原の合戦では西軍についた（といっても、それほど旗幟《きし》鮮明だったわけではない）ため、徳川家康が天下統一を成し遂げたとき、二十万余石に減らされこの地に移された。

だが、表向きの石高は二十万余でも、その後藩をあげて新田を開墾し田地は増していたから、実際にはその倍以上あったようだ。そのうえ、領内には金、銀、銅、亜鉛、鉛などの鉱山（小坂、尾去沢《おさりざわ》、花岡など）、また、木曽ヒノキ、青森ヒバと並ぶ日本三大美林の一つ秋田スギがあったから、藩の財政はかなりうるおっていた。

江戸時代の半ば過ぎから薩摩藩や長州藩、土佐藩など、ほかの藩はどこも皆必死になって、米以外のさまざまな資源を開発したり、産業を興したりして藩財政の健全化を図ろうとしていた。だが、秋田藩はそれこそ左ウチワとまではいわないが、そうした面では大いに楽ができたのである。そのころからの習性だろう、いまでも秋田人はどこか恬淡《てんたん》としている。

下町・山の手を問わず、東京っ子にはあくせくしたところがないと別項で記したが、秋田人もまたそれに似ている。だから、男性の多くは「宵越しの金を持たない」とか、「いいふりこき（秋田方言で、すぐ格好をつけたがる、体裁を気にするの意）」「ひやみこき（怠け者）」だといわれる。これなど、江戸っ子の気質そのままといっていい。たしかに、一世帯あたりの月間実収入は四十七都道府県中第七位と、さほど低いわけではない。だが、貯蓄現在高となると、全国第四十五位だから、消費性向は強いにちがいないし、お金を貯めるのもあまり得意ではなさそうだ。

ちなみに、秋田の女性は昔から、着るものにお金を惜しまなかったようだし、いまでも、人口十万人あたりの美容院の数は日本一多い。駅前のデパート（西武）をのぞいても、婦人服売場がフロアのほとんどを占めている。ブティックの数も、地方都市にしては多い。これは江戸時代、北前船を通じて、上方、とくに京都の最新文化が入り、流行に敏感だった影響ではないか。なにせ、「秋田の着倒れ、食い倒れ」などという言葉もあるほどだ。「着倒れ」と「食い倒れ」がそろっているとなれば、これはもう京都・大阪以上ということになる。

実際、江戸時代の秋田は藩主・佐竹氏が代々、文化や教育に熱心に取り組んできたことでも知られる。三代・義処《よしずみ》は藩史編纂局「秋田史館」をつくったし、八代・義敦《よしあつ》は当時としては画期的な西洋風の遠近法・陰影法を取り入れた「秋田蘭画」を藩士の小田野直武《おだのなおたけ》（のちに『解体新書』の表紙や挿絵を描く）とともに描いたし、九代・義和《よしまさ》は藩校（明徳館）を設立している。

「竿燈《かんとう》」に頼りすぎ、サービス精神がいまひとつ

秋田というと豪雪地帯で、一年中寒いのではないかというイメージをつい抱きがちだが、実際はそうでもない。日本海を流れる対馬海流（暖流）の影響で、春から秋にかけての気候が比較的温暖なためである。もちろん、冬の雪は並外れているが、それはそれ。

そうした環境で長く暮らしているうちに、人々の間に優柔不断な気質がしみついていってしまった。明治初めの戊辰《ぼしん》戦争でも、秋田藩は奥羽越列藩同盟か官軍＝薩長側につくか、藩論がな

かなかまとまらなかったようだ（結局、秋田藩と津軽藩は土壇場になって官軍につく）。

そういえば、山形に次いで秋田新幹線をつくるという話が持ち上がったときも、開通間近まで秋田人はどちらかといえばクールな態度だったように記憶している。しかも、東海道・山陽新幹線などとは規格の異なるミニ新幹線だから、単線の在来線（田沢湖線）を使っている。そのため、すれ違いのたびに停車させられたり、ちょっと大雪が降ったり強風が吹いたりすると、たちどころに運休、遅延ということにあいなる。

秋田県は島根県と並んで、六十五歳以上のお年寄りが人口の二六パーセント以上と、いちじるしく高齢化している。柔軟なものの考え方がなかなかできないのはいたしかたないかもしれない。しかし、それにしても、観光という貴重な資源を活用して地元経済の活性化に結びつけようというアイデアがもう少し湧いてきてもいいのではないか。

八月上旬におこなわれる、東北四大祭りの一つ「竿燈《かんとう》」は世界的に有名で、さほど大々的に宣伝しなくても毎年百三十万を超える人が見物に訪れる。もちろん、その大半は県内からで、県外から行こうにも、宿泊施設が圧倒的に足らないから、市内には泊まれないだろう。旅行代理店がこの時期のホテル・旅館をおさえていることもある。値段は高い、味やサービスは低レベルという、日本によくありがちの現象がここでも見られ、結局「竿燈は、一回見れば十分」ということになってしまうわけだ。

秋田駅構内にある観光案内所もいかにも小ぶりで、役所の出先機関といった風情である。パンフレットが並べられているだけで、スタッフと話しても、また来てもらおうという気概のようなものがあまり感じられない。人口が秋田市の半分余で、同じように高齢化が顕著な松江市（島根県）の熱心さに比べると、これでいいのだろうかという歯がゆさを感じてしまう。いまでは当たり前になっているコンビニのＡＴＭも、地元の秋田銀行が設置に強く反対しているらしく、いまだ、秋田市内のコンビニには見当たらない。これでは観光で訪れた人も、困り果ててしまうだろう。

秋田人のいいところは、江戸時代につちかわれた「都会性」ではないか。東北地方、それも日本海側に位置する街としては、酒田（山形県）とともに、上方（京都、大坂）から北前船によって最新の風物、文化、情報がふんだんに入ってきていた秋田（港があったのは雄物《おもの》川河口にある土崎《つちざき》）は大変な隆盛を誇っていた。それにより、秋田の人々はお金の使い方というものを知ったはずである。つまり、余裕があるときは趣味や遊び、文化や芸術に使う。余裕がなくても、あるかのように見栄を張る。その底には、そうしたことにお金が使えないのは都会人らしくない＝カッコ悪いという意識があるからだ。

「都会」というのは、経済学の「ポトラッチ（蕩尽《とうじん》）理論」ではないが、お金を常に湯水のごとく使う人たちがいることで成り立っている。逆に「田舎」は、「ハレ」のときに、ふだん（「ケ」のとき）コツコツと貯めておいたお金をパーッと使う。根が農耕民族である日本人的な感覚からすると、前者のような使い方はあまり感心しないこととして受け止められがちだが、逆にいえば、それによって都会はより都会らしくなり、文化や芸術も発達するのである。

ただ、見栄を張りたくても、なんらかの根拠がなければ張れない。秋田の場合、全国、とくに江戸の米流通を伊達藩（仙台）とともに担っていた江戸時代と違い、近ごろはその根拠となるものがどんどん失われつつある。それでも、先に触れたように、そうした遺伝子の片鱗《へんりん》はいまなお人々に植わっているはずだ。

先人の業績が教えてくれる復活のカギ

だが、そうした現実に甘んじていては将来は暗い。観光資源がまったくない地域ではないのである。秋田名物の稲庭《いなにわ》うどんはおいしいし、郷土料理のきりたんぽもやはり本場で食べたほうが断然味がいい。最近では比内《ひない》地鶏もよく知られたブランドとなり、食文化を楽しみにこの地を訪れる観光客も多いようである。それだけに、最近どこの観光都市でも強調されている「もてなしの心」をもっと前面に出すことが必要なのではないかという気がする。

おしゃれで、酒もよく飲み、お金も気持ちよく使うことが好きな秋田人なのだから、本来は「もてなし」など自家薬籠中《じかやくろうちゅう》のものだろう。そのノウハウをいま一度思い起こせばいいのである。

秋田市内となるとかぎられるかもしれないが、そこを起点に動くことになる県全体として考えれば、蓄積されている文化はかなりのものがあるはずだ。名所旧跡や食べ物だけでなく、そうしたもの（こと）の掘り起こしも必要である。城（久保田城）にしても、天守閣はないにせよ、せっかく由緒ある櫓《やぐら》を再建したのだから、冬場それを見学できるようにしてもいいのではないか。

弘前城もそうなのだが、冬季は休業しているため、城跡につくった千秋《せんしゅう》公園には入れても櫓の中を見ることはできない。かといって、近くの博物館やそれに類似した施設でDVDによる映像が見られるのかというと、それもできない。北東北の都市はどこもそうだが、もっと積極的に人を呼び寄せる手立てを講じるべきだろう。とくに秋田の場合は、きりたんぽや日本酒など、どちらかといえば冬の魅力は大きいだけに、それがいえる。

よく、「熱いところは熱いときに、寒いところは寒いときに行くのがいちばん」といわれる。その土地の魅力がいちばん楽しめる「旬」の時期ということをいっているのだが、秋田はあまりに、夏の竿燈に頼りすぎてはいないか。冬、極寒の時期（それでも、津軽地方よりは恵まれている）にどれだけ多くの人に来てもらうか、そこに秋田市の復活のカギがありそうである。新幹線は来ている、空港は秋田と大曲《おおまがり》の二つもある。ハードは十分すぎるほどそろっているのだから、それを生かすのはいかに充実したソフトをつくりあげるかによるだろう。

秋田県人にはもともと、新しいことにチャレンジする気性があったはずである。遠くは南極探検に挑んだ白瀬矗《のぶ》（由利《ゆり》郡金浦《このうら》町＝現在のにかほ市出身）、また無名の青年たちが『種蒔《ま》く人』（一九二一年に創刊された文芸誌で、後のプロレタリア文学運動の先鞭をつけた）を発行したりなど、そうした実績はいくつもある。また、文学者や文化人も数多く生んでいる。そうした先人の業績にならい、人口減を食い止めるような施策を考え出してほしいものである。

6 仙台市

おしゃれでおっとりした気質をはぐくんだ東北最大の都市

いつまでも東京のコピーでは……
楽天イーグルスがもたらした史上初のローカリティー

「権力」に対して敏感な土地柄

仙台は、ＪＲの駅はともかく、街中に入ると、東京とほとんど変わらない。人口規模は、東京の区部と比べおよそ八分の一でしかないが、まさしく東京のミニチュアで、仙台らしさ、東北らしさを感じるのは、すさまじく充実した内容の福袋が売り出される新春の初売りと、あとは八月の七夕のときくらいではなかろうか。昔から「東北の都」と呼ばれているが、新幹線が開通し東京とわずか一時間四十分ほどで結ばれるようになって以来、仙台人の意識と体がますます東京に向いてしまっているせいかもしれない。

もちろん、こうした状況にマユをひそめる、古くからの仙台人も少なくないようだ。だが、仙台は東北地方最大の都市でありながら、それよりはるか以前から、地元・東北よりも東京への関心のほうが強かったと指摘する向きもある。

戦国時代、この地一帯を治めていたのは伊達氏である。「ダテ男」という言葉があるが、おしゃれを意味する「ダテ」というのは、伊達氏の家臣や兵卒が皆、どこに行くときもこじゃれた服を着ていたことに由来している。

豊臣秀吉が朝鮮に出兵したとき、肥前国（佐賀県）の名護屋《なごや》という港から軍船に乗ったのだが、そのとき遠く仙台から駆けつけた伊達氏の兵士たちを見て、地元の人々がそのあまりにおしゃれな服装に目をむき、以来、そういう男性を「ダテ男」と呼ぶようになったという話が伝わっているくらいだから、かなりのものだったにちがいない。しかも、ただおしゃれだっただけならそれまでだが、武士としても強かった。要するに、本当の意味でカッコよかったわけである。

たしかに、そうしたパフォーマンスは東北地方にはなかなか似合いそうもない。それが通じるのはせいぜい、江戸時代を通じて経済が好調で、男も女もおしゃれに精を出していた秋田の人たちくらいだろう。となると、相手はどうしても江戸ということになってしまう。江戸の動向を常にチェックしていた伊達氏の仙台藩はいつしか、江戸とほとんど同化してしまったのかもしれない。

行ってみたい度……★★★★
住んでみたい度……★★★★
刺激度……★★★★
いやされ度……★★★
ガックリ度……★★

いまの日本では、東京がすべての権力の中枢である。江戸時代は、政治は江戸、経済は大坂というぐあいに分散していたのだが、明治以降そのスタイルが徐々に崩れはじめ、近ごろは何もかもが東京ということになってしまっている。もちろん、それによるひずみがいまの日本を日に日に侵食しているのだが、仙台の場合は、地理的な意味での江戸（東京）ではなく、そもそも「権力」に対してことのほか敏感なところがあるのだ。

戦国時代の末期、伊達氏は、織田信長が勢力を伸ばしはじめたころに馬を贈るなどして関係を深めているし、豊臣秀吉に対しても、天下をほぼ手中に収めかけたタイミングを見計らって、恭順の意を示している。さらに、秀吉が亡くなった後は徳川家康に忠誠を誓い、天下統一後はもっとも信頼の厚い大名として遇された。

秀吉・家康と時代をともにしていたのはご存じのように伊達政宗だが、政宗はよく「遅れてきた戦国大名」と評される。政宗自身もそのことは察知していたから、先のような行動に結びついていったのだろうが、心の底では「あわよくば」という思いもあったにちがいない。

実際、政宗は一六一三（慶長十八）年、支倉常長《はせくらつねなが》を団長とする遣欧使節団をメキシコ経由でスペイン、さらにローマにまで派遣している。ただ、支倉らが帰国した一六二〇（元和六）年には、すでにキリシタン禁止令が出され、幕府は鎖国に向けて動きはじめていたため、政宗の試みは結果としては失敗に終わった。

しかし、一藩としてこうした試みをおこなっているのは、政宗の心の奥のどこかに、「家康の後は……」という考えがあったからではなかろうか。そこらの幕臣よりよほど家康に近いところにいた政宗は、キリスト教はともかく、日本という国にとって海外貿易の持つ意味を的確にとらえていたにちがいない。

垢《あか》抜けた感じがする街のたたずまい

その伊達氏に江戸時代を通じて統治されていた仙台だから、権力（＝江戸）に対する強い思いが街全体に常に息づいていたとしても不思議ではない。世が世ならこの地が日本の中心になっていたかもしれないと、ごく素朴に思っていたのだろう。

もともと東北では、並び立つもののない強力な大名である。ただ、東北という場所が災いしたのか、それとも政宗が遅く生まれすぎたのか、それはわからないが、中央権力を握るまでには至らなかった。それでも仙台の街からは、そうしたひそかな自負に裏打ちされたエネルギーのようなものが、静かにではあるが伝わってくる。

時代は移り、二十一世紀に入ったいまもなお、仙台はやはり東京に背を並べようとしているところがある。もちろん、経済力や文化力ということではない。まちづくり、社会資本の充実、情報化など、ありとあらゆる分野で東京と同水準でいたいという意識が働いているせいか、仙台市のさまざまな制度、条例は、かなり先を行った内容となっている。ゴミの分別のように、なかには東京より先を行っている分野もあり、その点では、さすが東北最大の都市ではある。

司馬遼太郎は仙台について、中国の古書にある「沃土《よくど》の民は材《もち》ひず」という言葉を引きながら、「（仙台のような）肥沃な土地の民は、つかいものにならぬ」と評している。江戸時代、この地で豊富に穫れた米を江戸に持っていき売ったまではよかったが、それに安住しすぎたため、ほかの物産についてはそうしたことを一切せず、いまなお有名なものが何もない状況になっているというわけだ。

欲がないというか、積極性に欠けるというか、要するに、そうしたことに手を出さなくても仙台藩六十二万五千石（これは表向きの石高で、実際には百万石を超えていたともいう）は十分にうるおっていたし、領民も豊かな生活を営むことができた。そのため、何がなんでもといったギラギラしたエネルギーを燃やす必要がなかったのである。「とりあえず権力の中心にはなれなかったけど、ま、いいか」といった現状維持的な、おっとりした気質がはぐくまれていったのも故なきことではない。その意味で、仙台は都会である。

冒頭にも触れたが、仙台の街を歩いてみて感じるのは、地方都市であることをほとんど感じさせないくらい洗練されていることである。通りのたたずまいも建物も、どこか垢抜《あか》けた感じがするし、そこを歩いている人々の装いを見ても、遅れているなどという印象は微塵《みじん》も受けない。ときおり目にする「牛タン」の文字だけが仙台にいることを感じさせるくらいである。サイズが小さくても、そこはまごうことなく「東京」といっていい。

それでいながら、たとえばシティホテルなど、ＪＲの主要駅にくっついて建っているメトロポリタンは別として、東京発の全国資本系列の大手はほとんど見当たらない。エクセル東急とモントレくらいだ。札幌や福岡と違い、東京からなら十分日帰りが可能ではあるが、メジャーブランドとなると、全日空も日航も、オークラもニューオータニも帝国も、プリンスも、一切ない。外資系のホテルもホリデイ・インくらいである。そのあたり、東京に対する恨みでもあるのかと想像をたくましくしてみたのだが、特段そうしたことがあるわけでもなさそうである。純粋に需要と供給のバランスによるだけなのだろうか。

たしかに、仙台市内にはいわゆる名所旧跡のたぐいがほとんど見当たらない。すぐに思い浮かぶものといえば青葉（仙台）城址と、それに付随しているような瑞鳳殿《ずいほうでん》（伊達政宗の墓所）くらいのものだろう。だから、観光ガイドも、仙台のページはほとんどグルメ情報に終始している。そこを起点に松島やら蔵王やらに行くわけだから、仙台に泊まる人はどうしても少なくならざるを得ない。

その代わりというのもおかしいが、仙台市内には作並《さくなみ》と、もう一つ、古くからある秋保《あきう》という、大きな温泉地が二つもある。秋保温泉はもともと隣接する秋保町にあったのだが、一九八九（平成元）年、仙台市が政令指定都市に昇格する直前、合併されたために市内に入ったものだ。

人口が百万を超える都市でありながら、都心からクルマで二、三十分も走れば温泉地に行けるとはなんともうらやましい。政令指定都市で、市内にこうした純粋な温泉地を持っているところは札幌市（定山渓《じょうざんけい》温泉）と浜松市（舘山寺温泉）くらいである。作並も秋保も、定山渓ほど大規模ではないものの、本格的な温泉郷で、市外・県外、とくに首都圏あたりからやってくる客も多いようだ。

スポーツで新たな境地を開く

仙台市をミニチュア東京と評したのは、人口のわりに「都会」の資質を備えているからである。たとえば、市民ボランティアが始めたイベントが市を代表するものとして全国的に広まっているのを見てもそれはわかる。「SENDAI光のページェント」や「定禅寺《じようぜんじ》ストリートJAZZフェスティバル」「伊達ロック」「Jazz Promenade」「とっておきの音楽祭」などがそれだ。

なかでも、「光のページェント」はその後全国に広まったこの種のイベントのはしりで、毎年十二月中旬から大晦日までの期間おこなわれるイルミネーションの祭典である。定禅寺通と青葉通のケヤキ並木に全部で六十万個を超える豆電球が飾りつけられ、並木道が一転、光のトンネルになってしまう。札幌の雪祭りも魅力的だが、東北地方にありながら降雪量が非常に少ない仙台だけに、こうした催しも開催が可能だし、雪でも降ればいっそう幻想的な雰囲気がただよい、さらに盛り上がるにちがいない。

ただ、これまでずっと「東京へ・東京を」一点張りできた仙台に、史上初めてといっても過言ではないローカリティーをもたらしたのがプロ野球チーム「東北楽天ゴールデンイーグルス」である。それ以前から「ベガルタ仙台」というサッカーチームはあったものの、地元密着のスポーツとしてはいまひとつ盛り上がりに欠けていた。それが、降って湧いたようにして誕生した「楽天球団」により、市民意識が触発されたのだろう、創立一年目からたいそうな盛り上がりを見せている。

札幌の北海道日本ハム球団もそうだが、これでリーグ優勝を争うくらい強くなれば、仙台人は一気に「仙台」という地域性を実感するのではないか。日本のプロ野球、とくにパ・リーグはそうした点、理想的なチームの構成になっており、六チームすべてが「地方」にフランチャイズを置いている。セ・リーグの人気球団が二つもある東京を本拠地にしているチームがないのがむしろ幸いしているのだ。

日本ハムが東京を捨てて札幌に移ったのはその意味で大正解であろう。また、かつて三チームもあった関西もいまでは一チームだけで、その点バランスもよく、これから先、まちがいなく発展していくように思われる。日本のプロ野球はこれまで長らく、異常なまでのジャイアンツ偏向があった。それによって生じたひずみに、これが大きなきっかけとなって多少なりとも風穴を開けられれば、喜ばしいかぎりである。

地元にプロスポーツのチームがあるというのは、考えている以上に、そこに住む人々を刺激するもので、いまは合併されてさいたま市になったが浦和レッズの旧浦和市、鹿島アントラーズの鹿嶋市（茨城県）がいい例だろう。近ごろそうしたことにめっぽう力を入れている新潟市も、大変な知恵者が地元にいて、さまざまな仕掛けをほどこしていることもあるのだが、全国でも屈指の盛り上がりを見せている。仙台市もそのあたりを見習いながら、せっかくやってきたこのチャンスを大きく生かしてほしいものである。

都市が活性化するための条件はさまざまだが、その一つに、プロスポーツのチームの有無があると、筆者は考えている。鹿嶋市のように、人口が七万人そこそこでも、その気にさえなればチームを保持することは十分可能なのだ。

もちろん、それには地元企業のサポートも必要だろう。だが、最大の支えになるのは、住民の後押しである。なんでもかんでも、全国レベルのものに引っ張られるのではなく、その都市だけで、あるいはその地方だけで支えるチームがあると、本当の意味での精神的自立を保つことができるのではないか。

その意味で、バスケットのｂｊリーグ「仙台８９ｅｒｓ」まで含めれば合計三つのプロチームを持つ仙台は、街全体（周辺まで含めればさらに市場は大きいはずだ）をさらに活性化する大きなチャンスに恵まれているともいえる。そうした面で新たな境地を開くことができれば、こんどこそ「天下」を取るのも夢ではないという気がする。

影の薄さを払拭できるか福島市
日本人好みの歴史がある会津若松市

東北でいちばん東京に近い県庁所在地なのに、なぜか影が薄い**福島市**（人口二十八・九万人）。県の特産物ではサクランボが知られているが、いささかインパクトに欠けるきらいがあるのは否めない。雪も少なく、名山があるわけでもない。その上、岩手に次ぐ県の面積の広さが災いし、便利になった分、むしろ以前より通過点的な性格が強くなってしまっている。

市単独では、宿泊客を引き寄せる妙手もそう簡単には見つかりそうもないだけに、展望はかなり苦しそうだ。こうなれば「東京」とジョイントできるような斬新なソフトを考え出し、それで攻めるしか手がなそうな感じもする。東京から日帰り圏内にある観光地の、これは宿命かもしれない。

その点、東京からは泊まりがけでしか行けない距離にある同県**会津若松市**（人口十二・九万人）は、観光都市としての魅力に満ちている。明治初めの戊辰《ぼしん》戦争で花と散った白虎隊、鶴ヶ城など、いかにも日本人ウケしそうな歴史がぎっしり詰まっているからだ。気候的な厳しさも足かせになるどころか、観光で訪れる人にとっては新鮮さすら感じさせる。

会津若松はまた、知る人ぞ知る日本酒の秀作が多い街である。かつてはかなりの出荷量を誇っていたのが長く低迷を続けたものの、ここ数年、徐々にではあるが復活のきざしを見せている。長州藩（山口県）の萩との一世紀以上にわたる確執も、ここまできたらむしろ〝売り物〟にしたほうがいいかもしれない。その一途《いちず》さが会津人の魅力なのだから。

7 宇都宮市

「おもてなし日本一の街」をめざす北関東最大の都市

餃子とジャズとパチンコ
脈絡のなさは、ふところの深さか

江戸時代、交通の要衝だった

東京から東北新幹線で五十分足らず。平成の大合併もあって人口が五十万人を超えた北関東最大の都市・宇都宮は「餃子」と「ジャズ」と「カクテル」、そして「パチンコ」の街である。お互いなんの脈絡《みゃくらく》もないが、それぞれ、おさまるべきところにおさまっている。さすが「入る者を拒まず」といわれる栃木県の県都だけに、ふところが深いというか、ある種の余裕を感じさせる。その意味では、成熟した都市と呼ぶこともできそうだ。

宇都宮は江戸時代、日光街道と奥州街道が分岐する宿場町で、交通の要衝だったから、多くの情報が伝わってきたにちがいない。また、なんと四世紀半ばに創建されたという二荒山《ふたあらやま》神社の門前町でもある。そして、徳川家康を祀《まつ》り、関東地方の守護として崇《あが》められていた日光東照宮には、関東各地から多くの藩主が参詣に訪れていた。代々の徳川家将軍も、家康の命日には日光社参をおこない、これには尾張、紀伊、水戸の御三家も同行したというから、その起点となる宇都宮の街は相当なにぎわいを見せただろう（宇都宮から日光までは、ＪＲで四五分ほど）。

だとすれば、さまざまな人と上手に接していくすべには長《た》けているのではないかという気がする。実際、宇都宮市のキャッチフレーズの一つにも、「おもてなし日本一の街をめざして」が掲げられている。タクシーの窓にステッカーも貼ってあった。ただ、こういうことをあえてキャッチフレーズとして示すのは、二つの解釈ができそうである。一つは、観光や商用で訪れてもらうのに本気だということ。

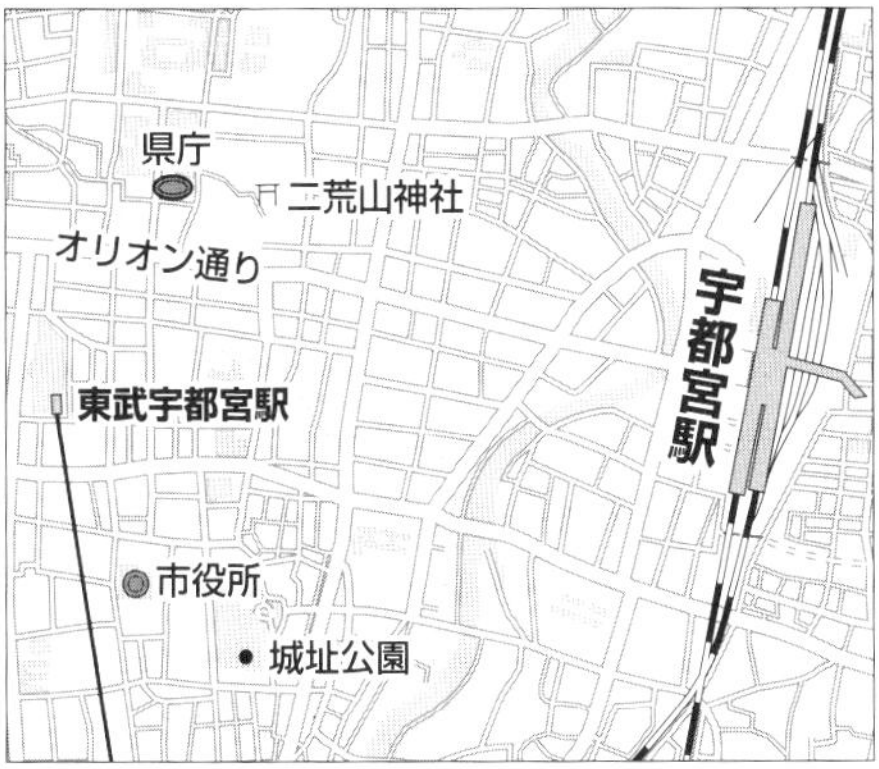

行ってみたい度……………………………★★★
住んでみたい度…………………………★★★★
刺激度…………………………………★★★★
いやされ度……………………………★★★★
ガックリ度……………………………★★

もう一つは、実態がそれとかなり遠いこと。

宇都宮の場合は、たぶん後者ではないかという気がする。たまたま三回ほど乗ったタクシーの運転手が皆、えらく無愛想だったからなのだが、ひょっとしたら、筆者だけの偶然かもしれない。だが、もともと城下町だったことを思い出せばそれも理解できなくはない。

どういうわけか、かつて城下町だったところは概して気位が高く、自分以外の人を一段低く見るところが見受けられる。ただ、それは裏返していうなら、この地は江戸（いまでいえば東京）

とほとんど変わらないのだという思いがあるとも考えられる。

気位が高いといえば、カクテルもなんとなくハイブローなイメージがある。ジャズも、クラシックの親戚筋などという見方もされるくらいだから、メジャーにはなりにくいものの、熱心なファンが多い。その点、宇都宮人の心根とどこかで波長が合うのかもしれない。

だが、その昔、ある出版社の社長が「宇都宮っていうのは、本の売れないところなんだよねー」という言葉を口にしていたのを聞いたことがある。

宇都宮市内には、紀伊国屋書店、リブロ、八重洲ブックセンター、喜久屋書店、いけだ書店、新星堂書店、落合書店など、けっこう大手の書店が多い。総理府の「家計調査年報平成十六年版」で「書籍（雑誌・週刊誌は除く）」の年間購入金額（一世帯あたり）を見ても、全国の県庁所在地のなかではちょうど真ん中あたりで、けっして低くはない。

ちなみに、第一位は盛岡市で一万七千八百円、第二位が長野市で一万六千三百十円、第三位が大津市で一万六千八十五円である。最下位は大阪市の七千五百四十六円だから、トップの盛岡市とは倍以上の開きがある。それからすると、宇都宮はけっして本が売れないわけではない。もちろん、遠い過去のことはわからないが、それにしても、ずいぶん不名誉な話ではある。

ただ、これもパチンコ大好き・栃木県の県都であることを考えれば、納得が行くかもしれない。宇都宮市と人口の規模がほぼ同じくらいの市をあげると、川口市（四十八・八万人）、松戸市（四十八・〇万人）、八王子市（五十四・一万人）、東大阪市（五十一・一万人）、姫路市（五十三・六万人）、倉敷市（四十七・一万人）、松山市（五十一・五万人）あたりだが、この中でパチンコ店がいちばん多いのが宇都宮市である。

市内には合計六十八店舗があるが、川口市（四十一店）、松戸市（四十四店）、八王子市（四十四店）、東大阪市（五十七店）、姫路市（五十一店）、倉敷市（四十二店）、松山市（四十六店）と比べても、その多さは突出している。とくに、宇都宮より人口が多い八王子や東大阪、姫路の上を行っているのはすごい。東大阪や姫路には公営ギャンブル場がないが、宇都宮には競輪がある（つい最近まで競馬もあったが廃止）にもかかわらずである。おそらく以前はそうしたものにも人々の関心が向き、本を読むという行為に向かうことが少なかったのかもしれない。

街に目立つ青い目の外国人

宇都宮の繁華街といえば、二荒山神社の旧参道だった馬場《ばんば》町界隈と、それと交わるオリオン通りという名前の、高いアーケードに覆われた通りである。といっても、五十万都市のそれとは思えないほど小ぶりで、しかも、なぜか若者が目立ち、お年寄りの姿は少ない。

オリオン通りのすぐ脇を釜川（といっても川幅は二メートル足らずという小さな川）が流れている。江戸時代、城下町であったころのなごりのようで、通りがその川をまたぐ形になっているのが買い物客の心をなごませてくれる。そういう意味では、もっと年配の人が行き来していてもいいのではないかと思うのだが、いったい、どこへ行ってしまったのだろうか。

宇都宮も多くの地方都市の例にもれず、郊外にショッピングゾーンが分散し、中心部がだんだんさびれつつあるのだろうか。最近どこの地方都市にも見られる傾向の一つとして、スーパー、ホームセンター、レストラン、書店など大規模な店が皆、都心から郊外に移っている。中心部は駐車場の確保がむずかしく、土地の価格も高いため、大きな店をつくりたくてもつくれないからだが、宇都宮も例外ではなさそうだ。

パチンコ店もその多くは郊外の国道沿いなどに大きな店を構え、大変なにぎわいを見せている。最近この業界は、中小の店がどんどん淘汰《とうた》されており、それはこの地でも変わらない。だが、いわゆる全国チェーンの大型資本の出店はほとんどなく、ほとんどが地元資本である。通常は、全国チェーンが地元資本の店を駆逐するパターンが多いのだが、そのあたり宇都宮では地元資本の健闘ぶりが目立つといえよう。

実をいうと、〝もう若くない人たち〟の姿がこの種の店で見受けられたのである。郊外型のパチンコ店は大型の駐車場を備えているが、土曜日の朝からもうビッシリとクルマで埋まっている。店内も、大変な盛り上がりようである。もちろん、宇都宮人の皆が皆、パチンコ店に行っているわけではないから念のため。

若い人の姿が目立つオリオン通りにはなぜか、いかにも客引きといった風情の外国人がそここに立っている。しかもオリオン通りだけでなく、全体として外国人、それも青い目をした人が多い。この本で取り上げている地方の県庁所在地（人口五十万人以上、政令指定都市は除く）のなかでも、松山市、熊本市、鹿児島市などよりはるかに多いから、目立つわけである。

夜、大通りのイングリッシュパブに入ろうとしたら、外国人であふれ返っていた。スツールに腰をかけている者もいたが、それよりカウンターの前で立ってグラスを手にしている客のほうが多い。そこだけ切り取って写真に撮れば、まごうことなき外国である。日本人が気後れして入りにくい雰囲気すらある。

庶民的なのどかさとハイブローな感覚

さて、街で目立つのはやはり「宇都宮餃子」（登録商標で、宇都宮餃子会の会員だけが使える）の文字である。首都圏や福島、仙台あたりから食べにやって来る人も多いようだ。もともと中国からの復員兵（戦前、宇都宮には陸軍第十四師団が駐屯していた）がつくりはじめたのが起こりらしいが、それにしても数の多いこと。餃子の消費量では浜松市と一、二位を争っているともいうが、浜松にウナギを食べに行く人はいても、餃子を……という人の話はあまり聞いたことがない。知名度ではやはり宇都宮のほうが上だろう。

そのための努力も惜しまない。駅に降りるとオープンカウンター式で、ひと目でそれとわかる観光案内所があり、そこで「オフィシャルマップ」なるものを配布している。市内の主だった餃子専門店が地図上に示されており、初めて訪れた人でも簡単に行ける。

驚いたのは、ＪＲ宇都宮駅東口に地元の名産・大谷石《おおやいし》（一九二二年に完成した東京の旧帝国ホテルに使われ一躍その名が知られるようになった）でつくった「餃子像」が立っていることである。格好の待ち合わせ場所になっているらしいから、それなりの存在価値はあるようだ。

宇都宮はおそらく、観光都市ではなく、橋爪紳也（大阪市大大学院助教授）のいう「ツーリスト・シティ」をめざしているにちがいない。実際、いわゆる名所旧跡のたぐいはほとんどないも同然である。中心部にある二荒山神社も、十五分かそこらもあれば見終わってしまう。そのため、日光や鬼怒川《きぬがわ》、那須、益子《ましこ》といった観光地への足がかり、通過点で終わりそうである。

そこで、少しでも市内に長くとどまってもらおうと、地元の人たちが思いついたのが例によって城である。以前からあった城址公園の中に櫓《やぐら》を二つ、新たにつくったのだ。本来の堀は大部分が以前埋め立てられ住宅地に変わってしまったのだが、かろうじて城址公園の周囲だけが残されていたのだろう、それを生かし、周囲も遊歩道やイベント用の広場として整備したという。

ただ、城もいいが、宇都宮はむしろ夜を楽しむための舞台装置が豊富な街のように思える。ジャズもカクテルもやはり夜のものだろう。ジャズのライブはタバコの煙がただよう、小ぶりの店で酒のグラスを片手に楽しむのが王道ではないかと思うからだが、そのテの店がこの地にはあまたある。

宇都宮とジャズの結びつきは、世界のナベサダ（渡辺貞夫）がこの地の出身であることがきっかけのようである。だが、それを人を集めるためのツールとして活用することを思いつき、なおかつ本格化していったところに、宇都宮のただならなさを感じる。

ジャズを聴くのにカクテルがいちばん似合うかどうかは別として、宇都宮はまた、カクテルを売り物にしている、全国でもまれな都市である。カクテルは、腕のいいバーテンダーがいなければ楽しめない。この街にはそんな素晴らしいバーテンダーが数多くいるようで、全国規模のコンテストで過去に十五人もの優勝者を出している。当然、バー自体のクオリティーも高い。営業時間も午前二時、三時までという店が少なくない（帰りのことが心配になるが）。

最近のバーというと、東京・西麻布周辺に多い、いかにも「おしゃれーっ」な雰囲気の店や、銀座界隈のやや敷居が高く感じられる店が思い浮かび、つい尻込みしがちだが、ここではそういうことはない。気さくな雰囲気というか、東京圏ではあっても、東京ではないのである。初めて入った店で肩が凝ってしまうのは、客の身としてどうにも不条理な思いを抱くが、そういうこともなく、安心して楽しめる。

東京からそれほど遠くないから、人々も宇都宮は首都圏の一部という感覚でいるのだろう。実際、宇都宮、さらにその一つ先の那須高原駅あたりから新幹線で東京に通勤している人も少なくないという。年に一回か二回くらいしか富士山の姿が見えない東京より、富士山に負けず劣らず美しい姿をした男体山《なんたいさん》や白根山《しらね》がいつでも見える宇都宮から東京に通勤するのもいいかもしれない。のどかで庶民的な街で、ときにハイブローを味わえるのもまた魅力である。

それにしても、ジャズもカクテルも、そしてパチンコも、考えてみるとひとりで楽しめるものばかりではないか。そのあたりに、宇都宮の楽しみ方を示唆《しさ》するものがありそうな気がする。

8 水戸市

骨っぽい、理屈っぽい、怒りっぽいが水戸人の真骨頂

軽薄短小とは逆の道を行く殿様風の気品がただよう街

地元にいなかった歴代藩主

「控えおろう、控えおろう……」といいながら、助さん・格さんが掲げる葵《あおい》の御紋の入った印籠の威光がいまもなおただよっているのだろうか。水戸に行くとなぜか、頭を低くして歩かなくてはという思いを抱かせられる。偕楽園の入園料がタダであることに感心したからでもない。その美しさに感動したからでもない。なんというか、街全体に薫る殿様風の気品のようなものに影響されてのことかもしれない。

水と緑に恵まれた街――これが水戸市のキャッチフレーズだという。実際、水戸の街はその言葉にたがわない印象を与える。この地の代表的観光スポット、文字どおり「水と緑」の象徴ともいえる偕楽園は、ご存じのように、金沢の兼六園、岡山の後楽園と並ぶ日本三名園の一つで、梅祭り（園内には百種・三千本の梅が植えられている）で有名だが、三名園のなかではつくられたのがもっとも遅い（一八四二年）。

水戸藩の九代藩主・徳川斉昭《なりあき》（烈公《れっこう》、最後の将軍・慶喜《よしのぶ》の父）が、千波湖《せんば》の前にある七面山を切り開き、弘道館で文武両道を修める藩士たちの休養の場としてつくったものだが、領民と偕《とも》に楽しむ場にしたいということで「偕楽園」と名づけた（当初から、毎月「三」と「八」がつく日には領民にも開放されていた）。偕楽園はいまでも、斉昭の精神を引き継ぎ、三名園で唯一、無料で入園できる（園内にある好文亭は有料）。

斉昭は、水戸徳川家のなかでも卓抜した才覚を持った藩主だったようである。というか、御三家のなかでも水戸徳川家は、尾張や紀伊とまったく異なる家風がつちかわれていたようだ。質素倹約という考え方にしても、これまで筆者は尾張徳川家の〝専売特許〟だなどと思い込んでいたが、水戸もけっしてひけを取らないということを知った。それは、二代藩主・光圀《みつくに》（家康の孫）のときに始まったようである。

水戸黄門の名で知られている徳川光圀は、司馬遷の『史記』伯夷《はくい》列伝を読んでいたく感銘、それがきっかけで学問に精を出すことになった。光圀は、江戸・駒込《こまごめ》にあった中屋敷（現在

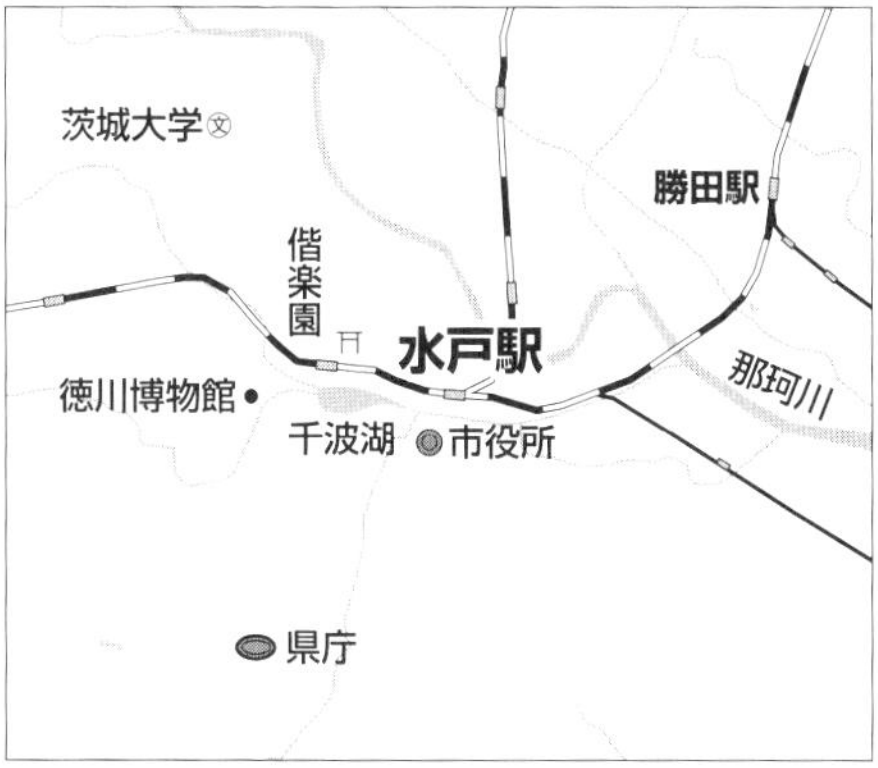

行ってみたい度	★★★
住んでみたい度	★★★
刺激度	★★
いやされ度	★★★
ガックリ度	★★★

の小石川後楽園）に「史局（彰考館の前身）」を設置し（一六五七年）、紀伝体による日本の歴史を記録・編纂する作業を始めさせる。これが『大日本史（全四百二巻）』として結実するのだが、最後の巻が完成したのはなんと明治に入ってから（一九〇六年）のことだというから、つごう二百五十年もの歳月をかけた一大事業である。

『大日本史』の編纂が光圀の大きな柱の一本目だとしたら、もう一本は領民に対する施策である。光圀が藩主の座にあったのは、一六六一（寛文元）年から九〇（元禄三）年までの三十年間。その治世の本質は、城下に上水道を早々と整備したこと、また、『救民妙薬《きゅうみんみょうやく》』という、ごく一般的な救急治療法をまとめた、今日でいう小冊子を配布したことに象徴されるだろう。また、当時さまざまな不正が横行していた寺院に対しても厳しい対策を講じ、目に余るところに対しては廃寺処分を下している。

城も、同じ御三家の名古屋城や和歌山城に比べ、格段に質素で地味だった。城郭には石垣もなく、すべて土塁と空堀である。江戸に近いこともあり、防衛という性格が薄かったためだろうが、天守閣もつくられていない。御三階櫓と呼ばれる三階建ての建物がメインで、城郭というよりむしろ政庁としての性格が強かったようである。

といって、藩主が常駐していたのではない。水戸徳川家は御三家のなかで唯一、参勤交代がなく、将軍の補佐役を務めていた。水戸黄門が「（天下の）副将軍」と呼ばれていたのもそのためで、歴代の藩主で地元（水戸城）にいた者は一人もいない。主だった藩士も、ほとんどは江在の隅田公園にあった）に詰めていた。

その点、城下町といっても、水戸は非常に特殊であった。そのあたりに、江戸の徳川将軍家、それも始祖・家康にもっとも相通じる気質がずっと保たれていた理由があるのかもしれない。しかも、そうした質素倹約の様を光圀以来、歴代藩主が学問というかたちで常に検証しつづけていたから、不純物が入り込む余地もほとんどなかったのだろう。それが後に、原理主義の極致といってもよい「水戸学」思想になったにちがいない。

全国に知られるのは、せいぜい納豆

水戸学は幕末、尊皇攘夷論によって立つ勢力が金科玉条のように信奉した思想である。日本国はあくまで天皇家の存在によって成り立っているもので、徳川将軍家も、その天皇家から政治部門を委嘱《いしょく》されているだけにすぎない、という立場が水戸学の根幹であった。

ただ皮肉にも、その水戸学の総本山である水戸徳川家から、江戸幕府最後の将軍・慶喜が出た。そのため、幕末から維新にかけての時期、水戸藩は血で血を洗うほどすさまじい内部抗争があり、あまたの人材が命を失った。

維新後、県知事として江戸から赴任してきた山岡鉄舟《てつしゅう》はそうした実態を目の当たりにし、途方に暮れるよりあきれてしまったという。何かにつけて原理主義的な考えが先行する旧水戸藩士は、人の風下に置かれるのをことのほか嫌う。これでは新政府どころか、県の役人もとても務まらないだろうということで、山岡は彼らの多くを警官として採用した。いまでも、茨城県人の警官が多いのはそのとき以来の伝統を継承しているからだ。

水戸の殿様は素晴らしい人物が多かったようだが、家来となると、それについていけるものが少なかったらしい。斉昭が藩校を設けたのも、そうした危機感があったからではないか。実際、元禄時代、人々は御三家のことを「水戸に殿あり、紀州に家来あり、尾張に大根あり」と評したという。それくらい、水戸の殿様は優れていたようである。そういえば、水戸の観光スポットというと、偕楽園、義烈館、常磐神社、弘道館（斉昭がつくった藩校）、保和園など、水戸徳川家ゆかりのところがほとんどだ。

なかでも感動するのは、徳川博物館（彰考館）である。敷地もゆったりしているし、建物も相当お金をかけてつくっている。所蔵品のレベルも驚くほど高い。名古屋にある徳川美術館もかなりの水準を行っているが、水戸のほうはそうした美術品のたぐいは少ない。だが、光圀と斉昭の業績を詳しく伝えようとする発想がよく伝わってきて、思わず居ずまいを正させられる。

この施設の建設、拡張工事に際して寄付をした有志も、地元の個人、企業が数多く名前を連ねている。市民も、いまなお殿様のことを誇りに思っているのである。郷土史家が非常に多いというのもうなずける。

水戸市の人口は現在二十六・四万人で、県庁所在地としては少ないほうの部類に入る。東京の近くにあるため、けっして目立つことはないが、その存在感は大きい。

茨城県というと、つくば市とか鹿嶋市、日立市のほうが全国的には名前が知られている。研究学園都市・つくば市と世界に冠たる日立グループ発祥の地・日立市はいずれも人口が二十万人ほどで、水戸市とさほど変わらない。また、鹿嶋市は小さいながらも、サッカーでは全国に名を知られている。

では、水戸はどうなのか。偕楽園のほか、これといって有名な観光スポットもない。水戸城址といっても、先に記したように、もとがもとだから、何もないも同然である。弘道館となると、もう知る人ぞ知るといった感じだ。新幹線もまだ通っていない。全国に知られているものといえば、せいぜい納豆くらいだろう。地元で最近盛んに力を入れている水戸藩ラーメン（光圀こそ日本で最初にラーメンをつくって食べた人物というふれ込み）も、まだメジャーにはなりきれていない。

水戸人は――茨城県人についてもいえるが――、PRとなると苦手なところがある。というより、PR自体にあまり価値を見出していないようなのだ。言葉で飾り立てた宣伝より、実物を見よという、現代風の考え方とは逆の生き方を好んでいるようにさえ思える。

だから、総じて地味な印象だし、口下手でとっつきにくいところがある。観光地なのに、サービス精神の点では見劣りするのも、にこにこ笑顔やもみ手で応対するなどということができないからだろう。だが、人間はそうそう軽々しい存在であってはならないという基本姿勢があるから、軽薄さが目立つ人、あるいは志操堅固でない人に対しては軽蔑心を抱くのかもしれない。

「在野」の思想を貫く水戸人

「水戸っぽ」という言葉があるが、骨っぽい、理屈っぽい、怒りっぽいの三ぽい（これに、飽きっぽい、惚れっぽいを加えることもあるようだ）が水戸人の真骨頂だとされている。要するに、直情径行のタイプである。だとすれば、いまのような世の中ではいささか生きにくかろう。軽薄短小は、産業界だけでなく、社会全体でもこれからのトレンドなどといわれているからだ。

だが、そうした三ぽいも、もとをたどれば、この地域特有の恵まれた風土に起因しているのではないか。なにせ、万葉の時代から「それ常陸の国は、堺はこれ広く、地《くに》もまたはろかにして、土壌《たはたけ》もつちこえ」と評されていた（『常陸国風土記』）ほどである。関東平野が県のほとんど全域を覆っているから、土地はふんだんにある。いまでも住宅一戸あたりの敷地面積は日本一だし、耕地面積比率も同じく全国でトップだ。土地が広々とし、気候も厳しくないとなれば、あくせくしなくてもそれなりの暮らしは営めるわけだから、人々の気質はおのずとのんびりしたものになる。

そうしたことに由来する精神的な余裕が、熱心な学問研究につながり、理屈もこねれば、それを守ろうとする頑固さにも結びついていく。しかも、おもしろいことに、水戸藩二百数十年の歴史で、他藩で生まれ育った女性と結婚した藩士は非常に少なかったという。ほかの血が混ざらなかったことも手伝って、水戸の三ぽいは年を経るごとに、ますます純化されていったにちがいない。

人によっては、それが「在野」の思想を貫く生き方になるケースもある。明治の半ば、自由民権運動が日本中に広まったことがあるが、茨城県は全国でもかなり早い時期から、多くの人が自由民権運動にかかわりはじめていた。また、水戸をはじめ茨城県からは新聞人が多く出ているが、そうしたこととも関係しているかもしれない。

逆にいうと、ビジネスの世界ではなかなか成功をつかみにくいということでもある。何があっても絶対に正論をまげないという生き方は通じにくいのがビジネスの世界だからだ。

こういう水戸っぽ的な生き方は、都会の風土とはいまひとつなじまない。そのため、水戸もいま風のおしゃれっぽさや軽薄短小の気風とはほとんど無縁である。その代わり、どこか凛《りん》としたというとほめ過ぎかもしれないが、へらへらしたもの（軽佻浮薄）を許さない空気が流れている。このあたり、同じ茨城県でも東京の完全なベッドタウンと化してしまっている県南部（土浦市、取手《とりで》市、牛久《うしく》市、龍ケ崎市など）と決定的に気質が異なるところである。

とかくうわついた空気がただよいがちの東京にふと嫌気がさしたときなど、常磐線の特急に乗って一時間余、こういう空気を吸いに行くのも悪くないと思うのだが、どうだろうか。

9 さいたま

自分らしさを失った「衛星都市」レッズ以外に愛着を持てるものは……

ジョン・レノン・ミュージアムも中央官庁もある「さいたま新都心」

大変貌を遂げた都市空間

都市というものがたかだか十年かそこらで、ここまで大きく変貌するものなのか！　さいたま市に行くと、だれもがそう感じることだろう。

東京駅からJR京浜東北線（各駅でも快速でもいい）に乗り、河川敷がとてつもなく広い荒川を渡ると埼玉県に入る。最初の駅はかつて映画『キューポラのある街』で全国にその名を知られるようになった川口である。そこからさらに一二、三分、北浦和を過ぎたあたりから、目に入ってくる光景は数年前のそれとはまったく違う。

次の駅は与野《よの》、以前はその次が終点の大宮だったが、いまはその間に「さいたま新都心」という新しい駅がある。新しいといっても、完成したのは二〇〇〇（平成十二）年である。旧通産省グッドデザイン賞を受賞したカッコいい駅だ。このあたりは以前、だだっ広い操車場であった。それが周辺の土地まで含めて再開発され（広さは約四・七四ヘクタール＝十四万余坪）、いまでは何本もの高層ビルが建っている。大きなドーム状の建物は、K－1やPRIDEなどの格闘技が開催されるさいたまスーパーアリーナである。いかにも二十一世紀型の都市空間といった感じで、「新都心」の名に恥じない偉容を見せている。

以前の様子を知っている人がそれを目の当たりにしたら、目を疑うにちがいない。驚きを隠せないまま、いまや新幹線の停車駅でもある大宮で降り立った人はさらに度肝を抜かれるだろう。駅ビルもそうだが、とくに駅の西側は、とてもではないが、同じ場所とは思えないはずだ。

行ってみたい度……………………………★★
住んでみたい度……………………………★★
刺激度……………………………………★★
いやされ度………………………………★★
ガックリ度………………………………★★★

いまから半世紀近く前（一九六二年）のこと、「埼玉には高層ビルも大観光地もいらない。平凡でお人好しの埼玉に無計画に侵入してくる東京の手や足をどう受け入れ、どう消化してゆくか、それが〝大埼玉市〟の明日の課題だ」という言葉を口にした人がいる。一九五六（昭和三十一）年から一九七二（同四十七）年まで、県知事を務めていた栗原浩である。だが、現実の埼玉県（栗原のいう〝大埼玉市〟）はどうか。栗原も、ここまで大きく変わろうとは、夢にも思わなかったのではないだろうか。

その埼玉県の県都がさいたま市である。いまだなじみのない人のために注釈を加えると、誕生したのは二〇〇一（平成十三）年五月。それまで県庁があった浦和と、大宮、与野の三市が合併して生まれた新しい政令指定都市だ。二〇〇五（平成十七）年には岩槻《いわつき》市も加え、現在の人口は百二十万人ほどである。

市の名前が「さいたま市」となったときは、かなりの異論があったと聞く。まず、スタート当初の三市のうち、大宮市と浦和市の間に昔から確執があったため、どちらの名前も新市名には使えないという事情があったこと。もう一つは、ひらがな表記の県庁所在地は全国でも前例がないことだ。

大宮市と浦和市は、合併時の人口規模がほぼ同じ（浦和市＝約四十八万九千人、大宮市＝約四十五万八千人）、しかも明治維新後の廃藩置県のときには県名や県庁所在地を争ったことがある。長野県の場合もそうだったが、当時、県名をどうするか、県庁をどこに置くかは県民にとって大変な問題だったようで、それはこの二市の場合も同じだった。最終的に県庁は浦和に置くことになったのだが、大宮のほうは大いに落胆したという。

それからしばらく後、こんどは、東北本線と高崎線・上越本線との分岐駅をどちらにつくるかについても激しい綱引きがおこなわれ、こちらは大宮に決まった。だがその結果、浦和は長く、急行列車が止まらない全国唯一の県庁所在地という〝汚名〟を着せられることになる（それにより、大宮が溜飲《りゅういん》を下げたかどうかは知らないが）。

そんな歴史的な背景があり、三市の合併に際して、市の名前をどうするかについては、けっこうスッタモンダがあったようである。結局、最終的に「さいたま市」となったのだが、これについてはいまでも評価が分かれているという。

市内を貫く道路の殺伐さ

新市名のよし悪しはともかく、さいたま市が発足する以前の一九九〇年代前半、県には「YOU And Iプラン」と呼ばれる中枢都市圏をつくる構想があった。「YOU And I」とは、与野、大宮、浦和、上尾《あげお》、伊奈《いな》（町）の四市一町の頭文字をつなげたもので、この五自治体で、東京に集中しすぎている首都機能を補完する役割を持った副都心をつくるという壮大なプランである。

たしかに、東京駅から大宮駅までは三〇キロほどの距離（浦和駅までなら二四キロ）だから、近いことは近い。中央線なら三鷹《みたか》から国分寺あたり、千葉方面だと幕張《まくはり》あたりと同じくらいだ。幕張はすでに「副都心」を堂々と名乗っているのだから、大宮から浦和あたりがそうした役割を担うことに問題があろうはずもない。

何もないただの原っぱというのなら話は別だが、浦和も大宮ももとをたどれば、五街道の一つ中山（仙）道の宿場町で、江戸時代からそこそこ栄えていた。明治以降、浦和は県都として、大宮は交通の要衝として重要な位置を占めている。

昭和三十年代に入ると、県の南部には数多くのマンモス団地が日本住宅公団（現・都市再生機構）の手によってつくられていく。それにより、都内のサラリーマン家庭が埼玉県にどんどん流入していったから、東京に近いところから衛星都市化していった。

大宮から浦和、川口にかけてのＪＲ（京浜）東北線沿線一帯はそれより以前から、すでに衛星都市化のきざしがあった。それは、上野までなら乗り換えなし、東京・新橋あたりでも、山手線に乗り換えればすぐに行くことができ、利便性が高かったためである。その点は東海道線や横須賀線が走る川崎や横浜、横須賀などとよく似ている。

早くから東京の衛星都市と化した（京浜）東北線沿線の各都市は、その都市特有の気質が薄れていくのも速かった。浦和市や大宮市が単独で存在していた時分から、浦和人も大宮人も姿を消してしまっていたといっていい。そうした市によって構成されている以上、さいたま市に住む人たちの気質といっても、特定するのはむずかしそうだ。ここ半世紀以上にわたり、ひたすら「東京の手や足」を受け入れつづけているわけだから、むしろ東京人、それもどちらかといえば下町的な気質が移植されているといったほうがわかりやすい。

ただ、都市としてのインフラが整っている東京二十三区、それも街としては比較的歴史の長い下町エリアからいきなり、埼玉県にやってくると、カルチャーショックを受けるのではないだろうか。

一つは、海がないことである（当然、港もない）。かつてわが国では、物資輸送の基本は海や川を利用しての水運であった。さいたま市内にも荒川が流れている。荒川は江戸時代、利根川、多摩川と並んで関東地方の重要な水運を担っていた。大きな川がたゆとう地域の人々は、たいがいのんびりしているものである。たしかに、静かに流れる水を見ながら暮らせば、人の心は落ち着くだろうし、ロマンティシズムのようなものもつちかわれる。

だが、大量輸送が可能な鉄道が整備されるにつれ、水運は徐々に物資輸送の主役からしりぞいていった。とともに、川もその存在感を徐々に失うことになる。それにより、人々の心の中からロマンティシズムが徐々に消えた心は乾燥していくしかない。

水運に代わって台頭してきたのは鉄道や車輛による陸上輸送だが、鉄道はまだしも、車輛（＝トラック）となると、ロマンティシズムなどとはまず縁がなさそうだ。埼玉県は一平方キロメートルあたりの道路実延長が全都道府県中ナンバーワンであることに示されるように、とにかく道路が多い。上信越地方や東北地方から運ばれるさまざまな物資の通り道なのだから、これはやむを得ないだろう。

だが、さいたま市内を南北に貫く新大宮バイパス（国道十七号線）を走った人ならだれでも感じることだが、車窓からの風景がいかにも殺伐としている。いまでこそ、首都高速道路が中央分離帯の上を高架で走っているが、それがまだなかった当時は、雑草が生い茂り、空きカンなどのゴミが大量に捨てられていたから余計である。もう一つの大動脈・国道十六号線も、両サイドの光景が無機質なことにかけてはそれと肩を並べるだろう。

余談だが、福岡県に「はせがわ」という仏壇・仏具メーカー（大証一部上場）がある。その二代目社長が関東地方への進出を決めたきっかけは、埼玉県内の国道十六号線を走っているとき、こんなところに住んでいたら人間の心が干《ひ》からびてしまう（＝先祖を敬うという日本人の徳性が失われる）との危機感を抱いたからだという話を聞いたことがある。

高度成長期に敷設、あるいは拡幅された道路の多くはそうした特徴を持っているが、ここさいたま市の場合も例外ではなかった。トラックがひんぱんに走る道路はたしかに必要なのだが、それが市の真ん中を貫くとなると、街そのものが分断されてしまい、人の心も通いにくくなるにちがいない。

常に最新情報が入ってきた宿場町

江戸時代、埼玉県は武蔵国の一部で、江戸と一体であった。埼玉県としていまの県域が定められたのは、廃藩置県以降のことである。武蔵国のなかでも、今日のさいたま市を構成している浦和や大宮は、江戸にほど近い宿場町だったから、常に最新情報が入ってきていた。

逆に、熊谷《くまがや》、本庄《ほんじょう》などの内陸部、さらにそれ以遠の地（群馬県や長野県、さらには新潟県）からも人（＝情報）がふんだんにやってくる。そうした環境にあれば、たいていのことを受け入れる柔軟性、包容力のようなものがはぐくまれるだろう。それを、「平凡でお人好し」とかつての知事は評したにちがいない。

だが、柔軟性に富むとは、裏返していえば、周囲にすぐ影響されやすい、確固とした核がないということでもある。もともとが同じ「国」なのだから、東京に出て行くことに抵抗はないし、東京から移ってくる人も簡単に受け入れる。経済力も政治力も文化力も情報発信力も、当然のこと、首都・東京のほうが上を行っており、その吸引力も強烈だ。そうなれば、どうしたって、というか宿命的に、さいたま人の心は「東京」に引きずられてしまうことになる。

しかも、さいたま市の場合、川崎市と違って、その後ろにも隣にも大きな都市がない。そのため、東京に寄り添って生きていくしか道がないのである。川崎市は「工業都市」であるばかりに〝損〟をしているが、さいたま市は「東京の衛星都市」になり切っているがために自分らしさを失ってしまった不幸な都市といえる。だが、そこに屈折した気質がめばえる素地があるのもたしかなことのようである。

その一例を紹介しよう。国鉄が民営化され、JRになってから二〇〇七（平成十九）年でちょうど二十年である。そして、この二十年間で、かつて人々が心に願っていたもののかなえられなかったことをJRはほとんど実現している。

たとえば、高崎線や東北本線の列車は旧国鉄時代、上野が終着駅だったから、新宿や渋谷まで行くには山手線などに乗り換える必要があった。それがいまではどうか。浦和や大宮はもちろん、高崎線の上尾や桶川《おけがわ》、あるいは東北本線の蓮田《はすだ》や白岡あたりからも、新宿、渋谷までダイレクトで行ける列車が運転されている。走らせ方をちょっと変えただけでそれを実現できたのだが、逆に考えると、旧国鉄はいかにサービス精神に欠けていたかがよくわかるというものだ。

そういう時代に新宿や渋谷あたりまで通勤・通学していた人々はおそらく、早く都内に移り住みたいとか、こんな不便なところはもうこりごりだといった思いを抱いていたはずである。

そうしたストレスが来る日も来る日も続くわけだから、そのうち心も荒《すさ》んでくるだろう。その結果、自分たちが住んでいるところにまったく愛着を持たない、ある意味で悲しい、非常に特異な県民性がつちかわれてしまったのである。

この本でたびたび引き合いに出しているNHKの「全国県民意識調査」は、全部で三十五の大きな質問を設け、それに一つひとつ回答してもらうスタイルをとっている。さまざまな質問があるのだが、このうち全都道府県で最下位（YESと答えた人がいちばん少ない）というのが、埼玉県の場合、七問もあった（それより多いのが千葉県の十二問）。

しかも、その内容を見ると愕然《がくぜん》としてしまう。埼玉県人の場合、「今住んでいるところは住みよい」「埼玉県が好き」「お金というものは、しばしば人を堕落させるきたないものだ」「日ごろつきあっている親せきは多い」「隣近所の人には信頼できる人が多い」「地元の行事や祭りに参加したい」「この土地の人びとの人情が好き」の七つの問いに対し、NOと答えた人が全国一多かったのである。なんともいびつというか、屈折しすぎてはいないだろうか。自分の住んでいる地域にまったく誇りを持てないことほど、不幸なことはないと思うのだが、どうだろう。

ある全国紙から、「（Jリーグの）浦和レッズのサポーターは、なぜあれほど異常な盛り上がりを見せるのでしょうか」と、コメントを求められたことがある。たしかに、浦和は昔からサッカーが盛んなことで知られている。同じさいたま市の大宮にもアルディージャというチームがあるが、あまり強くないせいもあってか、サポーターの勢いとなると、レッズの比ではない。

さいたま市には、好きになれるもの、愛着の持てるもの、つまり市民のアイデンティティーになりそうなものがない。そのため、若い人たちを中心に、あり余るエネルギーを思い切りぶつけられる対象となるとサッカーくらいしかない。それがレッズ・サポーターたちの異様なまでの爆発力に結びついているのではないかと答えたのだが、すぐに納得してくださった。プロ野球チームでもできれば、様相は変わるかもしれないが。

だが、冒頭に紹介したさいたまスーパーアリーナには、世界で唯一のジョン・レノン・ミュージアムもある。隣接する高層ビルのなかには中央官庁（とその出先機関）も入っているそうだ。こんなところに東京から通うことができれば、朝夕の通勤コースが逆で、満員電車に乗らずにすむし、ハッピーなことこの上なかろう。

神社仏閣といった旧来の観光資源には事欠くさいたま市だが、少しでも多くの人に足を運んでもらえる新しいタイプの施設を構想する必要があるのではないか。そうでないと、県としても、ディズニーランドを持つ千葉県の後塵をいつまでも拝さなければならない。東京から押し寄せてくる波は今後強まりこそすれ、弱まることはないだろう。いつまでも受け身でいてはそのうち呑み込まれてしまう。それを防ぐには、「高層ビルも大観光地も」必要なのである。

県民意識が全国一薄い県の中心都市

10 千葉市

〝東京の呪縛〟と格闘中のニュー千葉（幕張新都心）とオールド千葉――分断された街の未来は？

海であった場所をひたすら走る鉄道

何もないところから何かを生み出すというのは、大変なことである。頭の中で考えるだけでもしんどいのに、それを現実のものにしてしまう。それも、一〇〇メートルを超える高層ビルや、何千何万もの人を収容する大ホール、野球場をつくったというのだから、たいしたものだ。それ以上に驚くのは、それらのある場所が、かつては海だったということである。

東京駅の地下ホームからJR京葉《けいよう》線・蘇我《そが》行きに乗ると、しばらくはトンネルだが、新木場《きば》を過ぎたあたりから地上に出て高架となり、あとはひたすら、その昔はまちがいなく「海」だった場所の上を走っていく。

途中、毎年二千五百万もの人を集める東京ディズニーリゾート、未来型高度情報都市をめざす幕張新都心、千葉マリンスタジアム、人工の浜辺、画一《かくいつ》的な家々が並ぶニュータウン、さらには最新設備を誇る大工場に取り囲まれた港が続き、それぞれにアクセスする駅がある。ただ、駅と駅との間は、南側には海、北側にはきれいに区画された（あるいは区画途中の）コンクリートと地面しか見えない。建物もあるにはあるが、ショッピングモールや中高層マンションがほとんどだ。

自然の「し」の字も感じられないこの光景を見ていると、電車も単なる輸送用の箱としか思えなくなる。海を埋め立ててつくりだした人工の土地はあくまで平らで、スクエアだから、それなりの心地よさはあるものの、やはり人間としての情感を忘れさせられそうである。

行ってみたい度……………………………★★
住んでみたい度……………………………★★
刺激度………………………………………★★
いやされ度…………………………………★★
ガックリ度…………………………………★★★

京葉線の北側をほぼ平行に走っている京成《けいせい》電鉄（千葉線）、ＪＲ総武線の場合は、同じく高架ではあるが、そうしたこともなく、ヒューマンな感情を保って乗っていられる。それはひとえに、沿線の光景によるものだろう。また、高架といっても正真正銘の地面の上につくられていることによる安心感もあるのかもしれない。

高層マンションの高層階に住む子どもは、大なり小なりストレスを抱えているとの指摘が、精神医学者からなされたのは何年前のことだったか。その当否はともかく、人間にはやはり、安心して住める高さというのがありそうだ。「地に足がついていない」ことによる不安感は、目には見えないが、やはりあるという気がする。

〝新しい千葉市〟（区でいうなら美浜区）のほとんどが、そうした、人間としての落ち着きを失わせそうな地域にあるなどといったら、またまたお叱りを受けそうだ。だが、そうしたエリアに住んでいる方々には申し訳ないが、これは正直な思いである。

だからといって、千葉市が安全な都市ではないとか、人間的な感情を軽視しているなどと強弁するつもりは毛頭ない。現に、千葉市は約九十三・二万もの人が住む、れっきとした政令指定都市である。千葉県にも長い歴史があるし、ひょっとしたら関東地方でいちばん最初に開けていた場所かもしれない。それはもちろん、この地が海に面していることによる。

昔から不思議に思っていたのは、千葉県の旧国名のうち、なぜ上総《かずさ》が南で下総《しもうさ》が北にあるのかということである。普通は、京の都に近いほうが「上」「前」、そこから離れるにつれ「中」、さらに「下」「後」となるはずである。上野《こうづけ》（群馬県）・下野《しもつけ》（栃木県）、越前・越中・越後（福井県・富山県・新潟県）という国名からも、それはわかる。

千葉の場合、陸路をイメージすると、「上総」と「下総」の呼び名は逆ではないかという感じがするのだが、海路をたどるとすれば、なるほどと納得が行く。実際、かつては相模《さがみ》（神奈川県）の三浦半島から安房《あわ》（千葉県）へ渡るのが普通のルートだったようで、『日本書紀』にもそうした記述があるという。

そうしたこともあってか、千葉県人の祖先は、紀伊（和歌山県）、あるいは遠く阿波《あわ》（徳島県）から黒潮に舟を浮かべてやってきたというのが定説だ。そもそも、安房と阿波は同じ音だし、白浜、勝浦など、紀伊のそれと共通する地名も少なくない。千葉県に古くから住む人々には紀伊人と阿波人の血が少なからず流れているのである。

海洋系と農耕系が微妙に混ざり合った気質

それにしても、千葉県というのは県としてのまとまりにいささか欠けるところがある。幕末の時点で、現在の千葉県は数多くの小藩に分かれていた。いちばん大きい佐倉藩でも十一万石で、ほとんどが一万〜二万石というミニ藩である。現在の千葉市内には、こま切れになった旗本知行地があっただけだ。そのため、最初の廃藩置県の際は、なんと二十を超える県がつくられたという。それが最終的に現在の千葉県として確定したのは、一八七三（明治六）年のことである。

ただ、全体としては、紀伊人・阿波人という海洋民族の流れを汲んでいるから、根は南国的というか、開けっぴろげでお人好し、仕事よりもお祭りなどで陽気に騒ぐことが大好きなはずだ。千葉県の大半は房総半島によって占められている。半島だから当然、三方（千葉県の場合、東と西と南）が海である。

半島というのは、その名のとおり、陸と島との中間のような性格を持つ。「他の大陸将《はたま》た母陸とは、多少の特色を有する発達をなすなり」（牧口常三郎『人生地理学』）とあるように、一種独得の風土、気質がつちかわれる。仏教がインド半島、キリスト教とイスラム教がアラビア半島、儒教が山東半島から興ったように、それまでにない斬新な思想、アイデアの多くが半島に発しているのを見ても、それは理解できる。

その一方、この地の気候は総じて温暖だし、土地も肥沃で農業に向いている。そして、そこで穫れる農産物は、世界最大の都市・江戸に持っていけば、なんの苦労もなくはけた。本来海洋民族にとって農作業は苦手なはずだが、それをカバーして余りあるものがあったにちがいない。ハングリーな状況とはほとんど無縁だったわけである。

そのため、人々の関心もスポーツや芸能、あるいは学問の世界に向きがちで、そうした分野では数多くの逸材を生んでいる。祖先を同じくする和歌山県や徳島県もそうだが、千葉県は昔から高校野球がめっぽう強い。長嶋茂雄、掛布《かけふ》雅之、谷沢《やざわ》健一など、プロ野球で一時代を築いた選手の多くは千葉県出身である。

ところが、千葉県の場合、半島とはいえ、地図をよく見ると、北側も利根川で茨城県と切り離されており、地勢的には陸の孤島のような状態に置かれていた。当然、人の行き来は少ない。その結果、同じ関東地方でも、農耕民族だけから成るほかの県と異なり、海洋系と農耕系とが微妙に混ざり合った気質がつちかわれていった。

だが、もともとこの二つの気質は矛盾しているから、千葉県人というのは、根本的にストレスを抱えつづけているのではなかろうか。依怙《いこ》地《じ》なまでに保守的なところがあるかと思うと、東京人のように、前例にこだわらない冒険主義的な生き方にもあこがれるという相反した気質が並存しているのだ。

保守的な部分は、全国各地の自治体で次々と革新系の首長が選ばれた昭和四十年代から五十年代前半にかけての時期、首都圏で唯一、革新系の県知事が生まれなかったことや、国政選挙で常に、保守系候補が圧倒的な強みを見せていることに示されている。金権選挙や汚職事件が横行し、「千葉は首都圏の恥」とまでいわれたほどだ。

江戸川が切り裂く二つの都県

ところが、そうした千葉県人独得の気質は、時代を経る中でさらに変形していった。それはひとえに、東京と隣接していることによる。当然、東京に近い地域のほうがその度合いもいちじるしいものがある。逆に、東京から離れた房総半島の夷隅《いすみ》・安房エリアなどでは、まだまだ〝原初の千葉県〟が残っている。

太平洋から大きく切れ込んだ東京湾の沿岸は、人が住むには格好の場所である。昔もいまでもそうだが、東京湾が大きな台風に直撃されたことはほとんどない。地震は別として、これほど天変地異と縁が薄いということ自体、考えてみれば奇跡的だ。

千葉市もそういうエリアの一角にある。ただ、東京から四〇キロほどしか離れていないのだが、その間を流れる江戸川がこの二つの都県を想像以上に深く切り裂いているのだ。だが、東京との間に鉄道が開通し、道路が整備されてからも、昭和三十年代までは、東京と千葉市の間には大きな断絶があった。実際、いまから見れば東京にごく近いように思える検見川《けみがわ》や稲毛《いなげ》の海岸でさえ、東京人にとっては完全な「非日常」空間だった。潮干狩りや臨海学校で行くところでしかなかったのである。

逆に、その昔（といっても地下鉄東西線が開通する一九六九年まで）、千葉市に本店がある千葉銀行では、浦安支店に勤務する行員に「僻地《へきち》手当」を支給していたという。千葉市から見ると、浦安でさえ物理的にも心理的にも遠いところだったのだろう。もっとも、かつての浦安はひなびた漁村でしかなかったということも影響しているのかもしれない。

だが、このエリアにある浦安市、市川市、松戸市はいまや、首都・東京の一大ベッドタウンになっている。これらのエリアに住んでいる人たちの意識は、千葉県内でも特別である。できれば東京都に編入してもらいたいなどということを強く願っているようにすら思える。大半の人が東京都内に通勤しており、文字どおり「千葉都民」になってしまっているからだ。それゆえ、「千葉県は東京から遠い」というイメージを好まないのだろう。だが、意識は東京、体は千葉というのはけっして健全な状態とはいいがたいのではないか。

それは、千葉県が全国四十七都道府県のなかでも、地元に対する愛着がもっとも薄いという調査結果からもうかがい知れる。「千葉県民だという意識を持っている」「この土地のことばが好き」「この土地のことばを残していきたい」と考えている人の少なさは驚くほどである。

また、「一人一人が好きなことをして過ごすよりも、家族の団らんを大切にしたい」「家の祖先には強い心のつながりを感じる」と思っている人の割合も全国でいちばん少ない。当然、「神様や仏様に願いごとをすると、なんとなくかなえてくれそうな気がする」などと考えている人もほとんどいないということになる。ちなみに、この質問にノーと答えた人が過半数を超えているのは、全国でも北海道（第二位）と沖縄県（第三位）、そして千葉県（第一位）だけだ。

そうなると、「他人にウソをつくこと」「夫婦の間以外の性的関係」「かけごと」をいとも簡単に許してしまう人の割合が全国でいちばん多いというのもうなずける。そして、伝統的なモラルに対してここまで否定的なのは、〝自然でない場所〟に住んでいる人が多いからではないかと考えるのは、けっして的外れではないだろう。

これが、〝古い千葉市〟まで行くと、都内に通勤・通学している人もいるだろうが、それより県内で仕事・勉強している人のほうが多く、東京についての意識もかなり弱まっている。心身ともに〝東京の呪縛《じゅばく》〟を断ち切れているとでもいおうか。

ちなみに、〝東京の呪縛〟といえば、千葉市と同じように海に面している川崎市を思い浮かべる。千葉人と川崎人には、気質のうえでかなり共通する部分があるのではないかという気もする。だが、実際にはそうでもない。川崎は東海道の宿場町でもあったことから、さまざまな国の人が出入りしていたが、「陸の孤島」・千葉にはそれがなかったからである。

見かけはまごうことなく都市だが……

その点、〝新しい千葉市〟の人たちはいまなお〝東京の呪縛〟と格闘しているらしい。その代表ともいえる幕張新都心エリアには「職・住・学・遊」という四つの要素を盛り込んだ新型の都市空間がつくられつつあるが、東京に近い分、どうしても意識がそちらに引っ張られてしまう。幕張を千葉市から切り離し、独立した行政区にすべきだなどという考えがあることからもそれはわかる。ホンネの部分では東京と一緒になりたいのだが、それでは千葉市に失礼にあたるから、そうした言い方をしているわけだ。

たしかに、〝古い千葉市〟の中心地、千葉市の原点の地ともいわれるJR本千葉駅の周辺、県庁や県警本部などがある一帯は、見かけはまごうことなく都市だが、いまイチ垢抜けない感じがする。懸垂型としては日本一の営業距離を誇るモノレールが斬新な印象を与えてくれはするものの、やはり千葉は千葉なのである。

この一帯はかつて亥鼻台《いのはな》と呼ばれていたが、鎌倉時代に入ってからそこに館を構え、下総国守護を務めていたのが千葉氏であった。県名も都市名もそれに由来している。現在は亥鼻公園といい、桜の名所としても知られているが、その一角に市立郷土博物館が建っている。

博物館といっても、その姿は天守閣まで備えた城である。歴史上、千葉市内にこうした城が建っていた時期は一度もないから、これは罪のないパクリなのだが、市もさすがに「千葉城」などと名乗るのははばかられたのだろう、「郷土博物館」としている。

だが、千葉市はご承知のように、観光都市ではない。観光でやってくる人は浦安市にある東京ディズニーリゾートか、千葉市を通り越して房総半島まで足を延ばす。といって、東京のベッドタウンでもない。それこそ「ツーリスト・シティー」である。幕張新都心に巨大なメッセやホテルをつくったのも、そうした意図があってのことだ。幕張から検見川、稲毛にかけてつくられた人工の海浜は日本一の長さだという。

このあたりを潮干狩りや臨海学校で訪れたことのある東京人が見たらさぞかし驚くだろうが、千葉の過去のイメージを払拭《ふっしょく》するには、これくらい大胆で大規模な〝模様替え〟をおこなうしかなかったのかもしれない。その意味で、幕張新都心は、東京人を昔とは別の形で千葉に引き寄せる格好の場ではないかという気がする。

ところが、おもしろいことに、〝古い千葉市〟の人たちは最近、東京湾を横断するアクアラインに乗って、対岸の横浜までショッピングを楽しみに出かけるのだという。これまで「東京」にさんざんふりまわされてきたので、これからは逆に東京人を引っ張りまわせそうだと思ったら、こんどは横浜を相手にしなくてはならなくなったわけだ。

半島というのは、それとつながる大陸の側に文化の中心が移ってしまえば、「最早《もはや》半島が、其《その》天職を尽したるの時なり。半島国の運命が永からざるを知るべきのみ」と、先に引用した牧口は指摘している。東京に政治・経済・文化などすべての中心がある現代にあって、半島としての千葉は、とうの昔にその役割を果たし終えたのかもしれない。

11 川崎市

東京と横浜にはさまれ、工業都市と新興住宅地に分裂個性はいずこへ

門前町から宿場町、そして工業都市、ベッドタウンへと変遷

工業都市イメージのブレ

いったい、工業都市というのは、どこまでも〝損〟なところがある。日本の経済発展を支えてきたのは工業である。軽工業から重工業、さらに化学工業という道筋を経て、とくに戦後の日本は飛躍的に発展し、高度成長の時代には、「工業なくして日本なし」といっても過言ではないほどだった。工業のおかげで私たちの今日があるのは、だれにも否定できない。

そして、川崎市はその先頭に立っていた都市のひとつである。にもかかわらず、川崎市の存在感は今日、なんとも薄い。「川崎」という名前を見聞きするのは、初詣の模様を伝えるニュースで、「川崎大師には○○万人……」というナレーションを聞くときくらいのものだろう。それとて、関東地方にかぎってのことだ。都市について〝損〟とか〝得〟などという区分けがあるのかと聞かれるとどうにも困ってしまうのだが、そういう意味である。

事の是否はおくとして、いまはもう、工業による経済発展というのは流行《はや》らない。重厚長大か

ら軽薄短小の時代である。時代の華は第二次産業ではなく、第三次産業（サービス業）に完全に移ってしまっている。川崎の場合、サービス業の象徴ともいえる観光資源に乏しいがために、その分大きく損をしている。

よしんば観光資源や名産品がなくても、「これだけはほかの都市に負けない」とか「これだけは世界的に知られている」などという「こと」でもあれば救いがある。それさえないとなると、これはもう頭を抱えるしかない。相変わらず工場や燃料タンク、煙突やスモッグでよどんだ空以外のイメージが湧いてこないのである。

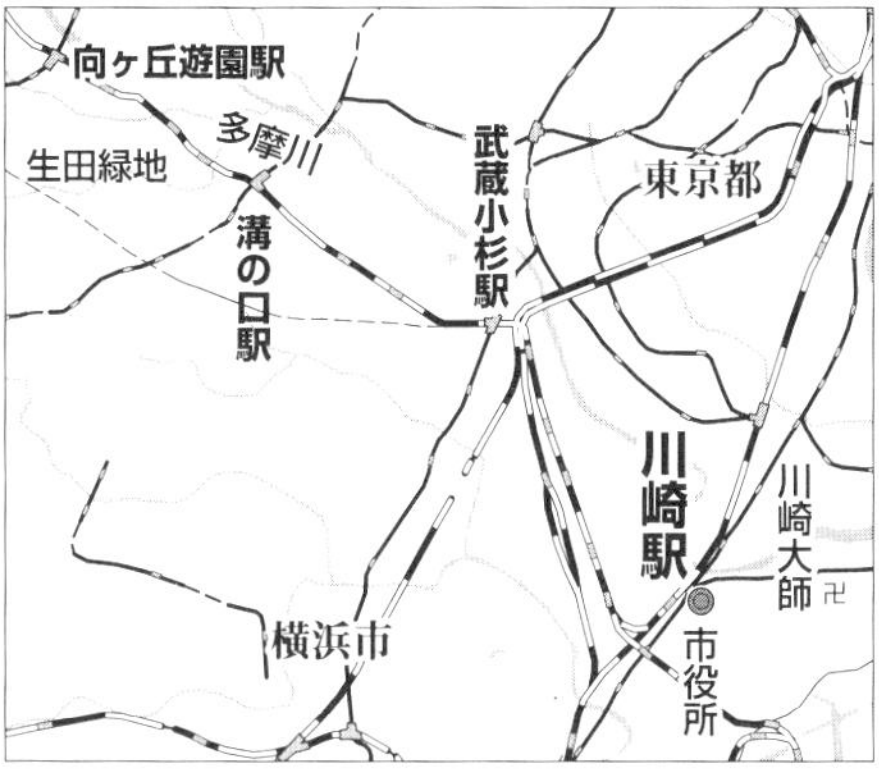

行ってみたい度……………………………★★
住んでみたい度……………………………★★★
刺激度……………………………………★★★
いやされ度………………………………★★
ガックリ度………………………………★★★

実際、川崎市は昔もいまも、どこに出しても恥ずかしくない工業都市である。東京駅からJRの京浜東北線に乗って多摩川を越えた瞬間、「たしかにそうだ」と強烈に感じる。だが、近ごろは工業オンリーではなくなっている。東京と横浜に隣接していることもあって、ここ四半世紀の間に住宅地がどんどん増えた。かつては田畑や山林であったエリアがディベロッパーによって開発され、そこに人が流入、次々とベッドタウンに変わっていったのである。それにより、川崎市のイメージは大きくブレてしまった。

しかも、川崎市の場合、もっと大きなハンディがある。それは首都・東京と人口第二位の横浜市にはさまれているということだ。たとえ平均以上の身長の人でも、とてつもなく背の高い二人にはさまれれば、目立たない。それどころか、小さくさえ見えるだろう。離れて立っていたらさぞかし目立つはずなのに、それもかなわない。川崎市はそんな人に似ている。

東京と隣接していると書いたが、正確には多摩川という大きな川をはさんでのことである。この多摩川というのが実はくせもので、いまと昔とでは流れている場所が変わっているのだ。多摩川の流れが現在のように固定したのは明治時代後半のことで、それ以前は川崎市の一部が東京都に属していたことさえある。

たとえば、サッカーJリーグに所属する川崎フロンターレの本拠地＝等々力《とどろき》陸上競技場をご存じだろうか。東京都、それも大田区や世田谷区など城南地域に住んでいる人なら、「なんで、等々力なのに川崎なんだろう?」といった疑問を抱いたことが一度ならずあるはずである。実際、東京・世田谷区には等々力という名の私鉄駅があるし、その近くには等々力渓谷という、二十三区内では唯一の自然観光スポットまであるからだ（東京、それも二十三区の中に渓谷？　それだけで、けっこう意外性があるのか、訪れる人も少なくない）。

その等々力とまったく同じ名称が、多摩川をはさんでいるとはいえ、川崎市にもあるというのは、どう考えても不思議な気がする。でも、これも地図をよく見ると、カンのいい人ならすぐ気がつくだろうが、もともとは同じ地域だったのである。

その昔、等々力競技場の周辺は、多摩川が蛇行《だこう》していたため、しょっちゅう氾濫《はんらん》を起こしていた。大きな氾濫が起こるとそれこそ地形が変わり、昨日まで川崎市に属していたところが今日は東京都側になっているなどということもあった。

そこで、一九一二（大正元）年、治水対策の一環として川の流れを整理したのを機に、東京都（世田谷区）と川崎市との境界線が変更された。それにより、以前は東京府荏原《えばら》郡玉川村等々力にあった競技場一帯が川崎市に所属するようになったのである。

戦後、川崎市がこの周辺を整備して公園にした際、競技場もあわせてつくった。一九六二（昭和三十七）年のことである。それが今日、川崎フロンターレのホームグラウンドとして使われているわけだ。そういえば、旧ヴェルディ川崎（現・東京ヴェルディ１９６９）もＪリーグ発足時から数年間、この競技場を使っていたことがある。そのヴェルディは、二〇〇一（平成十三）年からフランチャイズを東京（調布市・味の素スタジアム）に移してしまっている。

性格づけが困難な都市

それはともかく、川崎市の人口の大半は東京・横浜に通勤・通学している人たちである。そのため、どうしても自分の住んでいるところに愛着を持ちにくくなる。かつて工業オンリーの都市だった時代は、市民の多くが市内、臨海部に集中する工場に通っていた。当時は川崎イコール職工さんの街といってよく、都市としてはっきりした個性があった。

だが、一九七七（昭和五十二）年、政令指定都市になるかならないかのころから市の人口は急増しはじめる。それは、まず東横《とうよこ》線沿線、小田急線沿線、そして小田急線と登戸《のぼりと》駅で接続するJR南武線沿線が住宅地として新しく開発されていったからだ。

小田急線の新百合ヶ丘など、もともと何もなかったところに駅を新設し、その周辺に分譲住宅地がつくられた。それに拍車をかけたのは、同じ年に東急田園都市線と新玉川線が直結したことである。それにより、田園都市線で渋谷まで乗り換えなしに行けることになり、川崎市の丘陵地帯にある二子新地《ふたこしんち》、高津《たかつ》、溝の口、梶が谷、宮崎台、宮前平、鷺沼《さぎぬま》といった駅の利便性が飛躍的に向上した。当然、駅の周辺には大規模な分譲住宅地が開発されていくことになる。

そのうえ、鷺沼のひとつ先に、たまプラーザ（これは横浜市）という、開業当時から新しい時代のまちづくりを意識に入れたモダンな駅があったことも手伝い、田園都市線は高級というイメージがあっという間に定着したのだ。おかげで川崎市麻生《あそう》区、宮前区の人気は一気に上昇、都内から我も我もと、人が押し寄せてくるようになった。

そうした中で変わらないのは古き川崎（といっても近代に入ってからのことだが）、市の南東部つまり海に近いエリアにある川崎区、幸《さいわい》区である（その中間にあるのが中原区、高津区、多摩区）。だから、東西に長い川崎市を、川崎駅からスタートして、電車を乗り継ぎながら北西部の田園都市線沿線あたりまで行くと、だれもが「これが同じ市なのか？」と、疑問に思うはずである。

当然のことながら、古き川崎と新しく開けた川崎とでは住民の気質も大きく異なる。だから、あえて「川崎人気質」といえば、古き川崎、つまり工場労働者の街に生まれ育った人たちの気質を指す。そのほうがわかりやすいからだ。

川崎は京浜工業地帯の中核を成す都市である。戦後しばらく経ったころから高度成長期にかけて、古い川崎エリアには全国各地から人が集まってきた。ＪＲの南武線はもともと、多摩川で採取した砂利を京浜工業地帯へと運ぶためにつくられたものだったという。

工場労働者だから、生活はけっして豊かではなかっただろう。同じ工場に勤めている地方出身者、また地元の人々が、いうならば仲間としてお互いに助け合って暮らしてきたにちがいない。そうした中で、人情に厚い下町的な気質がつちかわれていったはずである。隣家との間に境界がないといっては大げさだが、それに近いものがあった。

今日でも、「川崎はまだ田舎」という人がいるが、それは、その時代を思い浮かべてのことだろう。だが、いまの川崎はそれとはほど遠い都市になっている。しかも、地域によってそのたたずまい、住人の階層がまったく異なる、ある意味では性格づけのむずかしい都市である。丘陵地帯の新興住宅地に暮らす新住民が、工場地帯の周囲に住む人々に対し、川崎のイメージを落としているなどとさげすんだりするようなことはあってほしくないが、現実にはそうした声も耳にする。

外国人市民との先進的な交流

また、川崎には在日コリアンも多く住んでいる。実際、市内の川崎区、幸区を中心にコリアタウンもあり、その周辺には焼肉店だけで三十軒以上も集中している。川崎市に住む外国人は人口全体の二・一パーセント（約二万八千人）だが、韓国・朝鮮籍の人がそのうちの三三パーセントを占めているという（二〇〇五年末）。この地が戦前から大きな工場地帯であったことを考えれば納得がいくが、その多くはみずからの意思でこの地に来たわけではないだろう。長い間、いわれのない差別を受けるなど、その歴史はけっして明るくない。だが、川崎市の外国人に対する政策は先進的である。

公立学校に通う外国人児童・生徒の教育方針を明確化したのも早かったし、一九八八（昭和六十三）年には全国で初めて在日コリアンと日本人の交流施設を設けている。また、一九九六（平成八）年には、外国人市民の市政参加を推進するために、外国人市民を構成員とする「外国人市民代表者会議」も設置した。

さすがに、最近の若い日本人の間にはかつてのような差別意識がほとんどないせいか、コリアタウンにある料理店には、東京や横浜からも多くの若者が詰めかけている。東京都内にも大久保や上野周辺、三河島など、新旧のコリアタウンがいくつかあるが、にぎわっているのは大久保くらいのものである。

だが、川崎のコリアタウンは、本物が安く食べられるといったイメージがあるらしい。これまであまり広く知られていなかっただけに、昨今の韓流ブームを追い風に、大阪の鶴橋《つるはし》、玉造《たまつくり》周辺のレベルとまではいわないが、大いに発展してほしいものである。

ただ、川崎はもともと工業都市であったわけではない。古き川崎のさらに前、たとえば江戸時代の川崎は東海道の宿場町であり、その前はお大師さまの門前町であった。今日その象徴となっている川崎大師（正しくは平間寺《へいげんじ》）ができたのは平安時代の大治年間（一一二六～三一）というから、九百年近く前のことである。

江戸のすぐ直前にある宿場町ということで、治安上の観点からこの地域のほとんどは天領とされていた。当然、多摩川には橋もかかっておらず、川崎の宿場を出ると六郷《ろくごう》渡しから船に乗り品川宿を経て江戸に入ることになる。だが場所柄、情報の交差点のような性格があり、その点では当時から江戸の影響が強かったのではなかろうか。

現在は行政区分上、たまたま県も違うわけだが、一緒になっていてもまったく違和感はないだろう。そもそも、江戸時代まで川崎は、武蔵国に属していたことからもそれはよくわかる。純粋な神奈川県というのはむしろ旧相模国（現在の同県西部）であって、川崎や横浜はむしろ東京の端といったほうが実感にそぐうのである。

しかも、いまなお東京に通う人は増える一方だから、神奈川県としてのアイデンティティーはますます希薄になる。まして、東京と横浜のはざまに位置している川崎市となると、ほとんどなきに等しいといっても過言ではない。

日本の場合、東京のようなメガシティーが近くにあると、もう一つ損なことがある。それは、独自のマスメディアが持てないということだ。ＦＭラジオについてはそのかぎりではないものの、テレビ局となるとまず成立し得ない。

川崎市の場合も、テレビもＡＭラジオも新聞も、東京とまったく同じである。もちろん、ケーブルテレビ局はあるが、日本の場合アメリカのそれなどに比べれば内容的にはお粗末なものがほとんどで、まかり間違っても「川崎」の地域性が前面に出てくることはない。その結果、ますます情報発信のチャンスが少なくなってしまう。そこに、川崎市の宿命のようなものが見て取れそうである。

地味だが文化の薫りがする**前橋市**
歴史は長いが個性が蓄積できない**甲府市**

群馬県の県都・**前橋市**。全国でも〝地味さ〟にかけては一、二を争うのではないかと思われる。人口は三十二・四万人だから、それほど小さくはないのだが、市内を利根川が流れていることも、かつては城下町だったこともあまり知られていない。同じ県内の高崎市（人口三十四・五万人）との歴史的な確執がスポットを浴びることのほうが多いのではないか（相手をライバル視しているのはもっぱら高崎側）。

前橋は文化の薫りがするが、経済や産業となると、高崎である。前橋は新幹線が通っておらず、高崎を経由してしか行けないのだ。でも、そうしたのんびりしたところが前橋の魅力ではないだろうか。高崎のようにミニ東京化してしまわないことを祈りたい。「県庁所在地魅力度ランキング」最下位など気にすることはない。

全国の県庁所在地を一つひとつあげていったとき、おそらく最後に近づかないと思い出せない都市の一つが山梨県の**甲府市**である。人口は二十万人とそこそこの規模ではある。太宰治は第二次世界大戦前の甲府について、「シルクハットを倒《さか》さまにして底に小旗を立てたような、文化のしみとおったハイカラなまち」と記している。歴史は長いのである。

もともと武田氏の居城を中心に開けたが、江戸時代、徳川五代将軍・綱吉の時代に入城した柳沢吉保《よしやす》が本格的な城下町として整備した。その後、幕府直轄となったことにも示されるように、江戸との関係が深い。それが逆に、甲府から個性を蓄積する機会を奪ってしまったのだろう。

12 横浜市

昼夜間人口比率は、全国の政令指定都市で最下位

荒っぽい気質の漁村がいつの間にかお行儀のよい街に

ホテル、テニス、アイスクリーム――すべて日本初

横浜の海辺になんとも巨大な観覧車（直径一〇〇メートル）がお目見えして人々の度肝を抜いたのは一九八九（平成元）年、横浜博覧会が開催されたときである。JR横浜駅、東急東横《とうよこ》線の桜木町駅（当時）に降り立っても、首都高速横羽《よこはね》線を走っていても、飛行機で東京湾の上空を飛んでいても、その姿はいやおうなしに目に入ってきた。遊園地でしか見たことのない観覧車が、こうしたビッグイベントのシンボルとして使われるのを初めて見た人も多かったのではないだろうか。

実際、この種のイベントに大観覧車がつくられたのはそれ以前、一九八一（昭和五十六）年の神戸ポートピア博覧会（直径六二・五メートル）が最初で、その後、一九八五（昭和六十）年のつくば科学博覧会（同八五メートル）にも登場している。だから、横浜博は三番目ということになる。神戸に対抗してより大きなものをつくったわけでもないだろうが、時あたかもバブルの真っ盛りのこ

ろで、時代の空気にもなじんでいた。

ただ、これはよほどインパクトが大きかったようで、その後、名古屋、大阪、松山、福岡、鹿児島など、全国の各都市で競うようにして中心部の商業施設に大観覧車がつくられていった。このように、その時代のトレンド、人々のマインドに合致した「もの」や「こと」をつくりだすのは、古くから横浜の得意技である。そうした才覚が横浜人の遺伝子には埋め込まれているのだろう。

一定規模以上の都市になると、かならずある特定のイメージがつきまとっている。商人の町、異国情緒にあふれる都市、冠婚葬祭が派手なところ……など、この本で大きく取り上げた三十いくつかの都市はいずれも、何かしらの「キャッチフレーズ」を冠することができる。

ただ、特定のイメージがあるのは、得な場合もあるが、損なときもある。また、かつてはそうだったかもしれないが、それは遠い昔の話であって、いまはまったく異なるといったケースもあるだろう。おもしろいのは、そうしたイメージのひきずり方である。

行ってみたい度……★★★★
住んでみたい度……★★★★
刺激度……★★★★
いやされ度……★★
ガックリ度……★★

横浜は幕末、欧米列強と修好通商条約を結んだために、貿易港として開かれ、それを契機に信じられないスピードで近代化・都市化が進んだ地域である。森鷗外作詞による横浜市歌（一九〇九年）の一節に「むかし思へば苫家《とまや》の烟《けむり》 ちらりほらりと立てりし処《ところ》」とあるように、もともと百世帯、人口わずか千人足らずの漁村だったこの地（当時は「横浜村」）が一八五九（安政六）年の開港以来、たかだか十年かそこらで二万人が住む街に発展したのである。

港の近くに設けられた広大な外国人居留地（これを「関内《かんない》」といい、その外側の伊勢崎町や元町を「関外《かんがい》」といった）には、またたく間にホテル、レストラン、商館、銀行、教会、瀟洒《しょうしゃ》な洋館が建てられた。そこには三千人を超える外国人が住んでいたという。こんな空間が出現したのは日本の歴史始まって以来のことだろう。

「横浜が日本初」となると、灯台、洋式の公園、ホテル、鉄道馬車、ガス灯、日刊新聞、競馬、写真館、テニス、クリーニング店、牛乳、アイスクリーム、ビールなど、枚挙にいとまがない。そうしたこともあって、横浜というところは異国情緒に満ち、おしゃれで、時代の最先端を行っているというイメージがいつしか定着するようになった。いま書店に並んでいるどの観光ガイドを見ても、そうした言葉であふれている。

ただ、異国情緒といっても、実際には横浜スタジアムと港にはさまれたエリア（中華街、山下公園、日本大通り、馬車道《ばしゃみち》など）だけで、ＪＲの横浜駅周辺などはほかの大都市とほとんど同じである。「みなとみらい21」という、文字どおり近未来を念頭に入れたまちづくりを進めているエリアもあるが、異国情緒とはなんの関係もない。

国際貿易港として出発した街

にもかかわらず、横浜イコール外国のにおいがいっぱいというイメージは昔から変わっていないのだ。だが、こうまでいわれつづけると、観光で訪れる人はともかく、住んでいる人のほうは逆にとまどってしまうのではないかと心配になる。

だが、実際にはそうでもないらしく、住所を聞かれて「横浜」と答えると、相手のウケもいいらしい。申し訳ない言い方だが、「相模原《さがみはら》」とか「川崎」というより、たしかにイメージはよさそうな感じがする。とくに、県外の人は横浜のそれほど細かなところまで知らないし、頭の中にあるイメージだけで受け止めているから余計である。

いまはもう、古き横浜のことを実際に知っている人も少なくなっている。だが、横浜で生まれ育った年配の人たちはなぜか、横浜について「昔はちっぽけな街だった」と自虐的な言葉を口にする。「漁師っきゃいねーじゃ(ん)。だからよ、言葉だって、きったねーんだぜ」と、いかにもそれっぽく聞こえる横浜弁まで持ち出してくる。

たしかに、こういう言葉を聞けば、山手にあるフェリス女学院（生粋の横浜人は「フ・エ・リ・ス」と発音するらしい）も、港の見える丘公園も、外人墓地も、すべて吹き飛んでしまいそうな気がしないでもない。だが、そうした部分を奥底に内包しつつも、横浜はやはり、「外国」を身近に見ながら成長・発展してきた街という色合いが濃厚である。美空ひばりや渡辺美佐、草笛光子、岸恵子、原節子といった女性が横浜出身だといわれれば、それも納得が行くのではないか。

いうまでもないことだが、港といっても、海外の国々を相手にしている国際貿易港と、沿岸・近海漁業をなりわいとする地場の人たちだけがつくっている漁港とではおよそ性格が違う。横浜の場合、その出自は後者にあった。漁業にたずさわる身としては、日銭《ひぜに》が得られなければ自分とその家族の生活は成り立たない。自然、気は短くなり、話し方も、言葉をたたら連ねるのではなく、手短で荒っぽくなる。〝原〟横浜人にもそうした部分があったにちがいない。

だが、国際貿易港となると、そういうわけには行くまい。外洋を航行してくるわけだから、途中の気象条件にも左右され、時と場合によっては入港予定が大幅に遅れるなどということもあるだろう。そうなると、文字どおり「待てば海路の日和《ひより》あり」で、気長にかまえるというか、ある程度、余裕のようのようなものがなければやっていられない。そうした「待たなければならない」時間をどう過ごすか、さまざま知恵をめぐらせる必要もある。

結果、貿易に関連した仕事にいそしむ人たちは、知的蓄積が自然と増していったのではないか。しかも、外国（人）が相手だから、そこには言語やら思想やら、はたまた国際的なマナーやら、多様な広がりをともなう。それが周囲にも伝播《でんぱ》していく。

ただ、それも街の規模がさほど大きくない段階での話である。人口が数十万、さらに百万、二百万を超え、貿易だけでその地域が成り立っているわけではない状況になれば、そうした習慣や生活感覚、価値観も薄れていかざるを得ない。まして、それらを大きく飲み込んでしまいそうな社会変革の波をかぶればなおさらだ。

横浜市は幸か不幸か、東京という世界的なメガシティーがすぐそばにあった。江戸時代からすでに、江戸は人口が百万人をゆうに超える世界最大の都市だったというが、近代に入ってからの東京のさらなる発展は、横浜にとってとてつもない大波だったはずである。一八七二（明治五）年、東京・新橋と横浜・桜木町の間にわが国最初の鉄道が開通したことで、その波はますます高く、強くなっていく。

諸外国は江戸の開港を要求したのだが、当時はまだ攘夷を唱えている武士も数多くいたし、幕府としては、将軍のおひざもとを紅毛碧眼《こうもうへきがん》の異人がしょっちゅう出入りするという事態はやはり避けたい。そこで、江戸からやや離れた横浜を開港場として選んだのである。

ただ、外国から入ってきたものはすべて江戸・東京にもっていかれ、横浜はその通過点でしかなくなった。もちろん、貿易に関わるさまざまな事業、たとえば金融や保険、あるいは外国人に対する物品販売やサービスといった分野では横浜に多くのノウハウが蓄積されていった。今日でこそサービス業は都市を支える最大の業種になっているが、横浜はそれが非常に早い時期から始まったのである。しかも、貿易（＝外国）がからんでいたから、常にファッショナブルだった。

希薄化している〝横浜人の横浜〟

今日でも、横浜の旧市街というか、中心エリアの繁華街がかもし出している雰囲気は独得のものがあるし、そこで売られているものは、衣料品に代表されるように、とにかく垢抜けている。昭和五十年代、女性ファッションの世界で「ハマトラ（ヨコハマ・トラディショナル）」が一世を風靡《ふうび》したが、いまなおその影響は大きいという。

だが、いかんせん巨大市場・東京がすぐ近くにありすぎるために、そうしたもののエッセンスも気がつくと、皆、東京に吸い取られてしまっている。横浜市内に住んでいても、通勤・通学先は東京都内という人の数はかなりのものだろう。現に、横浜市の昼夜間人口比率は九〇・五にすぎず、全国の政令指定都市で最下位である。これは横浜が完全に東京のベッドタウンと化してしまっていることを意味している。なかには、「横浜は東京の第四山の手」とまで自虐的にいう横浜人さえいるくらいだ。そうなると、〝横浜人の横浜〟はどんどん希薄化していくことになる。

結果的には、日本第二の大都会であるにもかかわらず、「これが横浜だ！」というアイデンティティーが脆弱《ぜいじゃく》にならざるを得ないのである。となると、「エキゾチックな大都会・横浜」ということで観光に訪れてもらうしかない。実際、大都会だからインフラはしっかり整備されているし、観光やショッピングのエリアは横浜港の周辺にかぎられているから、一日もあればほぼ見尽くすことができる。それに加え、食事だお茶だということになれば、二泊、三泊しても追いつかないくらい、多くの店がある。だから、横浜には全国から人が訪れてくるのだ。

むしろ、東京の人が横浜に行って、そこを「非日常的な異空間」と感じるのはかなりむずかしい。ふだん通勤・通学に使っているのと同じような電車に乗っていくわけだから、なおさらである。

ただ、川崎市と違って、ここにはFMヨコハマという、けっこう個性的な放送局があり、電波を流している。テレビ神奈川というローカル局もある。新聞も、マイナーではあるが神奈川新聞が発行されている。とりあえず東京からの〝独立〟を証明できる装置は持ち合わせているのだ。

幕末以来、同じような歩みをたどってきたかのように思われる神戸との違いは、この地が江戸時代は天領または旗本知行地で、維新後も政府のすぐ近くにあったため、中央の影響をじかに、また濃密に受けなくてはならなかった点にある。すぐ近くに大阪という、とんでもなく個性的な、ドぎつい大都会が控えていた神戸と違い、近代以降の横浜はこよなくお行儀がいい。荒っぽさの目立つ「漁村」などという過去はすっかり忘れ去ってしまったかのようでさえある。

逆にいうと、お行儀がよすぎるあまり、それとあまりに巨大化したのが災いして、「個性」が顔を出す余裕がない。それが、神戸より「国際性」が希薄化していることにつながっているように思える。

横浜としてはむしろ、そうした事実をありのままに受け入れ、「国際性」とか「情報発信」という面で、東京や神戸と変に張り合おうなどと考えないほうがいい。もし競うというのなら、かつて革新市政を選択したときのように、これから先、全国的な問題となるであろう環境保護、あるいは少子高齢化など、時代を先取りする課題に取り組むことが大切ではないか。

東京のように図体が大きすぎる都市では、対応したくてもできないことがいっぱいある。そうした中で、これまでの蓄積、というより横浜という都市の古層にある、前例のないことにチャレンジするのをいとわない進取の気性を前面に押し出していくことである。それを、何ごとも東京と無関係にはできないなどというお行儀のよさが前面に出すぎると、ますます没個性的な都市になり下がってしまいそうだ。

開港間もないころ、横浜はほかの開港地がしなかったことを実行している。それは、本来「居留地」にしか住むことができないでいた外国人に、日本人の暮らす地域に、パスポートなしで自由に出入りするのを認めたことである。「横浜周辺外国人遊歩区域」として定められたエリアはかなりの広範囲にわたっていたようだ。それにより、本来なら居留地周辺に限定されたはずの外国文化の影響が、市内のほぼ全域、さらには市外にまで及んだという。それこそが今日もなお、横浜人の遺伝子として残されているものなのではないだろうか。

いまの横浜はあまりに大きすぎて、そうしたものの存在感も薄い。横浜イコール東京のベッドタウンという図式はあまりにさびしい。もうこれ以上、東京に引きずられるのはやめたほうがいい。たとえこの先、人口が四百万人を超えるようなことがあったとしても、横浜は横浜であることを失わずにいてほしいものである。

歴史ある**八王子市** 市場性ある**相模原市**「商都」の色合い強い**船橋市**

三市とも、長い間に東京都心や横浜市のベッドタウンになり切ってしまったため、地元の気質といっても、残念ながらほとんど風化・消失している。しかし、人口は三市ともたいそう多い。**船橋市**（千葉県）は五十八・二万、**八王子市**（東京都）が五十四・二万人。**相模原市**（神奈川県）にいたっては、平成の大合併も手伝って、なんと七十・三万人になり、へたな県庁所在地など足もとにも及ばない。これから先もまちがいなく増えるだろう。

八王子市と相模原市は隣接しているが、歴史としては八王子のほうが圧倒的に古い。かつては繊維産業が盛んだったが、いまでは大学の街として知られている。市内にはなんと二十二もの大学があり、学生総数も十万人を超える。ミシュランで三つ星を獲得した高尾山はハイキングから本格的登山まで楽しめるとあって、八王子人の自慢らしい。

政令指定都市をめざしている相模原市だが、全国有数のラーメン激戦区という以外、いまのところ強力な「売り物」がない。長らく米軍基地の街だったからだろう。ただ、プロ野球やサッカーのチームを持つくらいの市場性は十分にある。それが実現できれば、知名度がぐんと上がるのはまちがいなさそうだ。

江戸時代からの宿場町・船橋市は、中山競馬、船橋競馬、オートレースと、公営ギャンブルが三つもそろっている。だがいまは、「ららぽーと」など大型ショッピングモールが充実し、東京からも買い物客が訪れてくる「商都」の色合いも強い。単なるベッドタウンではないのだ。

13 静岡市

城下町静岡市と漁港清水市が合併し、人口七十万人突破

のんびりムードの街を「大道芸ワールドカップ」で活性化

旧静岡市の圧倒的な存在感

同じ県に複数の政令指定都市があるのは長い間、神奈川県（横浜市と川崎市）だけだったが、二〇〇六（平成十八）年に大阪府（大阪市と堺市）が、そして二〇〇七（平成十九）年四月には、浜松市が昇格したことで静岡県（これまでは静岡市のみ）も加わった。県庁所在地は静岡市だが、人口では平成の大合併により浜松のほうが一気に上まわることになった。政令指定都市になることにどのようなメリットがあったのか、この両市の場合定かではないが、どちらもそれにかかわりなく、特徴のある都市ではある。

静岡市は、二〇〇三（平成十五）年に隣の清水市と合併し、人口が七十万人を突破した。ただ、その清水は、はた目から見ると、どうもワリを食っているのではないかという感が否めない。静岡から清水まではＪＲ東海道本線で一〇分、私鉄の静岡鉄道（新静岡―新清水間）で二〇分と、非常に近い。だが残念ながら、旧静岡の中心部ほど人を集めるだけのインパクトには欠けている。

また、清水そのものが、旧静岡とは気質もかなり違っていそうである。片や城下町、片や漁港なのだから、それもうなずける。漁港といっても、清水の場合、マグロの水揚げ量が全国ナンバーワンで、ハンパではない。港の周辺で食べられる寿司もレベルは高い。しかし、静岡市を訪れた人たちを清水エリアにまで誘導しようという動きがいまひとつ感じられないのだ。とりあえず一緒にはなったものの、清水にとってのメリットとなるとほとんどなかったのではないかと、心配になってしまう。

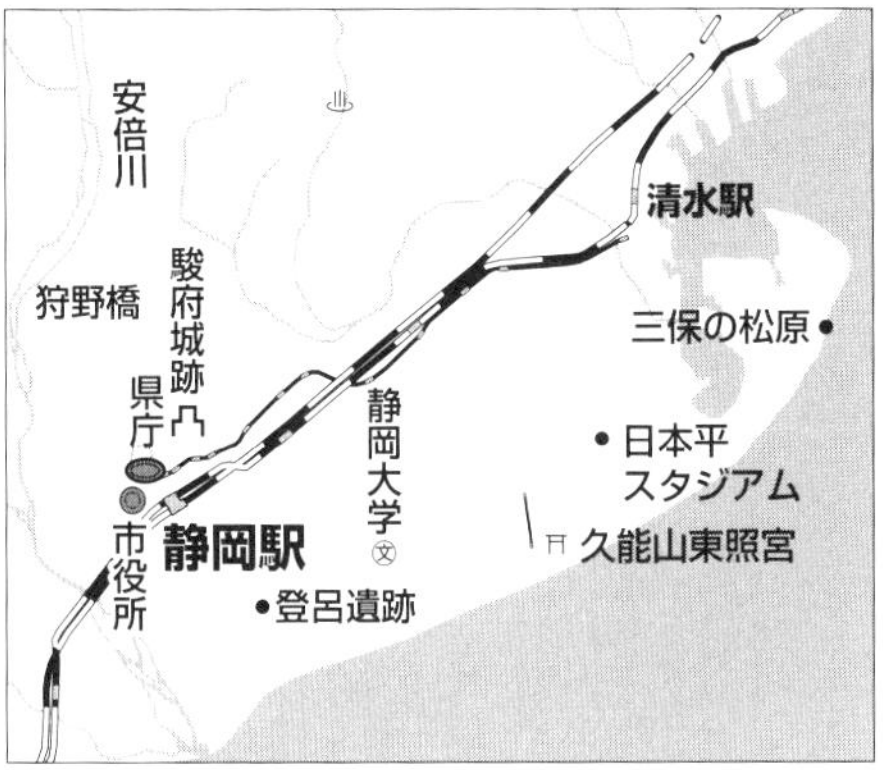

行ってみたい度	★★
住んでみたい度	★★★★
刺激度	★★
いやされ度	★★★★
ガックリ度	★★

異質の都市が合併して大都市になったのは過去いくつか例があるが、四十年以上経ってもしっくり来ないのは北九州市を見てもよくわかる。北九州市の場合、城下町と工業都市と港町の五都市が一緒になったわけだが、いまでもお祭りは旧市をベースにしておこなわれているなど、いまひとつ一体感に欠けるのである。

静岡市の場合、清水市の後にも一町（蒲原《かんばら》町）を合併しているし、この先まだ増える可能性もある。しかし、いくら増えようが静岡市はやはり旧静岡市でしか語られないのではないか。県庁所在地というのはよきにつけ悪しきにつけ、やはり存在感がはっきりしているからだ。
静岡は江戸時代まで駿河《するが》府中（駿府《すんぷ》）と呼ばれていた。最初、駿河国は守護大名の今川氏の領地であった。その後、今川氏が戦国大名として勢力を伸ばし、西隣の遠江《とおとうみ》、さらに三河をあわせた三国を支配するようになる（幼少期の徳川家康が人質としてこの地で暮らしていたのは今川義元のころ）。だが、その今川氏を破った武田信玄も結局敗北。そして、一五八六（天正十四）年、浜松からこの地に入ったのが家康である。

家康はこの地に城を築きはじめ、一五八九（天正十七）年、とりあえず完成を見た。ところが、その後家康は豊臣秀吉により関八州《かんはっしゅう》に移封され江戸におもむくこととなり、一時期、秀吉の家臣が治めることとなる。だが家康はこの地がよほどお気に入りだったのか、一六〇五（慶長十）年、将軍職を秀忠に譲り、戻ってきた。大御所《おおごしょ》政治の始まりである。

そして、一六〇七（慶長十二）年から家康は大々的に城の改修を始め、天下普請《ぶしん》といって、全国の主だった大名を工事に駆り出し、三重の堀に囲まれた大きな城を完成させた。また、それにあわせて家康は町割りもおこない、本格的な城下町をつくる。家康がいた時代、駿府の人口は十万人以上ともいわれ、これは全国的に見ても二、三番目に入る多さである。

その当時つくられた城下町のエリアはいま官庁街と商店街になっており、美しく整備されている。しかも、近ごろ地方都市中心部の商店街は、どこも一様にさびれているケースが多いが、ここ静岡はそうなっていないまれなケースのようだ。

それというのも、市役所からまっすぐ常盤《ときわ》公園まで伸びる青葉通りは道路の真ん中が公園になっており、さまざまなモニュメントがいくつも置かれている。また、青葉通りの一本西側の七間町《しちけんちょう》通りは、「七ぷらシネマ通り」と名づけられ、歩道上に名作のポスターや古い映写機を展示している。さらに、この二本の通りと交差するメインストリート＝呉服町通りの歩道には、江戸時代の行灯《あんどん》を現代風にデザインしたものが並び、そこには東海道五十三次の宿場を描いた安藤広重の版画があしらわれている。どちらも道行く人たちの目を楽しませてくれる野外ミュージアムといった趣《おもむき》だ。

そうしたまちづくりの工夫が市民や旅行者の心をなごませてくれ、これらの通りの裏や横にある飲食店、商店街にも人が多く集まり、活気を見せている。このあたりは、浜松市とはかなり様相が違う。

定着した「大道芸ワールドカップin静岡」

年間日照時間を見ても静岡市は上位にある。年間を通じてよく晴れ、温暖でもある。そのため、人々もおおらかというか、どこかしらのんびりしたところがあるのだ。

後述するように、浜松の気質は「やらまいか（さあ、やりましょう）」という言葉で表現されるが、それにならっていうと、静岡は「やめまいか（やめましょう）」となる。要するに、闘争心にいささか欠けるきらいがあるのだ。静岡ではそれほどあくせく仕事をしなくても食べていくことができたからである。

一六一六（元和二）年、家康が亡くなると、一六二四（寛永元）年、徳川秀忠の三男・忠長が駿府藩藩主として五十五万石で入った。ところが、忠長が改易されて以降は市域の多くが天領となり、駿府城代《じょうだい》が置かれるようになる。だがこの職はほぼ一年ごとに交代し、その後京都所司代《しょしだい》、大坂所司代などを経て最後は若年寄などになる出世コースの第一関門のようなものだったから、この地に赴任してきた譜代大名は皆、あたらずさわらずの行政をおこなった。つまり、城下町といっても、個性的な大名が治めていたわけではなく、ただ単に城があったというだけのことなのである。

ちなみに、静岡にめぼしい伝統的なお祭りがないのも、そのためだろう。五十年ほど前から始まった「静岡まつり」（四月上旬に開催）は、どちらかというと官製（行政主導）のもので、しかも時期が花見の時期と重なっているから、むしろそちらがメインだし、運営にも一般市民はほとんど関わっていない。

城下町の時代、町民は何かにつけて楽ができたから、そういうことに積極的に関わろうという気持ちもめばえなかったのだろう。逆にいうと、そうした「ハレ」の場を設ける必要がないほど、人々は日常（ケ）の暮らしに満ち足りていたのだ。

ところが、その静岡で大きな変化が生まれつつあるという。そのきっかけになったのは「大道芸ワールドカップin静岡」である。毎年十一月の初め、世界中の大道芸人が集まり、駿府城公園や中心部の商店街でみごとなパフォーマンスをくり広げるこの催しは、一九九二（平成四）年に始まって以来、いまや静岡市の名物としてすっかり定着、毎年百五十万を超える人が集まってくるまでになっている。

その大きな特徴は、市民が等身大のまま、しかも日常感覚で参加することができる点にある。大道芸というから、もっぱら見物するだけかと思いきや、通りのあちこちで売られている一個百円の赤い鼻のグッズをつければ、たちどころにピエロに変身でき、ときには芸人から声がかかってパフォーマンスに参加したり、あるいは仲間とそうした真似事をしたりなど、街の中で楽しい時間を過ごすことができる仕掛けなのである。見るお祭りではなく気軽に参加するお祭りとして、静岡人にも受け入れられたのだろう。

これが、事前の準備（練習やらさまざまな儀式など）が必要とされるお祭りだと、静岡人の「えーずら（そんな面倒くさいこと、しなくてもいいよ）」気質が頭をもたげてきて「やめまいか」となり、ここまで盛り上がることもなかったのではないか。

つまり静岡人というのは、基本的に汗を流すことに熱心でない、などというと叱られそうだが、万事に消極的なところがあるから、エネルギーがあまり感じられないのである。「浜松祭り凧《たこ》揚《あ》げ合戦」のように、すさまじいまでの情熱がぶつかり合うお祭りは、どれだけお金と手間をかけて仕込んだところで、静岡人にはまず受け入れられなかったにちがいない。

何ごとにも楽観的な静岡人

それにしても静岡人のこのおとなしさは、何に由来しているのだろうか。司馬遼太郎の『街道をゆく』を読むと、この地を治めていた今川氏の家風によるものかとも思える。

今川家は足利将軍家と血がつながっていたようで、足利家の血が絶えたら三河の吉良《きら》家、そして駿河の今川家が将軍職を継ぐよう定められていた。つまり家格が高かったのである。そのせいもあってか、応仁の乱で京都が戦乱に明け暮れていた時期、京都から多くの文化人が今川家の庇護《ひご》を求め駿府にやってきて滞在したという。この時期の駿府は、「東国の京都」とも呼ばれるほどであった。そうした高貴な人々に連なる血が静岡人にも流れているのだろうか。

ただ、そのわりに静岡市で有名な食べ物というと、餃子とかおでんといった、B級グルメ系のものが多い。餃子の一人あたり消費量は一時、宇都宮市を抜いたこともあるらしいが、それほど声高《こわだか》にアピールしていない。このあたりにも、餃子で日本一になるべくあれこれ手を尽くし奮闘努力している浜松との気質の違いが出ている。おでんも、「おでんマップ」なるものが観光案内所に用意されているのだが、さほど力は入っていない感じだ。

むしろ、静岡で目立つのはそば屋だろう。人口のわりには数が多いし、レベルが高い。明治維新の後、この地には旧幕臣が数多く江戸から移住してきた影響もあってか、よく食されているようである。

もう一つ、静岡はタウン誌が少ない。せいぜい浜松発のものの静岡版が出ている程度で、静岡発のものはほぼ皆無といっていい。地元の静岡新聞社から、郷土に関係した出版物が出されているくらいである。こうした消極性は、ひとつには静岡が東京に近すぎる（新幹線で一時間少々）ことに原因があるかもしれない。東京に出ていったほうが、さまざまなものをてっとり早く楽しめるということである。

静岡の位置はそうした意味でなんとも中途半端である。静岡県は二〇〇九（平成二十一）年、島田市に空港（名称は「富士山静岡空港」）をオープンする（静岡駅から四〇分、浜松駅から五〇分の位置）。これまでは海外に行くにも、成田や中部国際空港まで出なくてはならなかった不便も解消できるし、国内各地にも行きやすくなる。

だが、完成したとしても、それほど便数は多くないだろうし、就航を予定しているのはとりあえず韓国、中国、タイ、シンガポールなどアジア諸国の主要都市である。だとしたら、これまでとさほど大きな違いが出てくるとは思えない。むしろ、よくもまあ、巨額の費用を要する空港建設に県民が賛同したものだと不思議でならない。たしかに、江戸時代の初めに、御朱印船でシャム（タイ）に渡り、国王の厚い信頼をバックに日本人町をつくった山田長政が駿河国から出てはいるが、まさか、その時代を思い出してのことではあるまい。どこまでも楽観的な静岡人ではある。

14 浜松市

気迫に満ちた「やらまいか」精神はからっ風に鍛えられたのかも……

製造品出荷額、年間二兆五千億円を超える工業都市

家康の生涯でもっとも長くいたところ

さすが、数年前だったか「花博」を開催、五百五十万人近くの観客が詰めかけただけのことはある、街のそこここに花があふれていて心がなごむ——それが浜松の第一印象である。JRの駅前（北口）、それにともなって再開発されたエリアを走る通り、そのほか商店街の歩道や商店・ビルの玄関口など、人目に触れるところは、とにかく大小さまざまな花が植えられている。

圧巻は市役所で、敷地の周囲を幅五メートル近くはあろうかと思われる花壇が囲んでいる。取材に訪れた季節もちょうどよかったのか、どの花も競い合うように咲き誇っており、それはもう心地よかった。

二〇〇七（平成十九）年四月一日、新潟市とともに政令指定都市の仲間入りをした浜松市（人口はおよそ八十一万人、面積は政令市のなかで最大）だが、その歴史は古い。平安時代からすでに東西交通の要衝として重視され、戦国の世に入ってからも今川氏、武田氏など、多くの大名が

この地を奪い合った。そして、最後にこの地を手中にしたのが徳川家康である。

浜松にはもともと引間《ひきま》城があったが、そこに家康が入り大々的に改修した。静岡の駿府《すんぷ》城よりはるかに小ぶりだが、家康が天下を統一、江戸幕府を打ち立てて将軍になったように、どういうわけか、ここの城主を務めるとその後かならず出世するとされ、「出世城」とも呼ばれた。

家康は幼いころ今川義元の人質として駿府にいたが、その後、生まれ故郷の三河（愛知県）岡崎に戻ってからは織田信長、豊臣秀吉のもとで各地を転戦した。そして、岡崎城を長男の信康に譲った後、一五七〇（元亀元）年にこの地に移り、以後一五八六（天正十四）年まで十七年間も浜松にいたのである。家康の生涯で、これほど長くひとつところにいたことはない。

行ってみたい度……★★★
住んでみたい度……★★★★
刺激度……★★★
いやされ度……★★
ガックリ度……★★

浜松に腰をすえ、ここで将として、また権力者として磨きをかけていった家康。逆に考えれば、生来非凡な資質を持っていた家康を天下人として飛躍させた多くの糧《かて》がこの地にはあったということでもあろう。

静岡県は、真冬でもコートがいらないくらい温暖な気候のせいか、人々の気性もゆったり、のんびりしている。ただ、東西に長い地形もあって、場所によってかなり差があるようで、浜松がある遠州（遠江《とおとうみ》）エリアは、県中央部の静岡ほどおっとりしていない。むしろ、荒っぽさのほうが目立つくらいだ。お金に困ったとき、駿河（中央部）の人は乞食をするのに対し、遠州（西部）の人は強盗をはたらくともいわれる（ちなみに、伊豆半島＝東部の人は何もできずに、飢え死にするとか）。それくらい、積極性があるということだ。

そのため、ビジネスマンにとってこの地域は、静岡県のなかでももっとも仕事がやりにくいところだとされている。協調性より独自性・創造性を重視するからである。新しいものへの関心が強く、既成の価値観だけで事を進めようとするやり方はあまり好まれないのだ。これは、西隣の三河とも相通じるものがありそうである。浜松の人どうしが話しているのを聞くと、三河と言葉がよく似ている。

たしかに、浜松駅の構内に置かれている旅行用のパンフレットや、駅前にある観光コンベンションセンターの展示物を見ると、三河と遠州、それに南信地方（長野県南部）を加えた「三遠南信」という言葉が目立ち、この三地域の深いつながりを感じさせられる。

実際、浜松から豊橋までは新幹線「こだま」でひと駅、時間にして二〇分足らずだし、そのひとつ先の三河安城《あんじょう》まででも四〇分かからない。また、南信エリアは列車だと大変だが、クルマならわけなく行ける。しかも、浜松市は平成の大合併によって、長野県と境界を接する旧天竜市を併合したから、市の北隣はもう長野県だ。

しかし、それ以上に強い影響を与えていると思われるのは、三河のさらに西＝名古屋である。駅で売られているのも中日新聞、中日スポーツが主だし、若い女性のファッションやメイクを見ても、同じ県なのに静岡市とは相当違っており、むしろ名古屋の香りがする。

浜松に名古屋の影響が及んでいるのは、一つには、この地が江戸時代、大井川によって駿府（静岡）とへだてられていたため、必然的に三河との交流が濃密になっていったからである。三河は当然のことながら、隣の尾張と交流が深い。それと、家康の存在も大きいと思われる。そもそも、それまで引間と呼ばれていたこの地を「浜松」と名づけたのは家康である。

浜松人は、静岡人たちほどではないにせよ、いまでも家康を尊敬している。家康がつくった模範的な城下町として知られる静岡は、全体の印象が東京に近い。これに対して浜松は、家康が長くいた分、三河と共通するものが多い。コスト意識もかなりシビアなものがありそうだ。それに加え、市のすぐ南側に大きく開けている遠州灘＝太平洋の影響だろう、進取の気性に富んでいる。

全国一ブラジル人が多い

さて、その浜松市のキャッチフレーズは「技術と文化の世界都市」である。そして、その土台にあるのは「やらまいか精神」だ。「やらまいか」とはこの地の方言で「やりましょう」という意味（愛知県では同じことを「やろまい」というが、これもよく似ている）だが、語感からすると、やさしい呼びかけではなく、「（いっちょ）やってやろうじゃないか！」という強い気迫のようなものが感じられる。新しいもの、前例のないことでも積極果敢に挑戦し、それをつくりあげるまでがんばるのが浜松人の気質なのである。

たしかに、この浜松から生まれたものをあげると、古くは国産のオルガン、ピアノ、写真用ロールフィルムから、蒸気機関車、旅客機、ブラウン管式テレビ、軽自動車、オートバイ、胃カメラ、自動車用のアルミホイール、フェルトのペン先、モーターボートの船外機まで、枚挙にいとまがない。つまり、浜松は基本的に工業都市なのだ。製造品出荷額も年間で二兆五千億円を超えるというからハンパではない。

駅前一帯だけを見ると、まさか工業都市とは思えないが、駅を離れると多くの工業団地がある。おもしろいのは、他県からやってきたよそ者であっても、能力がありそうだと見れば、この地の人は精一杯サポートするという点である。現に、先にあげたものも、かならずしも浜松出身の人がやってのけたわけではない。その人を育てよう、その人と一緒にがんばろうという姿勢がそこには感じられる。地元の有名企業経営者の多くが養子を取って後継者にしていることにも、そうした気質の片鱗《へんりん》がかいま見える。

また、浜松は外国人居住者がけっこう多い（約三万人）。なかでもブラジル人の多さは全国でも第一位で、市内の主な表示板も、日本語とポルトガル語の二カ国語で書かれている。そうした人たちにとってもこの地は住みやすく感じられるにちがいない。身分や上下関係、国籍などにとらわれることなく、いいものはいいと、積極的に取り入れるからである。

こうした気質はおそらく、江戸時代、東海道の宿場町であったことによってつちかわれたのではないだろうか。浜松宿には本陣がなんと六つもあったという。本陣となると、旅籠《はたご》のなかでも、大名や公家《くげ》が泊まるところだから、規模が大きい。参勤交代のコースとして東海道はもっともよく利用されていたが、それにしても六つの本陣があったのは浜松と箱根だけである。

東に大井川、西に舞阪《まいさか》の関という、東海道筋でも大きな関門にはさまれた浜松宿に着くと、つい気持ちもゆるみ、どこの人もホンネで話したにちがいない。それによって、この地の人たちはさまざまな情報を仕込み、また多種多様な人々と接しながら、キャパシティーを大きくしていったのだろう。

しかし、工業都市である一方で、この地の人々は「文化」に対しても強い情熱を持ち合わせている。駅の北口に一九九四（平成六）年に完成したアクトシティには、大小のホールや会議場、展示施設があり、そこでは年中、何かしらの催しがおこなわれている。

なかでも、国際ピアノコンクール（三年ごと）や全日本選抜吹奏楽大会、浜松駅前のプロムナードコンサート、ジャズウイークなど、音楽に関連したイベントが目白押しである。この地に本社があるヤマハ、河合楽器の両社で、国産ピアノのすべてを製造しているし、電子オルガン、電子キーボード、管楽器などもそれぞれ大変な国内シェアを誇っている。

浜松には、城下町によく見られる名所旧跡のたぐいがほとんどない。歴史的には古い街なのだが、それをあまり感じさせない点は、名古屋とよく似ている。これは、戦前、軍需工場が数多くあり、陸軍の航空基地もあったため、第二次世界大戦中に二十七回も空襲や艦砲射撃を受け、大きな被害を受けているからだ。とくに戦争末期、一九四五（昭和二十）年六月の空襲では市街地の八五パーセントが焼き尽くされ、古き時代の面影はほとんどなくなってしまった。

となると、観光といっても、別の方法で人を集めることを考えなくてはならない。ただ、工業都市だから、おいしいものはあまり期待できず、グルメで人を引き寄せるのはむずかしそうである。浜松といえば近ごろは餃子の町として、宇都宮と覇を競っているが、おいしいものといえば、せいぜいそれくらいであろう。

「凧《たこ》揚《あ》げ合戦」「練《ね》り」に興奮

春から夏にかけて遠州灘からのからっ風が吹き荒れる浜松の人々は、それに吹き飛ばされまいとして、静岡市には見られない強靭《きょうじん》な精神力をつちかった。実際、毎年五月に「浜松祭り凧《たこ》揚《あ》げ合戦」が開催される中田島砂丘に行くと、おだやかな日でも、海からかなり風が吹きつけてくるし、足もとから砂が舞い上がってくるのがわかる。このからっ風が、浜松人の「やらまいか精神」を奮い立たせるのかもしれない。

「凧揚げ合戦」は、町内会ごとに、その町内で過去一年間に生まれた子どもの名前を書き入れた大きな凧（畳二帖〜十帖大）を何十人もが協力し合って飛ばし、空中で糸を切り合うという催しである。祭りの原型は永禄年間（一五五五〜七〇）とされているが、諸説あるようで、はっきりしていない。ゴールデンウイークのさなかにおこなわれることもあり、参加者の数は観衆を合わせると百五十万人近くに達する。街中に、凧揚げ関係の専門店がいくつもあるくらいだから、浜松人はよほどこの祭りに入れあげているように思われる。

ただ、祭りではあっても、神社がからんでいるわけでなく、神事としての色合いは薄い。むしろ、行政や観光協会などが主導するタイプの祭りとして、町内会をベースとした交流、地域の活性化が図られるという意味では、成功している部類だろう。

昼間の凧揚げ合戦が終わると、夜は夜で、中心部の繁華街に場所を移し、御殿屋台の引き回しやら提灯《ちょうちん》片手に歌ったり踊ったりしながら騒ぐ「練《ね》り」がおこなわれ、この期間の浜松市内は興奮のルツボと化す。

凧揚げ合戦も練りも、ふだん汗水たらしながら工場で働いている人々にとっては大々的なガス抜きといった意味あいがあるのかもしれない。ここ十年ほど、札幌で生まれた「ＹＯＳＡＫＯＩソーラン」が全国各地に広まり、若者たちが年に一度、あり余るエネルギーをぶつける場として盛り上がっているが、それと似てなくもない。単なるバカ騒ぎと、批判的な目を向ける人も一部にいるようだが、年に一度のことなのだから、大目に見てもいいのではないか。

それにしても、祭りにこれほどまでに興奮するのは、城下町より宿場町的な気質がまさっているからだろうが、それだけに「都会」になる資質は十分備えているといえそうだ。「世界の浜松」に成長することを大いに期待したい。

15 名古屋市

三百年以上も不変のスタイルだが、そろそろ次の道筋を探るべき時期か

いつの時代も批判・揶揄《やゆ》されてきたが

名古屋は上海と並んで、いま世界中でもっとも〝元気な都市〟の一つである。新幹線の名古屋駅で乗り降りする客の多さには驚くばかりだ。そして、ほかの大都市よりかなり遅ればせではあるが、JR名古屋駅前にミッドランドスクエア（豊田・毎日ビル、二〇〇六年九月）、名古屋ルーセントタワー（二〇〇七年一月）と、わずか半年ほどの間に高層ビルが二本たてつづけに完成したことにも、強烈なエネルギーを感じる。

なんとも不思議なことなのだが、名古屋市内には一九九九（平成十一）年十二月まで、ドームはあっても、高層ビルらしい高層ビルはなきに等しかった。唯一、高さ一六〇メートルの建物はあったものの、それはマンション（しかも場所が、名古屋駅からかなり離れていた）であって、高さが一五〇メートルを超える高層のオフィスビルとしては、「駅ビルとしては世界最高」というJRセントラルタワーズ（ツインビル）が初めてだったのである。

名古屋は昔から、長男＝東京、次男＝大阪の下、つまり三男坊に擬されてきた。たしかに、昭和四十年代前半まで、人口はこの順で不動だったし、さまざまな統計を見ても、ほとんどがこの順序だったから、それはそれでだれもが納得していたはずである。そして、名古屋自体もその地位に甘んじていたように思える。

三男坊ともなると普通は甘やかされて育つものだが、名古屋の場合、甘やかされたなどという経験はほとんどない。むしろ、いつの世にあっても批判・揶揄《やゆ》されてきた。景気がいいときほどそうした声は強まり、「堅実一辺倒もいいが、新しいことにチャレンジする精神に欠けている」などと、それこそあっちからこっちから言われたものである。

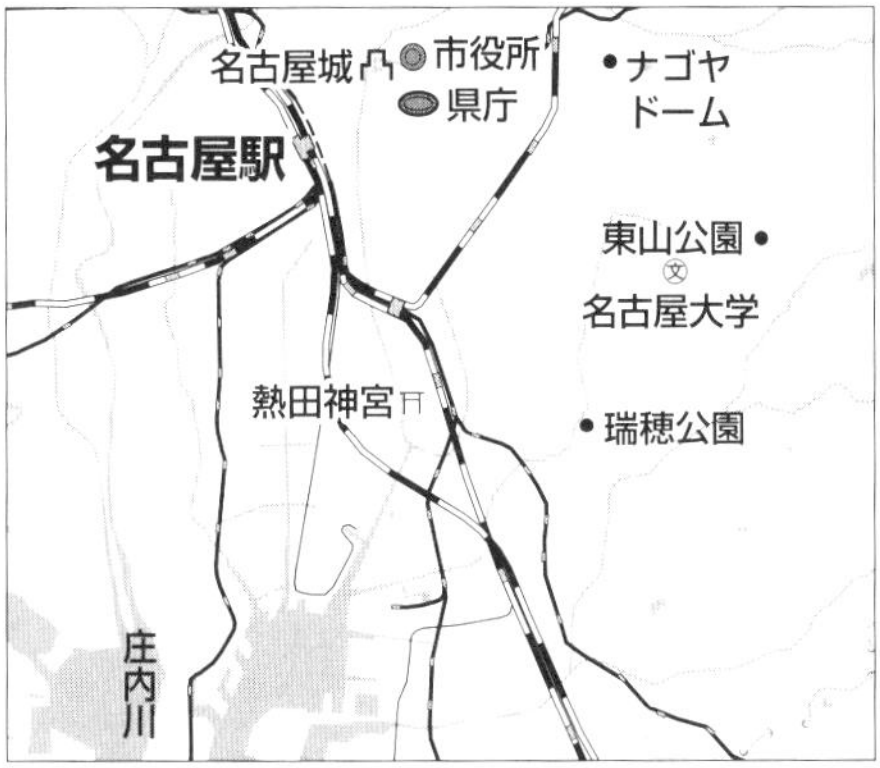

行ってみたい度……………………★★
住んでみたい度……………………★★★
刺激度………………………………★★
いやされ度…………………………★★★
ガックリ度…………………………★★★

そういえば、江戸時代も「尾張に大根あり」などと、同じ御三家の水戸や紀伊よりも低く見られたこともある（「水戸市」の項を参照）。この「尾張に大根あり」は「尾張大納言（尾張藩主の官位）」にひっかけたもので、名古屋の風土、名古屋人の気質を表現するときよく引き合いに出される。ほとんどダジャレだが、「おわり＝最後」

まで動こうとしないという生き方をあげつらっている。

それが、二十世紀の終わりごろから徐々に評価が変わってくる。折しも、バブル崩壊後の平成大不況が十年以上続き、景気がいっこうに上向かない経済状況の中、独り名古屋だけが、東京や大阪、横浜などをさしおいてぐんぐん上昇していったのである。そして、いまや「名古屋の独り勝ち」とまでいわれるようになっている。

もちろん、この場合の「名古屋」は、旧三河国に属する豊田や刈谷《かりや》といった地域も含めてのことで、厳密には名古屋単独ということではない。だが、三河国と尾張国が一緒になってつくられた愛知県の政治・経済の中心は、なんだかんだいっても名古屋市である。たとえ、国際的な知名度はトヨタの豊田市のほうが上を行っていてもだ。

余談だが、海外で「ナゴヤ」とか「愛知」といっても、まだまだ知らない人のほうが多い。「ホェア　イズ　ナゴーヤ　イン　ジャパン?」とたずねられるケースがほとんどである。そのとき「トヨタの西にある都市」と説明すると、一発で理解してもらえる。名古屋人にとってはなんともくやしい話だが、実際、名古屋が、トヨタの好業績のおかげ（だけではないが）で未曾有の好景気を保っていることはだれもが認める事実だから、それもいたしかたない。

横並びが大好きな名古屋人

ミッドランドスクエアは、名古屋人の大好きなスーパーブランドの実質的な国内旗艦店までが入ったショッピングゾーンがあるのも手伝って、大にぎわいである。それを見て「名古屋人は新しいものが好きなんですねー」と思う人もいるだろう。二〇〇五（平成十七）年三月、名古屋市のはるか南にある知多《ちた》半島（常滑《とこなめ》市）にセントレア（中部国際空港）がオープンしたときのこと。名古屋市をはじめ県内からどっと見物客が詰めかけ、一時は本来の空港利用者が動けないという事態となったため、大騒ぎになった。このときも、そうした感想を述べている人がいたが、これは大きな間違いである。

名古屋人というのは、とにかく横並びが好きなのだ。他人が知っていて（行っていて）自分が知らない（行っていない）こと（場所）があると、どうにも心が落ち着かない。そこで、どうせなら早いうちにということになり、すぐさまそうした新スポットに足を運ぶ。しかも、この場合、その中身がはっきりしているから、出足も早い。

逆に、中身がはっきりしていないとなると、それがわかるまでじっと待っている。いい例が同じ年に開催された愛知万博で、始まってしばらくの間は、主催者（のなかでも、東京あたりから出向で赴任していた人）の予想より客の入りが鈍かった。万博といっても、その中身がわからないからである。そのため、このままでは目標の動員数をクリアできそうもないということで、あわててテコ入れ策を練りはじめた関係者もいたという。

だが、それは杞憂《きゆう》に終わった。開幕からひと月ほど経過したころになると、もう押すな押すなの客が詰めかけるようになった。そのころには、先に行って見てきた人からの情報も入り、中身がはっきりしてくる。そうなれば安心して行ける（これが「尾張大納言」！）というわけだ。かける元手（この場合は入場料金）と中身が見合うかどうか、名古屋人のいう「お値打ち」かどうかを見きわめてからでないと行動を起こそうとしないのだ。お金と時間とエネルギーを使うとなると、とたんにシビアになる――これは名古屋人気質の根幹といっていい。

また、ビジネスマンの多くは、「転勤したくない都市」の筆頭に名古屋をあげる。ほかの都市に比べ貸出利息を低くせざるを得ない金融関係など、とくにそうだろうが、総じて仕事がやりにくいのはたしかである。拙著『名古屋学』『名古屋人お㊎学』にも記したが、一つは、名古屋が強烈なコネ社会であるということ。もう一つは、夜が早すぎて、ビジネスマンにとって楽しみが少ないからである。要するに、大きな都市ではあっても、都会ではないということだ。

ゴルフ場が近いとか、インフラがほぼ完璧に整っているといった利点もあるにはあるのだが、いわゆる文化的（都会的といい換えてもいい）な楽しみとなると、名古屋はやはり劣るといわざるを得ない。東京や大阪に比べてというのならまだしも、福岡や札幌、京都、横浜、神戸あたりが相手でも、残念ながら後塵を拝してしまうのである。中・大型の国際会議の開催件数が全国で第七位にとどまっていることでもそれはわかる。

でも、「名古屋のフィギュアスケートはレベルが高い。あれは文化ではないのか？」とよく聞かれる。たしかに、名古屋は全国でもっともフィギュアスケートが盛んで、スケート場も多い。かつてアルベールビル冬季五輪で銀メダルをとった伊藤みどりに始まり、安藤美姫、浅田真央と、世界屈指の選手を次々と輩出している。名古屋では、フィギュアを習わせるのがステータスだともいう。

ただ、これも実は、名古屋人流の計算（＝お値打ち追求）が働いていて、高額のレッスン料を投じても、先々回収できる見込みがあると判断しているから習わせるのだ。どうひいき目に見ても名古屋にフィギュアは似合わないのではと疑問を抱く人も、そういわれれば納得せざるを得ないだろう。やはり、荒川静香と仙台という組み合わせのほうがしっくり来る。

食文化の主流は、味噌ベースの濃厚な味つけ

食文化の点でも、名古屋はまだまだの感があるのは否めない。愛知万博の開催中、テレビや雑誌など、マスメディアがこぞって、「名古屋グルメ」なる特集を組んだ。だが、その内容は、旧来名古屋で食されているローカルなメニューばかりである。

名古屋というところは、日本海沿岸や北海道、九州などと違い、新鮮な食材に恵まれているわけではない。また、東京のように、高級品の需要がとりたてて大きいわけでもない。そのため、どちらかというと、二番手レベルの素材しか入ってこないのである。そうなると、素材というより、味つけで勝負するしかなくなる。

しかも、名古屋はもともとブルーカラーの街＝工業都市だから、そうした仕事をしている人たちの舌に合った、味噌ベースの濃厚な味つけが主流である。となると、ついていけない人も少な

くないだろう。また、メニューも、「お値打ち」追求という価値観に見合った、質より量、中身より見た目といったものが目立つ。

だから、ものめずらしさで一回、二回くらいはチャレンジしてみるのはよいが、リピートとなると、はなはだ心細いものがある。まして、「あの味をもう一度」と、わざわざ出かける人はまりいそうにない。それでも二〇〇五（平成十七）年までは、万博見学のついでということでかなりの〝特需〟があったようだ。だが万博が終わった後はどうなのか、いささか心配になる。

最近は、料理はもちろん内装など総合的なセンスにすぐれた経営者やプロデューサーが出現しているようで、「へーっ」と声を出したくなるような店も、ぼつぼつではあるができはじめているが、人口が二百二十万になんなんとする大都市にしては、まだまだ少なすぎる。

ただ、それより何より、名古屋が「転勤したくない」といわれるのは、街（そこを歩く人も含めて）の表情の乏しさにあるのではないか。理由はいろいろ考えられる。都市を走る道路の幅が一〇〇メートルとあまりに広すぎて、一回の信号で道路を渡り切ることができない。地下街が発達しすぎてしまったあまり、地上に魅力的な店が少ないという点もよく指摘される。

そして、最大の理由は、横並び意識が強すぎて、皆が皆、同じような姿かっこうをしていることである。ひょっとすると表情まで同じだったりする（そういえば、名古屋嬢はだれを見ても、ヘスタイル、メイク、ファッション、アクセサリーまでほぼ同じだ）。

名古屋ほど、ルイ・ヴィトンのバッグ（それもモノグラム）をたくさん見かける街は、日本広しといえどもほかには見当たらない。ヴィトン以外にも、高品質の、値段も手ごろで、センスもいいバッグは数多く出まわっているはずである。だが、それでもヴィトン、それでもモノグラムというのが名古屋人なのだ。横並びでいないと安心できないからである。右を見ても左を見ても同じブランド、それも同じタイプのバッグばかりとなったら、女性のおしゃれにさほど関心のない男性ビジネスマンでも、興をそがれるにちがいない。

三男坊・名古屋に欠けるもの

ブランドもののバッグは一例であって、これに類することが名古屋では多い。「このお店にしかない」「ここでしかホンモノは食べられない」といったもの（こと）が少ないのである。没個性的というか、ありとあらゆる可能性が秘められているところに最大のおもしろみがある「都会」らしさに欠けるのだ。

都市の魅力を構成しているのは、個性的な料理や独得の街並み、ユニークな景色などさまざまだが、その本質はどれくらい「差別化」がなされているかである。そこには、大きさとか高さとか、物差しですぐに測れるような要素はほとんど介在しない。大きかろうが小さかろうが、高かろうが低かろうが、そんなことはどちらかといえば、二の次、三の次なのである。

「この街に来てよかった」「もう一度、何か用事をつくってでも来よう」「せっかくだから、こんど来たときは泊まろう」といった気にさせるものが一つでもあれば、その街の個性はアピールできる。長らく三男坊に甘んじてきた名古屋に欠けているのはそれである。

メジャーになるとか、世界的に名前が知られるようになるとか、そういったレベルの話ではまったくないはずなのに、なぜか、そうしたことにこだわる人が名古屋には多い。地方には、素晴らしい構想があるのに、お金がないために実現できずにいる都市も少なくない。名古屋にはお金はふんだんにある。それだけ豊かな経済力を、なぜ、「名古屋リピーター」を増やすためのアイデアづくりに差し向けようとしないのだろうか。なんでもかんでも「お値打ち」かどうかで計る習慣は、そろそろ終わりにしたいと思うのだがどうだろう。

駅前にはこれから先も高層ビルがどんどん建ちそうである。だが、これまで完成した三本の高層ビルのうち二本に「タワー」という名前がついている。四本目も「タワー」がついているらしい。また、いま名古屋市内には高層マンションの計画が目白押しである。それらの物件を見ても、「タワー」のオンパレードだ。ここまでくると、名古屋弁で、「なんで、『タワー』にこだわるんだ⁉　タワ（ー）けた（バカな）話だがね」とでもいいたくなってしまう。

名古屋はこれまで世の中のトレンドがどんなに変わろうが、自分たちのスタイルを変えないでやってきた。それも三百年以上にわたってである。そこにまた、名古屋の強みがあるのもたしかだ。だが、それが永久に続くと思うのは傲慢のそしりをまぬかれまい。名古屋（厳密には北隣の豊山町《とよやま》）出身のイチロー選手が「変わらなくっちゃ」とテレビCMで呼びかけていたことがあったが、名古屋もそろそろ、次の道筋を探るべき時期に来ているようである。

独自性を見失った**岐阜市**
アピール下手な**津市**

いまや名古屋の陰に完全に隠れつつある**岐阜市**と**津市**（三重県）。どちらも、そのエネルギーを根こそぎ名古屋に吸い取られてしまっている。とくに岐阜市はその傾向が顕著である。両市とも、強烈な個性を持ち合わせていないのが、その最大の要因といっていい。

戦国時代までの岐阜市は、「この地を制した者が天下を取る」とされたほど、交通の要衝、情報の交差点として、戦略的に重視されていた。ただ、近ごろは「長良川の鵜飼い」くらいしか売り物がない。名古屋人とよく似て、宣伝が苦手なことも影響している。

現在の人口は四十二・三万人。これはもっぱら名古屋のたゆまざる発展・成長のおかげであろう。それにより岐阜は年々独自性を失い、いまや名古屋のベッドタウンと化してしまっている。名古屋までJRで一七分と近すぎるため、中心街（柳ケ瀬《やながせ》）の衰退はいちじるしく、再活性化の動きも顕著だ。

かつて「日本三津」の一つ安濃津《あのつ》として繁栄した津市。平成の大合併で、旧津市に一市六町二村を加えた結果、一気に二十九・二万人に増えた。岐阜よりも名古屋から離れている分、完全に呑み込まれるまでにはいたっていない。あまり知られていないが、天むす、ベビースターラーメン発祥の地である。

もともと関西文化圏の影響が強いところだから、それが名古屋からの大波を防ぐ〝最後の防波堤〟となるかもしれない。「県庁所在地魅力度」が第四十五位というのも、やはりアピール下手が災いしているようである。

16 長野市

地球温暖化でウインタースポーツが衰亡!?
いまこそ必要な知恵の蓄積

日本で一、二を争う教育県の県庁所在地

「都市」でいられるかどうかの瀬戸際に立つ

「都市」が文字どおりの「都市」であるためには、さまざまな条件をクリアしなければならない。法制度的には、人口が一定数を超えると「市」と名乗ることができるが、なかには、同じく法的な事情で、あえて「市」を名乗らない那珂川町《なかがわ》（福岡県、人口は四万八千を超える）のようなところもある。と思えば、かつては人口が五万近くあったのに、その後さびれてしまい、いまではわずか五千人ほどしか住んでいないという歌志内市《うたしない》（北海道）のようなところもある。ちなみに、二〇〇七（平成十九）年三月末に〝破産〟した夕張市も、人口は一万三千を割っている。

だが、それはまだ「市」か「町村」かというレベルの話であって、「都市」となると、話は違う。「都」という文字が加わった意味は実をいうと非常に大きいのだ。単に県庁所在地であれば「都市」なのかといえば、そうではない。

まず都市には、それなりのインフラが整っていなければならない。また、どのような性格であれ、あちこちから多くの人がやってきて、姿かたちが変わったり雰囲気が盛り上がったりすることに貢献しているかどうかも大事である。そして何より、都市には「華」がなければならない。それは、司馬遼太郎の言葉を借りれば、「娘さんがあたらしく洋服を買ったとき、それを着てあるく場所が、たとえ三百メートルでもあるというのが都市である」ということだ。

都市は、そこに住まう人々にとってはあまりに日常的な存在だが、その中に「非日常」を感じさせるもの（こと）がなくてはならないのである（できればふんだんに）。たぶん、これが最大にして唯一の条件ではなかろうか。ほかのことはすべて、その〝補集合〟でしかなさそうである。

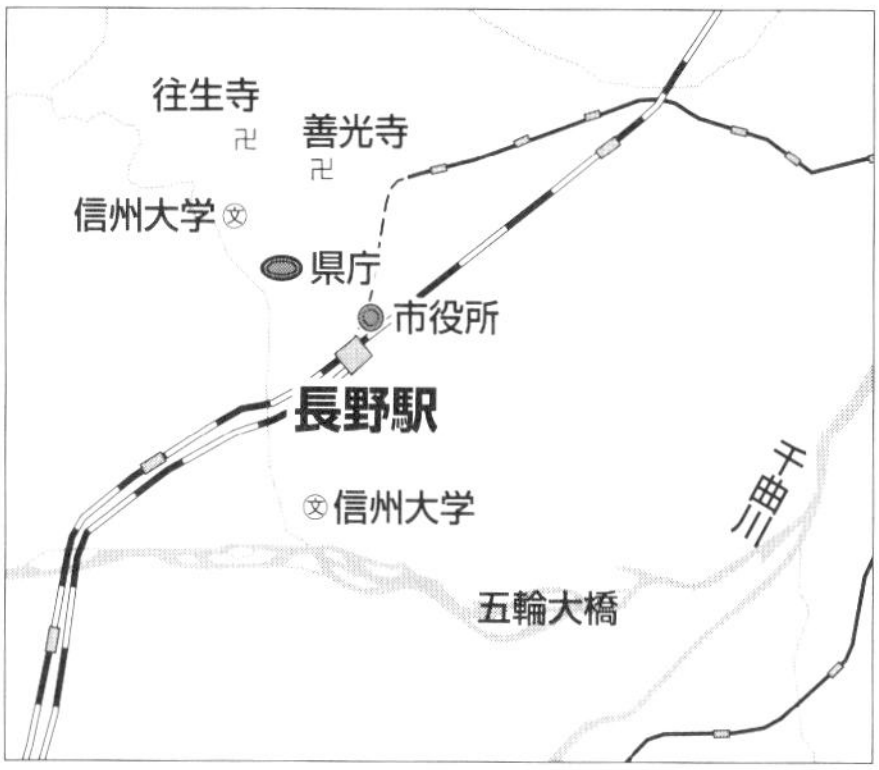

行ってみたい度……………………★★★★
住んでみたい度……………………★★
刺激度………………………………★★
いやされ度…………………………★★★
ガックリ度…………………………★★★

その点、観光都市は楽かもしれない。〝楽〟というのは、都市が都市でありつづけるためのごく基本的な条件がとりあえず備わっているという意味である。歴史的な背景がなくてもかまわない。人工的にこしらえたものであっても、個性さえはっきりしていればいい。東京ディズニーリゾートはその典型で、それによって毎年二千五百万というとんでもない数の人を集めてしまっているからだ。あるいは、毎年、かならず多くの人が訪れるイベントでもよい。そして、これらがいくつも複合しているところほど活力があり、都市として年々歳々、成長発展を遂げていく。人口が増えることだけが、都市の発展ではないのである。

川崎市や千葉市、さいたま市、名古屋市や北九州市が人口はいずれも百万近く（以上）あるにもかかわらず、いまひとつ「都市」としての魅力・吸引力に欠けるのは、そのあたりに原因がある。だから、どこも皆、毎年おこなわれるイベントや魅力的な個性に満ちた施設をつくろうと躍起になっている。それによって都市は豊かになり、それをもってさらなる発展に向けての再投資が可能になるということを、どこも認識しているからである。

その際大事なのは、素朴なレベルの話だが、ハングリーであるかどうかだろう。とりたてて努力を傾けなくてもけっこうな税収入があり、人もそこそこ来てくれているとなると、どうしても緊張感に欠け、そのうちテキトーになってしまうからだ。だがそれは、税金を納めてくれている市民に対しいちじるしく礼を失した話である。

前置きが長くなってしまったが、そうした観点からすると、人口三十八・三万を数える長野市はいまや「都市」でいられるかどうかの瀬戸際に立たされているといってよい。

気分爽快だが、教室にいるような居心地

理由はいろいろある。その第一は、「華」がないことである。長野市はビジネスマンにとって、

なんとも〝しんどい街〟である。長野県自体、真面目というか、お硬い県であるところにもってきて、長野市はその県庁のおひざもとだ。そのせいか、権堂《ごんどう》という市内随一の盛り場にも、いかにも長野県らしく、まるで学校の教室にでもすわっているような錯覚におちいりそうな店があったりする。楽しめるのは、新潟県出身の女性がいる店だけといっても過言ではない。

ホステスの体に触れようとかいった不埒《ふらち》なことを考えているわけでは毛頭なくても、それ以前に、この種のお店特有の華やぎのようなものが欠けているのである。インテリアや照明も、それらしいものがそろってはいるから、それが原因ではない。これでは、お酒を飲んでリラックスし、ストレスも発散しようという思いで行ったのに、その目的を果たすどころか、場合によっては、気分を損《そこ》なわれることすらありそうではないか。

でも、それは、出張や単身赴任のときに羽を伸ばしたいと考えているほんの一部の男性の話である。大方の人にとって、空気が澄み、清潔な長野の街は、歩いていても気分爽快である。ふだん東京周辺のよどんだ空気を吸っているビジネスマンをリフレッシュさせてくれる、ありがたい街ともいえる。そのありがたさは、ひょっとすると善光寺のおかげかもしれない。なにせ千四百年も前に創建された古刹《こさつ》で、かつては全国から人々が参詣に訪れたという。江戸時代、一般庶民が故国を離れてまでわざわざ参詣に出向くのは伊勢神宮と善光寺だけであった。

善光寺には毎日多くの人が参詣にやってきて、長野は門前町として発達した。と同時に、直江《なおえ》津《つ》（越後国）まで向かう北国《ほっこく》街道の宿場町でもあったから、その歴史は長い。

一九九八（平成十）年の冬季オリンピック開催をめざし、九〇年代初めから、長野市内はすさまじい建設ラッシュとなった。おかげで、都市としてのインフラはほぼ完璧に整ったといえる。だが、オリンピックといえども、しょせんは一過性のイベントだから、お金をかければかけるほど。その後にまわってくるツケは大きい。いちばん厳しいのはホテルで、オリンピック後はずっと閑古鳥《かんこどり》の鳴く日が続いている。

そもそも、長野市自体、滞在型の観光地にはなりにくい街である。周辺の観光地に行くための起点ではあるが、市内には善光寺と松代城《まつしろ》以外、めぼしい観光スポットがほとんどない。善光寺でさえ、市のコンベンションビューローのウェブサイトではそっけなく扱われている。

たまたま、この原稿を書いている時期が、NHKの大河ドラマ『風林火山』のオンエアと重なっているため、ウェブサイトの中身はもっぱら「川中島の合戦」に割かれている。あとは松代城だが、こちらも『風林火山』のついでにどうぞといった印象である。

議論は盛り上がるが、結論が出ない

たしかに、空気は澄みわたっているが、それだけなら、市内の戸隠《とがくし》高原（もともとは修験道《しゆげんどう》の霊場として知られ、平安時代から江戸時代までは多くの人が、善光寺参りとセットにして訪れていた）や、近隣にある志賀、黒姫の両高原、少し離れはするが軽井沢町や白馬《はくば》村のほうがよほど上を行っている。そういうことは都市としてはあまり自慢にならない。

というわけで、いまの長野市には「非日常」を感じさせるものがどうにも欠けているのだ。冬季オリンピックでひと花咲かせたのはまちがいないが、残念ながらそれは一回こっきりのものでしかなく、毎年咲く花がないものだからあえいでいるわけである。たしかに、その後長野市で何かをつくった、何かを始めたという話は聞かない。「オリンピック後遺症」などという言葉がいまなお聞かれるほどである。華々しい施設をつくるのに巨額の費用を借金したツケは大きかろう。それがいまだ市や県の財政に重たくのしかかっているのも事実のようである。

長野県（市）内には、愛知県のトヨタのような大きな企業があるわけでもない。おまけに、スキー産業そのものが長期低落傾向にあるし、そのうえ地球温暖化の影響で、これから先、屋外ウインタースポーツの需要はますます低下していきそうである。まさしく泣きっ面にハチといった按配《あんばい》だが、だからといってこのままお手上げというわけにも行くまい。

田中康夫前知事は、そのあたりまで手をまわせないまま落選してしまったため、後を引き継いだ知事も大変だろう。ましてや、たいした権限のない市ともなればなおさらである。それでも、長野市・長野県には知恵があると期待したいのである。昔から日本で一、二を争う教育県として鳴る長野県である。その県都・長野市には相当の知的蓄積があってもおかしくない。

ただ、その知的蓄積が、理屈を主張することにばかり費消されてしまい、町を活性化させることに生かされていないのではないか。また、個々人の知的レベルが高いせいもあるのだろう、協調性という面ではいまひとつ欠けるきらいもある。結局、議論は盛り上がるが、いつまで経っても結論が出ないというパターンにおちいりがちなのである。

明治維新の後、「薩摩の大提灯、信州の小提灯」という言葉が流行《はや》ったことがある。鹿児島の人間は「薩摩出身」という一点だけで団結するが、信州人はだれかが提灯をともすと、よってたかって足をひっぱり、まとまらないということをたとえていったものだ。

たしかに信州はもともと、十を越える小藩があり、そのあいだを縫うようにして旗本知行地や天領が入り乱れ、まとまりたくてもまとまりようがなかった。また、地勢的にも山や川などが人の行き来をさまたげていたから、それぞれが固有の気質を持ちながらこじんまり固まってしまったのである。戦国時代、長野市内の川中島で戦ったのは、甲斐《かい》（山梨県）の武田信玄と越後（新潟県）の上杉謙信であって、そこに信州人はからんでいない。

一八七六（明治九）年、かつて、信州一円を「長野県」という名称とし、県庁も長野市に置かれることが決まったとき、県内がまっ二つに分かれたことがある。松本など南信地域と長野など北信地域が、そのことの是非をめぐって激しく対立したのである。途中、何度も流血の惨事が起こったりもした。だが、それにしても、その対立ぶりは尋常でなく、信州の人々がいかに自分たちの郷土にこだわりと誇りを持っているかを感じさせる。

南信地方の人たちにとってみれば、「長野」は単に一地域の名前でしかないわけで、それが県名になるとは、なんとしても承服し難かったのだろう。その点、棚からぼた餅のごとく、自分たちの町の名前が県名になった長野はその後も余裕があった。

長野県全体としてはけっして豊かな地域ではない。第二次世界大戦前、満洲（中国東北部）に開拓移民として出向いた人をいちばん多く出しているのは長野県である。それというのも、土地がやせており、しかも寒冷地のため、穫れる作物に限りがあったからである。

ただ、長野市周辺の地域は物質的にはわりと豊かだったため、街の経済をどうこうするということを考えずにすんできたところがある。成り行きまかせというと言葉は悪いが、自然の流れをそのまま受け入れてきたのではないか。

「信州」というだけで、なんとなく「行ってみたい」と思わせるイメージがあるし、東京からでも関西からでも、また名古屋からでも、スキーや登山、ハイキングに来る人はたいてい長野市に足を踏み入れる。交通の面ではとりあえず要衝だったから、それは当然である。それによってお金も落ちるから、そこそこうるおっていた。

そうした蓄積がオリンピック開催の基盤にもなったのだが、その後のことをあまり深く考えなかったにちがいない。考えてみると、信州らしくないが、オリンピックというのは当時、それくらい魔力があったのだろう（もっとも、これはいまでも変わらないようだが）。

ただ、このままずるずる行ってしまうと、長野市は一気に単なる田舎町になり下がってしまう。「『行きたい、住みたい、学びたい、営みたい、働きたい』と誰からも注目され、選んでいただける『選ばれる都市〝ながの〟』」（ウェブサイトに掲載されている長野市長の挨拶）になるためには、知恵を集積する装置のようなものが必要かもしれない。

「定年後に住みたい街」に上位ランキングされる「おとなの都会」

17 松本市

美しい山々が連なる誇り高き観光都市
サービスは少々苦手かも

豚カツ屋さんのハープ

だれもが一度は行ってみたいと強くあこがれる信州・上高地《かみこうち》。その入口として知られる松本市の文化水準はすこぶる高そうで、それこそ「都会」の名に値する。といっても、あのバブルの時代、東京をはじめ全国の各都市に見られたような、浮わついた雰囲気はまったく感じられない。最近流行りの言葉を借りれば、「おとなの都会」とでもいうのだろうか。

もちろん、人口も二十二万余と小ぶりだし、家がギッシリ立て込んだり高い建物が林立しているわけでもないから、「都会」というといささか抵抗感を抱くかもしれない。盆地だから、西側に連なる北アルプスの、けわしく、それでいて美しい山々（常念岳《じょうねんだけ》、槍《やり》ケ岳《たけ》、穂高《ほだか》連峰などをはじめ、周囲はすべて山に囲まれている。神々しさともまた違う、清潔で凛《りん》としたアルプスの姿を日ごと目にしながら人々は暮らしているわけだ。こんなところで、狂おしいまでのバブル経済が幅を利《き》かせたり、その延長線上にあるにわか仕立ての文化もどき的なものが肩で風を切ったりするようなことはまずあり得ないだろうという気がする。

　筆者がこの地を「都会」だと思うようになったのは、とある偶然がきっかけである。それはJR松本駅にほど近い豚カツ屋さんでのできごとだった。私たち夫婦と友人夫妻の四人で上高地に遊びに行った翌日、遅い昼食を取ろうと、店が休み時間に入る直前に暖簾《のれん》をくぐったのである。

　すると、店主の奥さんが出てきて、「すみません、もう鍋の火を落としちゃったんですよ」と申し訳なさそうな表情でいう。こちらが「そこをなんとか……。私たちは、このお店の豚カツを食べに東京から来たんです。十年ほど前に来たことがありまして。ホントおいしかったものですから」と、多少オーバートークも交えてお願いしたところ、「わかりました。じゃあ」ということで、中に招き入れてくれた。

　ところが、お茶を出してくれた後、「温度が上がるまでお待ちいただかないといけないので、その間ハープでも弾いて差し上げますよ」といいながら、店の片隅に立てかけてあったハープに歩み寄り、その前のイスに腰掛けるではないか。もちろん、割烹着姿のままである。

行ってみたい度……★★★★★
住んでみたい度……★★★★
刺激度……★★
いやされ度……★★★★
ガックリ度……★★

私たちは皆、そのハープは単なるオブジェ（だとしても、すごいが）だと思っていたから、驚いてしまった。彼女はそれを抱え、三曲ほど、みごとな演奏を披露してくれたのだが、私たちは拍手喝采。当然のこと、豚カツも十年前よりおいしくいただいた。

食べ終わった食器を片付けながら、彼女が「松本には何をしに来られたんですか」と聞いてきたので、「サイトウキネンを聴きにきました」と答えたら、「私たちも何日か前、行ってきたんですよ。毎年、楽しみで」という。その後も、「上高地近辺は年四回ほど行きます。季節ごとにね。この写真、今年の冬に穂高に登ったときの……」など話は尽きない感じで、店を出た後、私たちはお互いに顔を見合わせてしまった。全員の顔が「レベル、高〜い」といっていた。

街の一豚カツ屋さんの奥さんが、楽器、それもハープをよどみなく弾くのである。しかも、サイトウキネンに毎年足を運んでいる。そういうことをなんのてらいもなしに話す。その感覚はまさしく「成熟した都会人」である。

コンサートに盛り上がる街

サイトウキネンというのは、音楽好きの方ならとうにご承知だろうが、正式には「サイトウ・キネン・フェスティバル松本」といい、一九九二（平成四）年以来、毎年八月から九月にかけて松本市で開かれる音楽祭のことだ。「楽都・松本」という言葉もあるようだが、それはこの催しによるところが大きい。もちろん、かのスズキ・メソード（ヴァイオリニスト鈴木鎮一《しんいち》が始め、才能教育研究会が日本やアメリカなどで展開している教育活動）の本部があるということも忘れてはならないが。

「サイトウ」とは、桐朋《とうほう》学園大学で教鞭を取っていた齋藤秀雄（英語学者・齋藤秀三郎の次男）のことで、期間中、かつて彼に師事した演奏家や同大学出身の演奏家が集まり、何カ所かの会場でほぼ連日、オーケストラや室内楽、オペラなど、さまざまな演奏会がもたれる。オペラの指揮はたいてい小澤征爾が執っているので人気もある。

欧米では毎年六〜八月の夏休みシーズンになると、この種の催しが各国で開かれている。ドイツのバイロイト音楽祭、ミュンヘンオペラ祭、フランスではイル・ド・フランス音楽祭、オーストリアのザルツブルク音楽祭、ウィーン芸術週間、アメリカではタングルウッド音楽祭などが有名だろう。日本でも、札幌市のパシフィック・ミュージック・フェスティバル（ＰＭＦ）、〈東京の夏〉音楽祭、福井県の武生《たけふ》国際音楽祭などが知られている。

この種のイベントは、その地に暮らす人々だけでなく、全国各地からファンが訪れてくるのだが、地元に住まう人々が強い関心を抱いていなければ成功はおぼつかない。松本市の場合、先にご紹介したエピソードに示されるように、性別や年齢、立場、職種などと関係なく、全市民とはいわないまでも、かなり幅広い層の人たちがこのイベントのボランティアとして参加したり、コンサートを楽しんだりしているという。

この期間、松本の街はいつになく人口密度（ふだんは二百四十九人で、全国の市としては下位）

が高くなるにちがいない。二〇〇六（平成十八）年は十六回の公演に約二万人が来たという。これほどまでに市民の盛り上がりが見られるのなら、少なくとも、小澤征爾が「世界のオザワ」でいるうちは、九十年近い歴史を持つザルツブルクのレベル（公演数は二百回近く、観客動員数も約二十万人以上）は無理にしても、さらに発展していくのではなかろうか。

松本市はもともと、知的レベルが高い街といえそうである。木下尚江《なおえ》（社会運動家）、鳩山春子（共立女子大の創立者・鳩山和夫の夫）、草間彌生《やよい》（芸術家）、窪田空穂《うつぼ》（歌人）、降旗《ふるはた》康男（映画監督）、中嶋嶺雄（国際関係学者）といった人物が松本市の出身だが、いずれも、既成秩序に対しはっきり「アンチ」を打ち出しているのが共通している。松本も含めた信州全体の風土ではあるが、自分でものを考え、自分で行動する気質がきわだっているだけに、簡単に大勢に従うようなことはしないのだ。さすが、かつて「全国一の教育県」という定評があっただけのことはある。

そういう空気が、同じような考え方をする人を呼び寄せるのだろうか、一九一九（大正八）年以来この地にあった旧制松本高等学校（現・信州大）には、大都市の高等学校には入りたくないという考えを持った若者たちが多く集まってきたようだ。北杜夫《もりお》も辻邦生《くにお》も仁井田《にいた》陸《のぼる》もそうした一人だろう。通常は一高（東大）とか三高（京大）に行く力があっても、それではありきたりだからと、わざわざ信州までやってくるのである。

「理」にさとく「利」にうとい

本州のど真ん中かつ長野県の中央に位置する松本市は、その場所からして産業都市ではあり得ない。まごうことなき観光都市である。観光しかないなどと書くと叱られそうだが、これは動かしがたい事実である。もちろん、この先もそれは変わるまい。だとしたら、道筋ははっきりしている。いかに、サービス精神を市内の隅々にまで行き渡らせるかである。

信州は、拙著『新 不思議の国の信州人』でも述べたように、何かにつけて理屈が先行する風土が特徴である。冗談なのか本当なのか、実際に見たことがないので定かではないが、信州に行くと、畑仕事の休み時間、おばあちゃんが雑誌『世界』を読んでいる光景に出くわすなどともいう。それが本当かもしれないと思えるくらい、実際、信州人は「理」にさといところがある（半面、「利」にはうとい）。だから、企業などではトップには立ちにくいともいわれている。会社経営となると、やはり「理」ではなく、「利」が大事だからだろう。

店の経営も同じである。店主から、「お客さん、それは間違っている」などと言われた日には、客だって、「いいかげんにしろ！」と腹を立てるにちがいない。松本市は、県都・長野市と風土も人々の気質もかなり違うといわれるが、飲み屋街に行くと、どちらもあまり変わらないような気がする。地理的なこともあり、松本市の飲み屋街には、サービス精神では全国的に見てもかなりレベルが高い新潟県出身の女性が少ないせいもある。

これには、松本がその昔、城下町であったことも影響している。城下町はどこでもほとんど例外ないが、もともと誇り高い人たちが住まっていたところである。そのため、よそから来た人を、言葉は悪いが「田舎者」として、低く見るきらいがあるのだ。外から訪れた人からすると、お高く止まっている印象をつい抱いてしまう。もちろん、個人差もあるから、すべてがすべてではないが、総じてそうした関係におちいりがちである。

それに、松本城は姫路城、彦根城（滋賀県）、犬山城（愛知県）と並ぶ国宝で、世界遺産にもなろうかというくらい、歴史的な価値も高い。「行ってよかった日本の城」ランキング（日本経済新聞社・二〇〇三年）でも、姫路城、大阪城に次いで第三位にランクされている。白と黒から成るその端正な姿は、だれが見ても、美しいと感じるだろう。

余談だが、この松本城にはおもしろいエピソードがある。それは、一八七二（明治五）年、松本城が競売にかけられ落札してしまったときのことだ。地元で新聞を発行していた市川量造（後に県議会議員）という人物が、「城がなくなれば松本は骨抜きになる」と訴え、買い戻しに資金を工面しようと奔走。城内で博覧会を開いて入場料も取るなどしてお金を集め、なんとか買い戻しに成功したというのだ。

もっとも、この時期、廃藩置県が実施され、どこの県も財政難にあったため、姫路城など、全国のあちこちで城が競売にかけられたようである。だが姫路城の場合は、落札者がその解体作業に費用がかかりすぎることを知り、そのまま放置したそうだ。

それにしても、市川の愛郷心というか、松本を思う心の熱さには頭が下がる。だが、それが実現できたのも、そうした行動を支える文化的な素地がこの地の人たちに備わっていたからだろう。そして、このことを知ったうえで松本城に登り天守閣から市内を、さらに遠く北アルプスを見渡すと、「残しておいてよかった」と思えてくるから不思議である。

その松本市、平成の大合併で梓川《あずさがわ》村、安曇《あずみ》村などを市域に取り込んだから、上高地も市内にあるということになった。上高地は標高約千五百メートル、飛騨山脈南部の梓川上流にある国内有数の景勝地である。中部山岳国立公園の一部を占め、特別名勝、特別天然記念物にも指定されている。自家用車の乗り入れが禁じられるなど、自然を守るための方策が古くから講じられており、いまでも原初の光景をそっくり残している貴重な自然観光資源だ。写真で見ただけでも、その美しさには十分感銘を受けるが、実際に行くと、息をのむような風景に、かならず「もう一度来たい」と思うはずである。季節に一回行けるなど、地元の人だからこそ許されるぜいたくだろう。

名城があり、高原があり、アルプスがあり、温泉は近くにふんだんにある。空気は清冽《せいれつ》。都市としてのインフラもそこそこ整っている――これだけ条件がそろっていれば、「定年後に住みたい街」のランキングで上位に顔を出しているのもうなずける。『日経地域情報』（二〇〇〇年）では第十六位（人口十万～二十万人未満の都市では第一位）だし、『週刊朝日』（二〇〇四年十月二十九日号）の同テーマのランキングでは第十位であった（ベスト3は神戸市、横浜市、那覇市）。それに、セカセカしていないのが何より心地よい。これから先、観光都市としてだけでなく、そうしたニーズにも応えられる体制づくりが必要になるかもしれない。

18 新潟市

意外なほど東京の魅力を取り込んだ自立心旺盛な街

信濃川をはさんで二分される中心街

上越新幹線で行っても飛行機で行っても、新潟に近づくと日本海が見えてくる。新潟の近くは海岸線がそれこそまっすぐだから、海と陸地のメリハリがあってなんとなく心地がいい。

その新潟だが、まるで条件反射のように、だれもがまずコシヒカリを思い浮かべるのではないか。当然、新潟市もその延長線上にあるだろうから、地平線全体を田んぼが占めている光景が頭をよぎってきそうだ。人口約八十一万人という大都市（それも二〇〇七年四月からは政令指定都市に昇格）とはいえ、高層ビルやマンション群、大規模なショッピングセンターなどがあちこちにあるといったイメージはなかなか浮かんでこない。

だが、空港もＪＲの駅もすこぶる立派だし、市内は一介の地方都市とは思えないほど開けている。ネクスト21と名づけられた商業施設が高層ビルでよく目立つのだが、そのほかにもけっこう高い建物があちこち立っている。

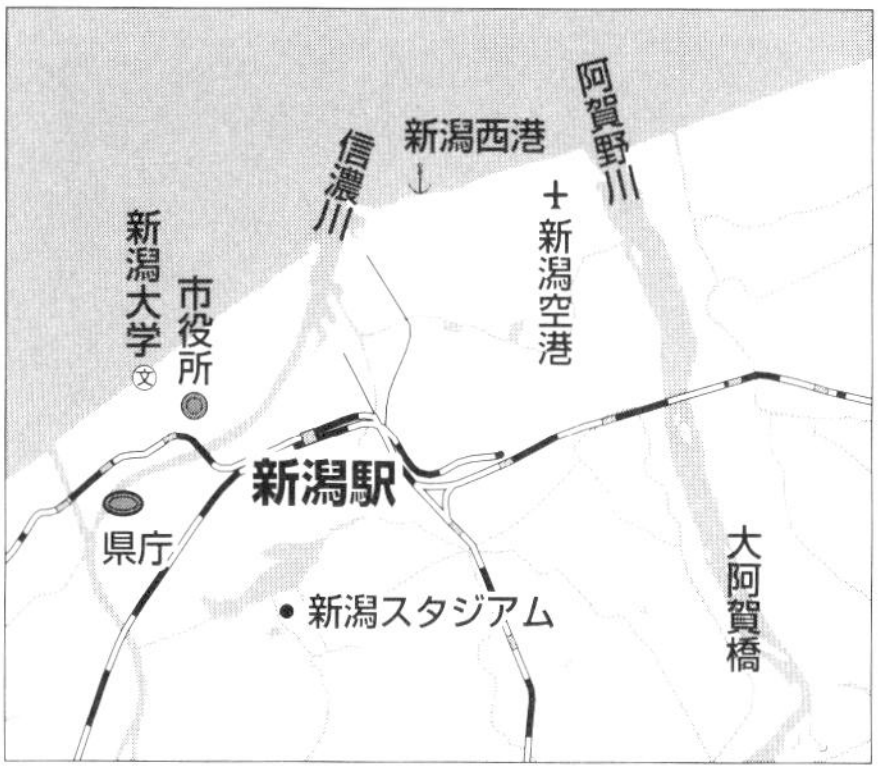

行ってみたい度……………………★★★
住んでみたい度……………………★★★★
刺激度………………………………★★★★
いやされ度…………………………★★★
ガックリ度…………………………★

プロのスポーツチームが三つもあることにも、多くの人は驚くのではないか。Ｊリーグのアルビレックスはよく知られているが、同じ名前のチームがバスケットボールｂｊリーグと野球の北信越ベースボールチャレンジリーグにもある。しかも、観客動員数が多い。バスケットボールなど、八チーム中ナンバーワンである。こうした最新のエンタテインメントも積極的に受け入れる人たちが多く暮らしている都市が新潟市なのだ。

しかし、新潟を象徴しているのはなんといっても、日本最長の川＝信濃川だろう。新潟市のキャッチフレーズは「水の都」だそうだが、まさしくその言葉にふさわしい圧倒的な存在感を示している。

信濃川をはさんで中心街は南北に二分されているが、その両エリアをつなぐ、新潟のシンボル・万代《ばんだい》橋の姿も美しい。さすが、新潟人が自慢するだけのことはある。万代橋のすぐ先が信濃川の河口だから、橋の上からは日本海も見える。その途中の桟橋に停泊している佐渡行きのフェリーの大きさには、だれもが驚くだろう。

大きな海と大きな川に接しながら暮らしてい

るのだから、普通なら明るく開放的で、スケールの大きな発想をする人が多いように思える。しかも、新潟は幕末、日本が欧米列強諸国と通商条約を結んだ際、最初に開港した五港のうちの一つである（ほかの四つは箱館、神奈川、兵庫、長崎）。ただし、開港はしたものの、新潟での貿易量はそれほど伸びなかったという。というのも、河口にあるため水深が浅く、大きな外国船が寄港するには条件が悪かったからだ。

それも道理で、新潟というところはその地名からもわかるように、もともと「潟《かた》」であった。潟とは、「砂嘴《さし》や砂州、または沿岸州によって内湾が外界から切り離され、湖となったもので、（中略）一般に水深は浅い。海水と陸水が混じり合い汽水をたたえるが、潮口を通して、干満に伴う外海水との交流が行われることが多く、塩分濃度は時間的にも空間的にも大きく変化する」（小学館『日本大百科全書』）場所のことである。

要は、海とも湖ともつかない、その中間のようなところだから、安定性に欠けるのだ。大きな嵐でも来れば、一夜にして海岸線が変わっていたなどということが何回もあったにちがいない。その近くにいては人々の暮らしも成り立たない。そこで、近代に入ると、こうしたところはどんどん埋め立てられていった。そして、周囲を頑丈な堤防で囲むなどしながら、安定した陸地に変えていったのである。

新潟市の場合、地図を見るとわかるが、信濃川河口近くに万代島という町名がある。だが、島であったのは過去のことであって、いまでは島といいながら、埋め立てによって陸地とつながっている。また、日本海にじかに面している旧市街も、厳密には島だ（そのため、「新潟島」などと呼ぶ人もいる）。新潟の人たちは昔からずっと、水との戦いを余儀なくされていたのである。

文化を大切にする街

街を歩いて気になるのは、「碑」がやたら多いということである。市内の公園、美術館・博物館、神社・仏閣、そのほか指定文化財や史跡など、どこに行っても最低一つ、なかには十個以上建っているところもある。街なかの路傍や民家の片隅も例外ではない。全国かなり多くの都市をめぐっている筆者も、これほど多くの碑と出くわす経験はしたことがない。

いったい、新潟人はなぜ、こうまで碑を残そうとするのだろうか。碑だから、木でつくられているわけではない。どれも皆、頑丈な石（あるいは金属）である。となると、水害に遭《あ》っても、水没することはあるにせよ、後で掘り起こされれば、その内容を知ることができる。火事があっても、とりあえずは長らえることができるだろう。かなり大きな地震に襲われたとしても、粉々になるということは考えにくい。

先にも触れたように、新潟は古来、水と苦闘しながら生き延びてきた都市である。一八九六（明治二十九）年には市街地の八割が浸水するという大水害（横田切れ）に襲われているし、一九一七（大正六）年にも曽川切れによる水害があった。また、マグニチュード七・五という大地震も一九六四（昭和三十九）年に経験している。

それと、どういうわけか火事が多い。一九五五（昭和三十）年の新潟大火（千百九十三戸が焼失）は有名だが、それ以前にも一八八〇（明治十三）年（五千五百五十四戸が消失）、一九〇八（明治四十一）年には二回（合わせて三千三百二十戸消失）も起きている。

そうした、何が起こるかわからない土地にあって、記録に残すべきものはきちんとしたかたちで残す——そのことにこの地の人々は強い執着を持っているのかもしれない。ちなみに、二〇〇六（平成十八）年の出火率（人口一万人あたりの火災件数）は一・九と、全国の政令市・中核市のなかでは、京都市（一・七）、富山市（一・八）に次いで少なかった。

それはともかく、そうした碑に刻まれた文字を読むにつけ、この地が歴史や文化を大切にするところであり、また、早い時期から「都会化」されていたことに気づくのだ。先に指摘したスポーツに対する関心の強さもさることながら、演劇・音楽、文学も盛んである（坂口安吾《あんご》、歌人の會津八一《あいづやいち》の出身地でもある）。水島新司、高橋留美子、摩夜峰央《まやみねお》など、ビッグネームの漫画家を多く輩出しているのも興味深い。

これは、既成の価値観、すでに地位の確立したものばかりを追いかけるのではなく、みずから新しいものを築いていくことをいとわない気質によるものだろう。江戸時代からの港町である新潟には、常に新しいものが流れ込んできていた。十七世紀後半からは、北前船もひんぱんに出入りするようになり、港町としてさらに大きく発展していく。

新潟は江戸時代、長岡藩に属していたが、飛び地でもあったため、藩はこの地の住民に自治権を与え、町人衆が町会所を拠点に、行政・司法を担っていた。最盛期の堺ほどではないにしても、権力の保護を受けない自立・自助の街をつくっていたのである。江戸時代にあって、全国的に見てもこれはまれだろう。明和年間（一七六四～七二）のこと、凶作などで財政が逼迫《ひっぱく》した藩が、交易でうるおう新潟に対し新たな御用金を課そうとしたときには、反旗をひるがえした町人衆が一時期、完全な自治を確立したこともある。

新潟女性は、美人でイキイキ

また、いまでもそうだが、新潟は古くから美人が多いことでつとに知られている。それもあってか、江戸時代、十返舎一九《じっぺんしゃいっく》、小林一茶、亀田鵬斎《ほうさい》、佐久間象山《しょうざん》、吉田松陰など、多くの文人、思想家、志士がこの地を訪れている。港町特有の猥雑《わいざつ》さというか、一種あやしげな雰囲気もただよっていたにちがいない。

実際、明治初期の新潟には、市域の総人口の一割を超える遊女がいたという。もちろん、江戸時代からのなごりだが、港町であちこちから男性が訪れてくるのだから、それもむべなるかなといえよう。

幕末の開港時から一八七九（明治十二）年までは市内に欧米各国の領事館もあり、この地には少なからぬ外国人も行き来していたようである。いまはもうなくなってしまったが、日本海にほど近い場所に、その当時この地に住んでいた外国人がつくった池があった。そのほとりには、二つの尖塔《せんとう》を備えた教会があり（こちらはいまも残っている）、それを描いた絵があるのだが、とても日本とは思えない光景である。そうした環境にあったことで、人々は国際感覚も吸収できたはずである。

街を歩くと感じることだが、新潟市にはブティックというか、ファッション関係の店が非常に多い。へたをすると、ここは東京かと錯覚するくらい集中しているエリアもある。旧市街（古町《ふるまち》）の中心部に西堀《にしぼり》ローザという地下街があるのだが、そこなど両サイドともその種の店がえんえんと続いており、壮観でさえある。

街を歩いている若者を見ても、ファッションセンスにすぐれており、東京にもひけを取らない。明らかに、他人の目を意識した着こなしをしているようにも思える。これは都会ならではのことで、とくに女性にその感が強い。新潟の女性は昔から、結婚しても家の中にこもることなく、外部と接しながら生きてきたからかもしれない。

幕末近く、新潟港を舞台にしての密貿易（薩摩船が運んでくる外国品を江戸に持ち込む）が発覚したことをきっかけに新潟は幕府直轄領となった。それにより奉行として赴任してきた川村修就《ながたか》（清兵衛とも）が、この地の印象をさまざま書き綴っている。

その一節に「女のほうが威勢がよく、朝めんどりが鳴くのではないかと言うほどだ。中流以下の女は尻をからげて働いている。貧しい女は重い荷物をかついで商いをしている」とある。さらに、「茶汲女、洗濯女の渡世を恥ずかしがらない傾向が新潟にはある」「金銭の貯えさえあれば女でも独立できるなどという考えを持って、尊敬しなければならない夫を軽蔑し、離婚することを恥としない風習がある」と『市中心得書』に記している。この当時から、新潟というところは女性が強かったのだ。それかあらぬか、「（新潟では）男の子と杉の木は育たない」という言葉が古くから言い伝えられている。

実際、明治に入って新潟を訪れた尾崎紅葉《こうよう》は、「今目前に魚屋、八百屋、手間取、職工にいたるまで女の稼ぐを見る」と記している。江戸時代から明治初期にかけて、こうした光景は、本当の意味での都会にしか見られなかったはずだ。今日、新潟が北陸地方の諸都市のなかで唯一、首都・東京と近しいのも、そうした共通性があるからだろう。

もちろん、京都・大阪より東京のほうがはるかに短時間で行けることを考えれば、それは当たり前といえなくもない。だが、いくら距離が近くても、精神面・感覚面で相通じるものがなければ、そうした結びつきは生まれにくいはずだ。

新潟の町を治めていた長岡藩の藩主・牧野氏は十五世紀初めから三河国（愛知県）に住んでいたという。初代藩主忠成《ただなり》の父・康成《やすなり》は戦国期に徳川家康の配下として活躍した。家康のおぼえもめでたかったようで、康成の「康」は家康からもらって改名したものだ。また、忠成の妹は家康の養女になっている。つまり長岡藩というのは徳川家ともかなり深くつながっているわけで、その意味では「名古屋―愛知県」的なものの考え方がかなり濃厚に浸透していたと思われる。

だが、新潟は江戸時代を通じて、その影響をほとんど受けずにすんだ。今日にいたるまで都会的な風土、気質が受け継がれているのは、そうしたこともひと役買っているといえそうだ。

新潟人はまた、お祭りが大好きだという。江戸時代におこなわれていた湊《みなと》祭りや盆踊りで、人々が我を忘れたように走り、舞い、歌う様子はすさまじかったという。そのため、明治の初めころ、廃藩置県の後に二代目県令として赴任してきた楠本《くすもと》正隆は、それを禁じたほどである。だが、こうした上からのお達しを、「はい、わかりました」とおとなしく聞き入れるほど、新潟人は従順ではない。というか自立心が旺盛だから、納得できないことに対しては、それがなんであろうが、抵抗するのである。

北朝鮮の客船（万景峰号）が出入りしたり、ロシア（ナホトカなど）航路があったりなど、新潟というとなんとなく「北」のほうばかり向いている都市のイメージが強いが、実際はそうでもない。仙台市のように東京べったりではない、それでいて東京の魅力的な部分もたくみに取り込んだ個性的な都会――それが新潟である。

人口急増の**大津市**
京都・大阪の影響が強い**福井市**

沖縄県とともに、いまいちばん猛烈な勢いで人口が増えている滋賀県の県都が**大津市**だ。人口は三十三・一万人。この五年間で四パーセントも増えた（志賀町との合併は無視しても）。

短い間だったが、七世紀に都が置かれた時期があることからもわかるように、古くから開けていた街である。京に都があった時代も、大津はその外港としての役割を果たしていた。京都市とは隣り合わせだし、東海道の宿場町、さらに琵琶湖の水運を通じて北陸地方ともつながっており、長らく交通の要衝であった。

延暦寺《えんりやくじ》、園城寺《おんじようじ》（三井寺《みいでら》）などの古刹《こさつ》も多く、観光資源には事欠かない。京都とは違うさばけた人柄が大津人の特徴で、住みやすさでも上位（関西圏では第五位）にランクされている。地味ではあるが、無視できない都市である。

その滋賀県と琵琶湖をはさんで隣接する福井県は通常、「北陸」地方としてくくられているが、実際は京都、さらには大阪の影響が強い。県都・**福井市**（人口二十七・一万人）は、柴田氏の城下町として開けたのが戦国時代だから、さほど古いわけではない。だが、ビジネスに関しては、そつのなさで知られている。ホンネがなかなかつかめない京都人を長らく相手にしてきているのだから、それもむべなるかなである。

京都・大阪と違って厳しい自然環境と戦ってきた歴史があるから、逆境に対する備えは怠りない。北陸独得の暗さはぬぐい去れないが、春になって、市内を流れる足羽川《あすわ》のサクラ並木（河川敷としては国内最長）を見れば、それも忘れることができそうだ。

19 富山市

立山連峰と二つの大きな川
コツコツと頑張る志が湧いてくる街

戦後、復興をアピールするため全国でいちばん早く天守閣を復元

いざというときの備えはしっかり

富山の街を歩いていると、常に目に入ってくるのが立山連峰である。それも標高三千メートルを超えるから、よほど高層の建物でも建っていないかぎり、見上げるかたちになる。立山は古くから修験道《しゅげんどう》と呼ばれる山岳信仰の対象でもあった。そういう神々《こうごう》しい山を見上げる地域に暮らしていれば、青雲の志とでもいおうか、自分にも何か大きなことができるかもしれないという希望のようなものが湧いてきそうである。

富山市は実際、「住みよさ」ランキングで、全国七百余都市（現在は八百に近い）のうち第九位にランクされている。日本海側にあることもあって、ともすると地味なイメージがぬぐい切れないのだが、それなりの都市機能を備え、それでいて大自然がすぐ目と鼻の先にあるというのは、多くの日本人にとってひとつの理想なのかもしれない。

ちなみに、この「住みよさ」ランキングは東洋経済新報社が毎年発行する『都市データパック』

に掲載されているものだが、第一位が福井市、第十位が金沢市（２００６年版）と、北陸地方の都市が毎回かならず上位に入っている。全国的な知名度となれば圧倒的に金沢市ということになろうが、「住みよさ」は、知名度だけで決まるものでもない。むしろ有名である分、全国各地から多くの観光客が訪れ、お金も落としていくがゴミも落としていくということになるわけで、「住みよさ」となると、やや見劣りするのかもしれない。

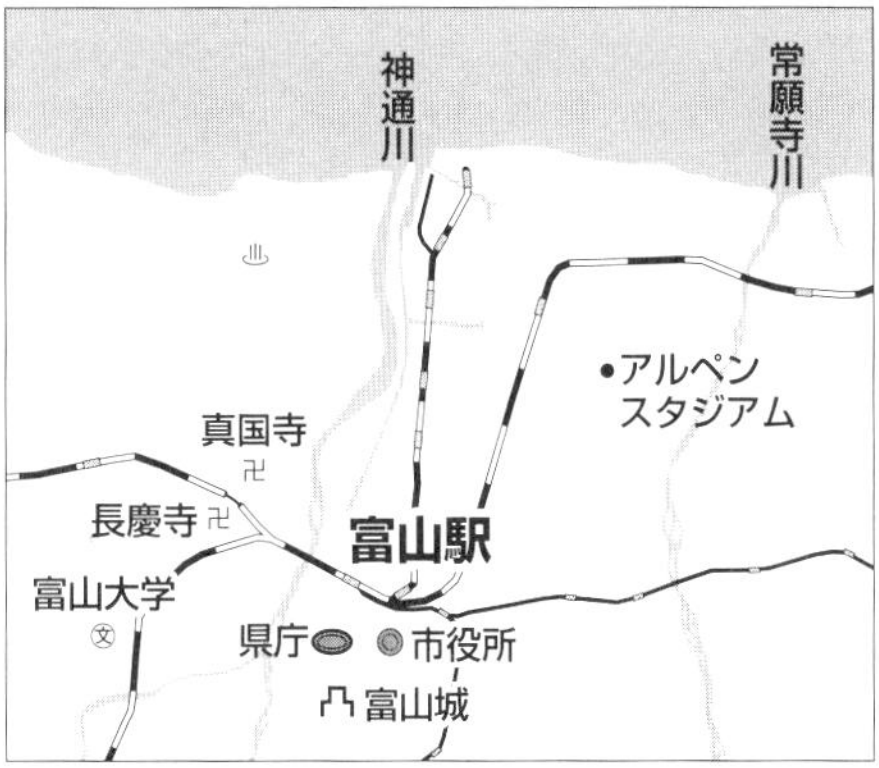

行ってみたい度……………………………★★★
住んでみたい度……………………………★★★
刺激度……………………………………★★
いやされ度………………………………★★★★
ガックリ度………………………………★★

しかし、福井も富山も、そして金沢も北陸地方にあるから、雪と接することの少ない地域の人たちは、冬ともなると大変な量の雪に悩まされるのではないかという心配を抱く。実際、雪かきの苦労というのは並大抵のことではないらしい。それに加え、富山の場合、いまでこそそうでもないが、かつてはずっと洪水にも悩まされてきた歴史がある。

県の南側全域を立山連峰が占め、そこから富山市には神通《じんつう》川と常願寺《じょうがんじ》川という二つの大きな川が流れ込んでいる。日本海沿岸にわずかばかり開けた平地に、冬になると大変な量の雪が積もる三千メートル級の山々から雪解け水が、また夏のころともなれば雨水が一気に流れ下ってくるわけだから、川が氾濫《はんらん》したり鉄砲水に襲われたりするのもいたしかたあるまい。

そのため、いまのように土木技術が未発達で、ダムも何もなかった時代、この地の人々は常に洪水に悩まされてきた。江戸時代、富山藩はお隣の加賀、能登《のと》とともに前田氏の治世下にあったが、人々は、農作業のないときはほとんど、治水工事のためにモッコをかつぐ毎日を送っていたのだ。雪と闘い、水と闘いながら米をつくっても、この地の人々は富山藩と加賀藩の両藩に年貢を納めなくてはならない時期もあるなど、全国的に見ても相当きつい暮らしを強いられていたようである。

そうしたこともあるのだろう、富山人は人一倍忍耐強いし、いざというときに備えたたくわえを重視するようにもなった。遊びなどとんでもないというか、学問にはげみ、コツコツ働くことにかけては、北陸随一のものがある。どちらかというと商売が好きな福井人、趣味に走りがちの金沢人と、同じ北陸に暮らしていながら、それぞれ違う気質がはぐくまれているのが興味深い。

コツコツ働く人が多いためか、富山市をはじめ、県内には工業都市が多い。県庁所在地の富山市は、政治、経済、文化、マスコミなど、すべてにわたる中心地でもあるが、北陸電力、不二越《ふじこし》など、最新生産技術を誇る工場も少なからず操業している。高岡市には三協・立山アルミ、黒部市にはＹＫＫと、錚々《そうそう》たるメーカーが名前を連ねている。水が豊富なせいもあるし、海が近いということもあるだろう。だが、最大の要件は人々が働き者である点にある。

情報接触度の高さが生んだ進取の気性

そんな富山市だから、遊びのための〝装置〟は他の都市に比べると少ない。というか、遊びにはあまり多くの時間を割かないようなのである。普通は、昼間コツコツ汗を流して働くのだから、夜はパーッとにぎやかに騒いで……という流れが自然ではないかと考えがちだが、そうでもないらしい。

市内最大の盛り場・総曲輪《そうがわ》界隈を歩いてみても、夜はそれほど人通りが多いわけでもないし、軽くのどをうるおしたら、さっと引き揚げていく男性が多いようだ。お酒もおいしいし、酒肴《しゅこう》もすこぶる上質の魚介類が口にできるのに、富山人にとっては当たり前すぎることなのかもしれない。ちなみに、総曲輪、それと平行する中央通り商店街では宝石店がやたら目立つ。さすが、平均月収七十一万円は日本一、消費支出四十万円は第二位、小遣い月額四万五千円は第一位の富山だけのことはある。

市内に広貫堂《こうかん》という製薬会社がある。製薬会社といっても、薬局やドラッグストアで売られている薬ではなく、昔ながらの置き薬メーカーである。ほかにも多くの製薬メーカーがあるが、これは江戸時代から始まっている。十七世紀末、富山藩二代藩主・前田正甫《まさとし》が、江戸城内で、腹痛に苦しんでいた三春《みはる》藩主秋田河内守に「これを進ぜよう」といって差し出した薬（反魂丹《はんごんたん》）がよく効いたのがきっかけで、全国の藩から、富山の薬を自分の国でも売ってくれというリクエストがあった。それ以来、藩をあげて薬の製造・販売に取り組むようになったのである。

薬売りたちは風呂敷で包んだ大きな柳行李《やなぎこうり》を背負い、富山から全国各地に出て行った。家々を一軒一軒訪れながら、もちろん健康に関する話もしただろうが、相手からも雑多な情報を手にしたと思われる。江戸時代後期になると、富山市の北端にある岩瀬の港から北前船に乗り、蝦夷《えぞ》地から四国・九州、はては琉球にまで出かけたという。岩瀬はいまでこそ往時のなごりをわずかにとどめているだけだが、当時は北前船が出入りする港のなかでも屈指の取引量を誇り、廻船問屋も栄華をきわめたようだ。

この時代、人々が全国のあちこちを自由に動きまわることは原則的に禁じられていた中で、そうしたことができたわけだから、入手する情報量たるや、想像を絶するものがあったのではないか。そして、それを国に持ち帰ることで、富山は、同じように全国を商人が歩きまわった近江と並んで、他に類を見ない情報大国たり得たのではないかという推測が成り立つ。

富山人は進取の気性に富むとよくいわれるが、それは江戸時代以来の、情報接触度の高さがたぶんに影響していると思われる。しかも、それが実利的、合理主義的なものの考え方につながり、現代にまで大きく影響しているのである。

富山市に光岡自動車という会社がある。知る人ぞ知るといってもよい会社だが、マニア向けのクルマを少量受注生産している。かつて五十ccの「自動車」を生産・販売して運輸省をあわてさせ、法律を改正させたというエピソードを持つ。五十ccといえばバイクで、自動車ではあり得ないという常識を打ち破る、まさしく斬新なアイデアだった。

その後も購入者が部品を買って自分で組み立てるキットカーなど、既成概念を突き崩すクルマをつくってきたことで、話題になったものである。最近も、ランボルギーニを彷彿させるスーパーカータイプの車を生産するなど、強烈な存在感を持っている。進取の気性、コツコツ努力もここまで来れば尊敬に値するだろう。

自分のことは自分で責任を持つ

また、富山駅北口から日本海近くにある岩瀬浜まで七・六キロを結ぶLRT（ライトレールトランジット）も全国から注目を浴びている。かつてJR（富山港線、二〇〇五年に廃線）が走っていた鉄道敷地を利用して、二〇〇六（平成十八）年から富山ライトレールという最新式の路面電車（＝低床式）にとって代わったもので、富山市の都市計画の一環としてつくられたという点、国内では初めての試みである。

LRTは、住民の高齢化、環境保護の必要性、中心街の空洞化など、地方都市が近い将来抱えるであろう種々の問題に効果的に対応し得る交通機関として、国内だけでなく世界的にも注目を集めている都市交通システムである。すでにドイツではいくつかの都市で、またアメリカでもポートランドやシアトルなどで走っているが、日本ではズバリLRTと呼べるものはこれまでなかっただけに、富山市の試みが意味するところは大きい。こうしたことに先鞭をつけられるのも、先に触れた、富山市（民）、地元企業のすぐれた情報力、それに由来する進取の気性によるものだろう。

そのＬＲＴの起点になっている駅の北側も、富山城址があり、オールドタイプの路面電車が走る南側も、都会に顕著な猥雑さとはほとんど無縁な印象で、この地に住まう人々の生真面目さを感じさせる。

かつて城下町だった地方都市の場合、その城を大切にする気持ちが強いことに関してはどこも例外なく共通しているように思える。富山市もその例に漏れない。それどころか、ほかの都市よりさらにそうした傾向が顕著なのではないか。富山市の場合、城下町といっても、前田氏が治めていた加賀・能登・越中三国の中で特殊な位置を占めており、城にいつも殿様がいたわけではない。天守閣も、再建する計画はあったのだが、財政的な理由で結局実現しなかったという。それでも、城に対する特別な思いはずっと引き継がれているようなのだ。

戦後の復興をアピールする一九五四（昭和二十九）年、富山産業大博覧会を開催するにあたり、富山城の模擬天守閣を全国でもっとも早く再建したことにそれが示されている（すでにその二年前、都市計画にもとづく「城址公園」にしていた）。昭和二十九年といえば、復興といってもまだ途上段階だったはずである。にもかかわらず、小ぶりとはいえ天守閣をつくってしまったのだから、その苦労は並大抵でなかったにちがいない。戦中の大空襲で九割が焦土と化した市街地の復興に多くの市民が募金に応じたのも稀有《けう》なことだろうし、富山薬学専門学校（現・富山大学薬学部）の復興に一企業の社長が私財を投じたというのも、この地の人々の気概を物語っている。

こうした歴史をふりかえってみると、さすが北陸では随一の文化水準を誇る金沢と、同じ殿様（前田氏）が治めていたことの影響が大きいことに気づく。金沢は観光文化都市としてそのアイデンティティーをほぼ完全に確立している。それに対して、いわば工業で身を立てている富山市ではあるが、文化を大切にしようとする思いの強さはけっしてひけを取らない。

ただ、それはけっして富山市のためとか、社会のためといった公共を優先させようという考え方にもとづいているものではなさそうである。それは「税金があがっても、社会福祉を充実させてほしい」と考えている人の割合が全都道府県で四十五位、また「からだの不自由な人やお年寄りのためにボランティア活動をしてみたいと思う」人も四十六位（いずれもＮＨＫ全国県民意識調査）であることからも察せられる。究極的には、自分のことは自分で責任を持つという考え方が強いのではないか。

だから裸一貫、何も持たずに故郷を離れても、ひとかどの人物になる人が多い。コクヨを創業した黒田善太郎、東大の安田講堂を寄贈しその名を残している安田善次郎（戦前の実業家、安田財閥＝旧富士銀行、安田生命などの総帥《そうすい》）、角川書店の創業者・角川源義《げんよし》、ゴルフ場設計を初めてビジネスにした相川武夫、作家の源氏鶏太《けいた》、演出家の久世光彦《くぜてるひこ》、ノーベル賞を受賞した田中耕一、いずれも富山市出身である。

そうしたキラ星のような先達《せんだつ》を思い浮かべながら、いつかは自分もと、富山人は来る日も来る日も、懸命に仕事にはげんでいるにちがいない。

20 金沢市

雪国にもかかわらず「住みよさ順位」全国第十位

観光都市のお手本
伝統文化を街全体で伝えてきた自負心

タクシー運転手さんの博識にびっくり

国内、また世界中に観光都市は数多くあるが、金沢市はその〝お手本〟のようなところである、といったらほめ過ぎだろうか。だが、それがけっして大げさとは思えないくらい、この街は基本的に、観光客のためにつくられている。訪れてくる観光客に対し、まさしく「いたれりつくせり」のサービス体制をつくり上げているといっていい。

まず、タクシーの運転手さんの多くが、まるで資格を持った観光ガイドのように博学で、たいていの質問に答えてくれる。どこでこれほどまでに勉強したのかと思うくらい、そのレベルは高い。冬の厳しい北陸地方にあり、保守的、消極的な気質が顕著な金沢のはずなのに、これには正直、とまどいを感じたほどである。

市内のほぼ全域に散在する観光スポットはどこも皆、「国際観光文化都市」というコンセプトのもと、ある一定の要件を満たすように工夫されている。小さなスポットであっても、掲示板にコンパクトな説明（日本語、簡体字中国語、ハングル、英語）があり、その周辺の地図（距離と所要時間も）が示されているのはありがたい。また、要所要所に無料の休憩所（トイレも付随）が設けられているのも助かる。どこの観光地もこれくらいの態勢でのぞめば、海外の人たちを相手に政府がいま躍起になって進めているビジット・ジャパン・キャンペーンも、もう少し成果が上がるのではないか。

行ってみたい度……★★★★★
住んでみたい度……★★★★
刺激度……★★★
いやされ度……★★★
ガックリ度……★

金箔《きんぱく》やボトリング・システム、回転寿司用コンベヤーくらいしか、目立った産業のない金沢は、役所も人々も、観光でしかやっていけないことをよく心得ているのである。JR金沢駅の前にあるバスターミナルとタクシー乗り場は、巨大な天蓋《てんがい》に覆われている。「もてなしドーム」というのだが、これは冬場、観光客も含めたターミナルの利用者が、雪や雨（二日に一回は雨・雪が降る）に困らないようにという配慮なのだろう。

　また、たとえば昼間に金沢城を訪れたとしよう。その目玉は、往時とそっくりに再建された「菱櫓《ひしやぐら》・五十間長屋・橋爪門続櫓」である。

内部では、ＤＶＤの上映やボードによる展示があるのだが、そのレベルも高い。帰りがけ、城の出入口である石川門を再び目にしたとき、「ここは、夜見たらさぞかしきれいだろうな」と、だれもが思うことだろう。すると、「夜の金澤　光の散歩道」というネーミングの専用観光バスが用意されており、ライトアップされた市内の主だった観光スポットのすぐ近くまで行けるようになっている。

観光でその地の経済を成り立たせるには、リピート需要を喚起するのがいちばんだが、金沢市は観光客の隠れたニーズにまで着目、それを掘り起こし、しかもきちんと対応する装置まで周到に用意している。それが「いたれりつくせり」と記した理由である。

ここまでレベルが高いのは、早くから「観光」を街の柱にしようという考えに立っていたからにほかならない。金沢ではなんと戦前、それも昭和の初期に、当時の市長を会長に据えた金沢観光協会なる団体が設けられている。市の助役が副会長を務め、地元政財界の主だったメンバーが理事など要職にたずさわっていることからもわかるように、官民一体となって「観光」に取り組んできた長い歴史があるのだ。

ただ、よしんば先のような仕掛けがなかったとしても、一度金沢を訪れた人はだれでも、また来てみたいと思うにちがいない。素朴な理由だが、とにかく食べ物がおいしい。人口は四十四万人ほどだが、金沢は飲食店の数がめっぽう多い。人口比では、福岡と肩を並べるだろう。その都市の文化水準を図る目安ともいえる、きりっとしたバーテンダーの立つバーもたくさんある。

食べ物がおいしいのは、食材がそろっていることが一つ、二つ目が、いい仕事をする料理人がいること、もう一つは、舌の肥えた客が多いためだ。金沢の有名な観光スポット・近江町市場《おうみちょういちば》は市民の台所とはいえ、半ば観光客目当てのところもあるから、それほどレベルも高くないのでは……と思いがちだが、グルメで鳴る金沢人も訪れてくるのである。

そして、この地の食の魅力はなんといっても寿司だろう。歯科医でありながら旅行エッセーも書いている柏井壽が、取材で金沢に一泊したとき、昼・夜、翌日の昼と、食事はすべて寿司だったという話を書いていたが、さもあらんと思わせるレベルなのである。いまふうの回転寿司だろうが町のごく平凡な寿司屋だろうが、社用・接待オンリーといった風情の高級店だろうが、どこに入って食べてもまずハズレはなさそうだ。

この地独特の加賀料理ももちろんおいしい。また、よく知られているように、金沢は日本酒もレベルが高い。和食の好きな人にとってはもうたまらないだろう。毎晩、外で食べたとしても、同じ店に次回顔を出せるのは一年近く先になるのでは……といってもいいくらいである。それにオーセンティックなバーが加われば、家庭で夕食をとる機会がぐんと減ってしまいそうだ。

蒔絵《まきえ》、金具、象嵌《ぞうがん》……レベルの高い工芸技術

そうした要件がそろっていることもあって、金沢市は「住みよさ順位」（東洋経済新報社）が全国で第十位、「県庁所在地別魅力度ランキング」（ブランド総合研究所）が七位と、いずれも上位に

ランクされている。住みたい度も行きたい度も上位を占めている都市はそうそう見当たらない。もちろん、この種のデータは、一種あこがれ的な部分をも含んでいるから、いくぶん割り引かなければならないが、それにしても、これだけ多くの支持を集めているのは、吸引力が強いことの証《あかし》としかいいようがない。

実際、金沢は観光に欠かせない地勢的な条件にも恵まれている。西側はすぐ日本海（内灘《うちなだ》砂丘）、北から東、南にかけては千メートル級の山々から成る両白《りようはく》山地で、市内は起伏に富んでいる。日本三大名園の一つ・兼六園も小高い丘の上にある。また、浅野川、犀《さい》川という二つの川のほか、江戸時代につくられた細い用水路が縦横に流れており、なんともいえない落ち着きが感じられる。

それと、文化の薫《かお》りがすこぶる高い。金沢は江戸時代から「加賀百万石」の城下町として、広く名をはせてきた。江戸時代の終わりごろの人口は十二万人余を数え、全国で第四位だったというから、大きな都市である。その金沢に前田利家がやってきたのは一五九九（慶長四）年であった。もともと尾張国の出だから、戦国時代は織田信長、豊臣秀吉に仕え、賤ヶ岳《しずがたけ》の合戦で秀吉とともに柴田勝家を討った功により加賀国を安堵されたのである。

豊臣家の五大老の一人だったから、秀吉から徳川家康に政権が移っていく過程では大いに苦労したが、最終的には加賀にとどまることができた。それについては、三代藩主・利常の果たした役割が大きい。豊臣方に通じていると思われないようにするため、藩をあげて「武」を捨て、「文」

に傾倒しているふうを装ったのだ。世にいう「加賀の狸《たぬき》寝入り」である。徳川秀忠の娘を正室に娶《めと》ったのもその一環である。

だが、結果的にはそれが今日の観光都市・金沢の源になったわけだから、歴史はおもしろい。なかでも、五代目藩主の綱紀《つなのり》は大変な文人であった。綱紀は木下順庵《じゅんあん》、室鳩巣《むろきゅうそう》、稲生若水《いのうじゃくすい》など、錚々《そうそう》たる学者を各地から招くとともに、和漢洋の書籍を数十万点も集め、研究にいそしませた。この地を訪れてそれを目の当たりにした新井白石は、金沢を「天下の書府」とうらやんだという。

その一方で綱紀は、全国から腕っこきの職工を呼び、蒔絵《まきえ》、金具、象嵌《ぞうがん》、書画、陶器、紙などをつくらせている。さらに、金製品、染織、紙、漆、木材、竹、皮など工芸品の標本を全国から集めることもした。それにより金沢の工芸技術は大変なレベルに達することとなり、それがいまもなお続いている。明治に入り、東京美術学校（現・東京芸大）がつくられるより早く、その種の伝統工芸を教える金沢工業学校を設けているほどだ。ちなみに、前田氏は藩士に、浅野川や犀川での釣りも奨励したため、釣竿、毛針づくりも盛んである。

さらに、一八八七（明治二十）年には、旧制高等学校（四高）を設立している。このときつくられた高等学校は全国でわずか五つだから、学問への力の入れようがうかがい知れる。師範学校や医学校を設立したのは、それよりさらに前のことである。いまでも金沢市は人口に比して大学・短大・専門学校の数が多い（京都市に次いで第二位）が、それは学問の興隆に情熱を注いだ前田綱紀以来の伝統によるものだ。

戦前、第九師団司令部が置かれていたにもかかわらず、金沢は戦時中、一度も空襲を受けなかった。そのため、城下町時代の街並みがほぼそっくり残されている。そうした街のあちこちに、よくもまあといいたくなるほど、公立・私立の別なく、さまざまな施設がそろっている。美術館・博物館はもちろん、各種の記念館・資料館、偉人館、文学館、各種の伝統工芸館、商家跡、武家屋敷跡など、一日や二日では、とてもすべてをまわり切れるものではない。

しかも、外から訪れてくる人たちだけでなく、金沢人もしょっちゅう足を運ぶという。「日展」「日本伝統工芸展」の入選者数（人口百万人あたり）で石川県がずっとトップを続けているのも納得できるというものだ。

「ケ」がなく、「ハレ」が続く日常

では、その文化水準の高い金沢市に実際住むとなるとどうなのか。意外に思われるかもしれないが、けっこう否定的な意見が聞こえてくる。たしかに、金沢は城下町だから、基本的にプライドの高い人が多く、伝統・格式を重視するのも十分想像できる。婚礼も派手だし、花嫁のれんなど、昔ながらの流儀をきちんと守る家がまだまだ多いという。

婚礼といえば、同じく城下町だった名古屋市にもそうした傾向が見られるが、金沢が決定的に違うのは、他県との人的交流が少ないという点である。名古屋も少ないほうだが、金沢より数段工業都市化されている分、主に九州地方から、少なからぬ数の人が流れ込んできている。だが金沢の場合は、生まれてからずっと金沢、せいぜいが石川県内から移り住んできているといった程度である。しかも、古くから金沢に住んでいる人は、そうした県内から移り住んできている人たちに対してさえクールに対応するという。

香林坊《こうりんぼう》や片町といった繁華街のちょっと高級な加賀料理の店に行くと、最初に抹茶を出される。心得があればなんということはないが、金沢育ちでない、他県からやってきている（きた）不調法者にとってはなんともわずらわしい。まして、それでバカにした顔を見せられたりすれば、じゃあ、もっと気楽な店でいいかということになるだろう。

藩士だけでなく町衆に対しても温情あふれる治世をおこなった前田氏のもとで、人々は皆、生活のために汗を流すというより、文化を大切にすることに関心を向けていった。金沢に住んでいた人の半数は武士だったが、武士というのは年貢米を扶持《ふち》として支給され、それを生活の糧《かて》としているわけだから、生産者ではなく消費者である。

藩主は普通、藩士たちをそうした暮らしに安住させぬよう、倹約を説き、学問を奨励し、武道を鍛錬させるなどして、いざというときに備えるものだ。だが、前田氏は尾張出身でありながら、そうしたことをさほど重視しなかった。そうすることによって、「いざというときに備えている」などと、幕府に誤解されたくないという用心のほうを重視したからである（それがむしろ尾張の出らしいと納得できないこともないが）。

先にも触れたが、それは最初のうちポーズだったかもしれない。だが、それがいつしかポーズでなくなってしまい、気がついたときには、趣味・文化・芸術のほうが肥大化していた。藩主がそうした考え方に立っていれば、藩士も右にならえとなる、しかも、金沢ではそれがさらに町衆にまで伝播《でんぱ》していった。今日でも金沢は能（宝生流《ほうしょう》）・狂言が盛んな、全国でもまれな都市で、市内には能楽美術館まである。だが、能は本来、武士のたしなみだったはずである。それがここでは、町衆の間にまで広まっていたという。

「百万石文化」とよくいわれるが、その主導権を握っていたのは、武士と町衆だったのだ。なにせ百万石（実質はそれ以上だった）だから、武士たちも安心していられる。また、金沢の港は北前船の寄港地として栄えていたから、街そのものが豊かだった。汗水たらして働くのは隣の越中（富山県）にまかせ、自分たちは文化を堪能しようといった感覚だったのかもしれない。

つまり、金沢ではいわゆる「ケ」に費やす時間が少なかったわけだ。だから、この街には大きなお祭りというものがない（百万石まつりが始まったのは一九五二年から）。そうした「ハレ」の場をわざわざ設けなくても、ふだんの日常がすでに「ハレ」だったのだろう。婚礼はそのなかでも、「ハレ」の度合いが強いから、一段と重要視されることになる。

金沢市内に尾張町という地域があるが、ここは最初、前田利家が名古屋から連れていった商人たちを住まわせたことから、その名で呼ばれた。江戸時代、名古屋ではあいにく、文化・芸術分野がほんの一時期を除いて低迷していたから、金沢の足もとにも及ばなくなってしまったが、もし藩主が前田氏のような考え方に立っていたら、今日の様相はかなり違っていただろう。

しかも、金沢には一時期、「百姓の持てる国」の中心地だった歴史がある。戦国時代、各国で昔からの守護、地頭、そこへさらに新興の武将が加わって毎日のように戦乱がくり返される中、ここ加賀国では、当時の北陸地方で広まっていた浄土真宗の門徒たちが手を組んで、地頭の富樫《とがし》氏を政権から追いやり、門徒の自治国家をつくってしまったのである。当時としては世界にも例がない、一般民衆による革命である。しかも、そうした状況がなんと百年間も続いた。

宗教的な信仰心に支えられていたとはいえ、そのことによる自信が、金沢人のエネルギー源になっているのではないか。ほかの地域がどうだろうと、自分たちが正しいと判断したもの、価値を見出したことについては、同じ志を持った者どうしで徹頭徹尾守り抜いていく、発展させていくという強靭《きょうじん》な意志が、静かにではあるがいまの金沢人からも伝わってくる。その対象が観光であり、伝統工芸であり、文学であり、学問であるということだ。

室生犀星《むろうさいせい》、泉鏡花《きょうか》、徳田秋聲《しゅうせい》は金沢出身である。鈴木大拙《だいせつ》、三宅雪嶺《せつれい》といった思想家もそうだ。なかには、日本統治時代の台湾でダムや用水路を建設し、一大穀倉地帯をつくりあげた土木技師で、現地ではいまなおいたく尊敬されている八田與一《よいち》のような人物もいる。彼らから感じられるのは、経済も文化も豊かなところで生まれ育った人の、心の豊かさというか、余裕である。

それが、街全体に流れるなんとも味わい深い空気に反映しているのだ。

21 京都市

他の都市がひれ伏してしまいそうな正真正銘の「都会」

日本の都、千二百年の歴史、世界に知られたブランド

長く都であったことに由来する誇り

この本のあちこちで、「都市」と「都会」の違いについて述べさせていただいている。極端ないい方だが、「都市」にはどこでもなれるが、「都会」となるとそうはいかない——それが基本的な趣旨である。筆者の独断でいうなら、この本で取り上げた都市のうち、「都会」と呼べるのは、札幌、東京、横浜、金沢、京都、大阪、神戸、福岡、那覇くらいだろう。

「都会」を相手にすると、どんな大「都市」であっても、とたんに影が薄くなってしまう。その違いをひとことでいえば、自立した「個人」がどれだけ多いかということである。周囲の評価を気にするとか、まわりと無原則に合わせるとかいったことをしない人が多いところほど「都会度」が高くなる。そして、都会度が高いところほど、海外、とくに欧米からやってきた人にとってもおそらく心地よいはずである。逆に、そうでないところからやってきた人にとってはしんどく感じられることだろう。

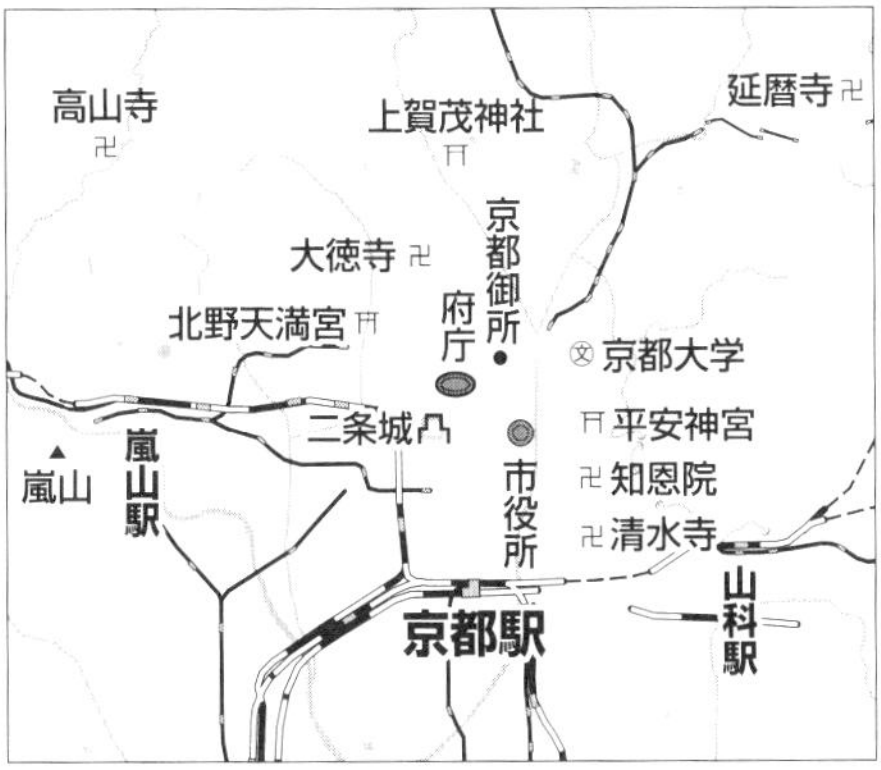

行ってみたい度……………………………★★★★★
住んでみたい度……………………………★★
刺激度………………………………………★★★★
いやされ度…………………………………★★★
ガックリ度…………………………………★

「都会」から「都市」に移り住むのは簡単である。もちろん、これまでと違う環境に暮らすことによるストレスは多少あるだろうが、比較的軽くすむはずだ。だがその逆となると、人によってはとんでもないストレスの原因になりかねない。見かけは同じように見えても、どうにも暮らしづらいからである。ひょっとして、ここは冷たいところだと感じる日々が続くかもしれない。

もちろん、移り住んだ「都会」の自然環境や風土、人々の気質も大きく影響する。開放的で人なつっこい人が多いところもあれば、そうでないところもあるからだ。だが、究極的には、自分のすることはすべて自分の責任と認識する、「自立」の要件を満たしていないと、いつしか破綻《はたん》をきたすのはまちがいない。人のことを気にしながら、あるいは人をアテにして行動していては、「都会」では遅かれ早かれ息切れしてしまうからだ。

その意味で京都は、正真正銘の「都会」である。奈良が二〇一〇（平成二十二）年に遷都千三百年を迎えるのに対し、京都は七九四（延暦十三）年の平安遷都以来すでに千二百年以上を経ている。同じ「都会」であっても、一国の首都となると、その意味するところは想像以上に大きく、また重い。その〝千二百年の都〟をたかだか数ページで語り尽くすことなど、できるわけがないし、そんなことをしたら京都の人たちに対しても失礼だろう。

京都（人）のアイデンティティーとはいったい何か、それは京都そのものである。日本の都、長い歴史そのもの、世界に知られたブランド……、どれも皆、京都である。ここには街並みにせよ、時間の流れ方にせよ、人々の気質にせよ、全国に八百近くある都市のすべてを超える何かがありそうなのだ。人々もそのことに自信を持っている。

京都が、前例のないことをするのにあまり躊躇を見せないのもそのためだろう。たしかに、「都会」というのは、なんであれ新しいもの（こと）が始まるところである。何度もいうように、人の目を気にしないのが、都会人の特徴だからだ。

小学校、図書館、路面電車、琵琶湖疏水《そすい》、トロリーバス、映画、中央卸売市場、市立の交響楽団など、この地で始まったものは多岐にわたっており、京都の間口の広さ、余裕を感じさせる。衆議院で初めて普通選挙が実施されたとき無産政党の候補者を全国で唯一当選させたのも京都であったし、共産党員が三十年近くにわたって知事として君臨したなどということもある。

そうしたことが平気でできるのも、長らく都であったことに由来する自信と余裕があるからだ。それは風物だけに限らない。人間に対しても同じである。祇園には高僧から会社の社長、役人まで、多彩な人が客としてやってくるが、聖も俗も、結局人間としては変わらないということを知っているから、黙ってそれを受け入れる。天皇がおられた京都には、千二百年以上も前から海外の使節が訪れていた。国内各地からも、多くの人が上洛している。そうした経験から、人間というか、その本質的な部分に対する観察眼がことのほか鋭くなっているのだろう。

京都人は成熟したおとな

ノーベル賞の受賞者は東大より京大のほうが圧倒的に多いと、よくいわれる。また、アカデミズムの世界でも、京都は人文系の研究ではユニークな人材を数多く輩出している。要するに、前例にないこと、結果が数字にはっきりあらわれないようなことに取り組んでも、周囲がそれを認めてくれるわけで、その意味ではひじょうに恵まれた環境にあるといえる。もちろん、責任は最終的にその人が取らなくてはならないわけだから、実質的には厳しいのだが、それも京都人が本当の意味で成熟したおとなであることによる。

だから京都人は、大阪人のように、事あるごとに「東京、東京」といったりしない。東京が逆立ちしても勝てないものが京都にはいっぱいあることを知っているからである。アメリカが世界一の経済大国、政治大国、軍事大国になっても、ヨーロッパに対するコンプレックスをどうしてもぬぐい切れないのと、構造的にはよく似ている。アメリカは、自分たちに欠けているのは「歴史」だけであるということをいやというほど感じている。それによってヨーロッパの国々・人々がアメリカのことを、心の底ではさげすんでいることを知っているのである。

世界中でアメリカほど、たとえ期間はそれほど長くなくても、「○○周年」とか「できてから××年」といったことにこだわる国はない。「野球の殿堂」など、野球に関してだけはアメリカが先頭を走っていることもあって、これ以上はないといってもいいくらい権威づけする。それでもアメリカ人は心のどこかで、「自分たちはしょせんヨーロッパの末裔《まつえい》だ。だから、かなわない」という思いを打ち消すことができないでいるのだ。

京都に対しては、東京も含め全国の都市の人々が、それと似たような気持ちを持っているにちがいない。全国に「小京都」と呼ばれる（あるいは自称する）都市（町）がいくつかある。古い街並みや風情が京都に似ていることにちなんだものだが、もともとは室町時代以降、各地の大名が京都を真似たまちづくりをしたことに由来しているケースが多い。

「小京都」として知られているのは、角館《かくのだて》（秋田県仙北市《せんぼく》）、高山市（岐阜県）、金沢市、津和野町《つわの》（島根県鹿足郡《かのあし》）、山口市などがある。たしかに、高山市などに行くと、京都に由来するものも多いし、町のたたずまいもどことなく京都のそれに似ているところがある。山口市も市域全部ではないが、あるエリアを切り取ると京都そっくりである。

だが、小京都はしょせん小京都でしかなく、本家本元の京都には比べるべくもない。それくらい京都は偉大というか、普通の物差しでは測り切れないくらい、空間的にも時間的にも、一般の都市はもちろん、都会をも「超えた」存在なのである。

それだけに、JR京都駅の姿はなんとも表現しようがないほど俗的な印象を与える。建築の専門家たちがどう評価しているのかは知らない。国内の旅行者がどう見ているのかもわからない。また、年間七十万人を超える（人口百人あたりの外国人訪問者数では全国一）という外国人観光客がどんな感想を抱いているかも把握していないが、手放しでほめる人は少ないのではないか。

かつて駅前に京都タワーがつくられる話が持ち上がったとき、古都の景観を損《そこ》ねるというので、よってたかって問題にした（一九六四年）地元の人たちの感性が、いまの京都駅を許したのは、どう考えても腑《ふ》に落ちない。ただ、それがきっかけで京都市内はさまざまな条例がつくられ、勝手気ままな建築や改造ができなくなったのはたしかなことのようだ。

ただ、京都人にはときおり、とてつもないものをつくるヘキがあるようにも思える。たとえば、京都タワーの建設からはるかにさかのぼること千百年以上前につくられた、JR京都駅の南側にある東寺《とうじ》の五重塔もそうかもしれない。京都人はいまでも、それを見ると、「京都に戻ってきたと実感する」のだという。木造としては全国一の高さ（五四・八メートル）を誇る五重塔だが、つくられた当時は、それこそとんでもないものと思われたのではないだろうか。

京都で長らく変わっていないのは、中国・唐の長安を模して平安京をつくったときに決められた碁盤の目状の道路である。幅もほぼその当時のままのようだ。たまたま第二次世界大戦中に一度も空襲を受けなかったおかげなのだが、京都の街はいまでも、全国、ひょっとしたら世界中から訪れてくる観光客に、非常にわかりやすいと評価されているにちがいない。

奥深さとそっけなさと

その京都の街に住む人々について、さまざまな人がさまざまな感想を述べている。
「三条の橋上より頭をめぐらし四方を望みみれば、緑山高くそびえて尖《とが》らず、加茂川長く流れて水清らかなり。人物また柔和にして、道をゆくもの論争せず、家にあるもの人を罵《ののし》らず」といったのは曲亭馬琴《きよくていばきん》であった。かと思うと、
「翁が京に住みつく時、軒《のき》向ひの村瀬嘉右衛門と云ふ儒者が『京は不義国ぢやぞ。覚悟して』といはれた。十六年すんで、又一語をくはへて不義国の貧乏国ぢやと思ふ。二百年の治世の始に、富豪の家がたんとあつたれど、皆大阪江戸へ金をすひ取られたか。夫《それ》でも家格を云ふてしやちこばる事よ。貧と薄情の外にはなるべきやうなし。山河花鳥月の外《ほか》は、あやしきと思うて住んで居る」と舌鋒《ぜつぽう》鋭く批判したのは、江戸時代後期の国学者・上田秋成《あきなり》（大阪生まれ）である。

どちらのいっていることも正しいように思えるが、京都人の心の奥底に流れているのは、自分たちの街は日本の都である（あった）という余裕、誇り、そしてあえて付け加えれば驕《おご》りであろう。これぱかりは、同じ関西の大阪も神戸も、現在の首都・東京も、どうしようもないと思っている。まして、横浜や名古屋、あるいは福岡や札幌など問題外といった感じである。

市内でもっとも幅が広い御池《おいけ》通は別にしても、京都はとにかく道幅が狭いだけに、市内随一の繁華街・河原町を歩いていても、すれ違う人と肩がぶつかるのはしょっちゅうだ。雨にでも降られたときはもう大変である。四条通を河原町との交差点を過ぎ、鴨川を渡って、祇園から八坂《やさか》神

社方面に向かうあたりはもっと歩道が狭いから、歩き慣れていない人は往生するだろう。それでも、京都には一年中、ひきもきらず観光客がやってくる。

京都ほど観光客が多い都市はほかにない。ちなみに、二〇〇五（平成十七）年は日本人・外国人合わせて四千七百万人以上が京都を訪れている。東京を訪れる人はその倍以上だが、ビジネス目的で来る人のほうが圧倒的に多いから、その意味では「ツーリスト・シティー」である。観光都市ということになれば、やはり京都が日本一だろう。

二〇〇七（平成十九）年の春、フランスのミシュランが日本の旅行ガイドを初めて刊行したというので話題になったが、それによると、京都は日光、東京、高尾山、富士山、高山、奈良、姫路城、厳島《いつくしま》神社とともに三つ星がついていた。日本人の感覚からすると「おや」と思う場所も含まれているが、京都と東京にはフランス人の感覚にマッチするものがあるのではないかと推測できる。

どちらの場合も、具体的には、本当の「都会」だけに見られる、人々の個人主義志向である。もちろん、欧米のそれとは異なるが、わけても京都人は、精神的に「自立」した人しか認めないという独自の価値基準を持っているのではなかろうか。

京都（人）はなんでもいちおう受け入れてくれるように思える。その一事をもって、さすが京都人はたいしたものだなどと喜んでいてはいけない。あっさり受け入れられるのはワケがあって、そこには、社会的な立場や年齢に見合った「自己責任」がともなっている。そのことさえおさえておけば、京都人は、周囲の人がすることに対しとやかくいわないし、すんなり認めてくれる。学生のように、社会的責任を完全に取ることのできない者に対して京都人は寛容である。それは明治時代から一貫している。だが、ひとたび社会人になれば、そういうわけにはいかない。

かつては、京都の老舗店の多くが「一見《いちげん》さんお断わり」と書いた札を入口に貼り出していたものである。さすがに最近はあまり見かけなくなったが、それでも京都人の心の奥にいまでもそうした気持ちがあることはまちがいない。一見さんには、だれも紹介者がいないわけだから、バックボーンがわからない。ひょっとして大金持ちかもしれないが、とんだ詐欺師かもしれない。はたしていまの勢いがいつまで続くのやらという疑念もあるだろう。

そうしたことによるリスクを負うのはごめんこうむりますよということを、あらかじめ伝えているのである。そうしたことをここまではっきり客に対して伝えるのは、一見傲慢で冷たいようだが京都人の思いやりなのかもしれない。

風土とか歴史とかいう言葉を、この本の随所で使ってきたが、そうした手垢のついた言葉ではとても説明しきれないほど、京都はとてつもなく大きく、そして奥深い。曲亭馬琴の見た京都人は、そうした京都という街の本質を遺伝子の中に取り込み、「お好きなようにしておくれやす」といっているのだろう。逆に、そのことがわからない〝田舎者〟〝おのぼりさん〟には、なんともそっけない。そうした部分だけを見ると、上田秋成のような言葉が出てくるのは当然の帰結かもしれない。

大阪のベッドタウン化が進む**奈良市**
サービス精神を期待したい**和歌山市**

京都よりもさらに昔に「都」が置かれていた**奈良市**（人口三十七・一万人）は、私たちが認識している「都市」や「都会」という概念をはるかに突き抜けている。東大寺に行っても、薬師寺、春日大社を見ても、そこらの神社仏閣とはまったく違う印象を受ける。人々もどこかペースがゆったりしている。同じ日本なのにこんな空間があるのかと、頭をたたきたくなりそうだ。

その奈良が最近、年ごとに大阪のベッドタウン化しつつあるという。近鉄奈良から大阪のJR環状線と乗り換えられる鶴橋まで特急で三〇分足らずなのだから、それも当然だろう。だが、大阪のせわしい風が奈良に吹き込むことは考えにくい。それくらい奈良には超俗的なところがあるからである。

和歌山市も歴史は古い。人口は三十七・三万人と、奈良市とほぼ同じだが、こちらは大阪と距離が離れているため、ベッドタウンとはいいがたい。ただ、大阪でもいちばん土着性が強く庶民的な雰囲気の泉南《せんなん》地域と接しているから、そうした影響は強そうだ。それでも、江戸時代、御三家の一つだったこともあり、プライドが高いというか、サービス精神という面ではいまイチ、いや〝いまニ〟である。

和歌山城など、いいものが展示してあるのだろうが、並べ方がぞんざい、説明も不親切ときているからそのよさが分からない。ほかの観光都市のような「ひたむきさ」が伝わってこないのだ。これまではそれでやってこれたのだろうが、そうした時代はもはや終わっている。サービスにもっと磨きをかける必要がありそうだ。

22 大阪市

得体の知れないディープな味、「ドキドキ感」を刺激される街

下町とオフィス、そして商店街。「高級感」の似合わない街

秀吉がつくった街

大阪は豊臣秀吉の街である——。などと書いたら、「えっ、秀吉は名古屋の出身では?」と反論しようとする人もいそうである。だが、大坂城（現・大阪城。江戸時代までは「大坂」と書いた）をつくったのが秀吉であることをさしおいても、秀吉には名古屋より大阪のほうが断然よく似合う。秀吉自身も、そのことを知っていたのではないだろうか。

秀吉は名古屋、それも頭に「ド」がつくくらいピュアな名古屋人である。だが、名古屋というところは、目立つ人間がうとまれる。万事に「平均」志向で、周囲の人より上でも下でも、目立ってはいけないのだ。大阪はむしろ逆である。目立ってなんぼといっても過言ではない。秀吉は名古屋という器にはとてもおさまりきらないくらい突き抜けた人物だったから、名古屋よりはるかに「都会」であった堺や博多、そして大坂と波長が合ったし、実際、大切にもした。

それは大阪がもともと国際都市であったことにも原因がある。大阪は京都や奈良よりも早い時

代に、期間としては短かったが首都になっている。そのため、アジア大陸から多くの人が訪れてきたはずである。現に、いまでも大阪は政令指定都市のなかで、外国人登録者数の割合がいちばん多い（全人口二百六十万人のうち九万七千人）。そうしたなかには商人も数多くいたことだろう。

　商いをするのに、自分の取り扱う商品はできるだけ目立ったほうがいい。それには売り手自身も目立たなくてはならない。目立つには、できるだけ多くの言葉を使って、それも大きな声で商品の特性をあれこれ語る必要がある。店主はもちろん、番頭はんも丁稚《でっち》どんも、それは同じである。

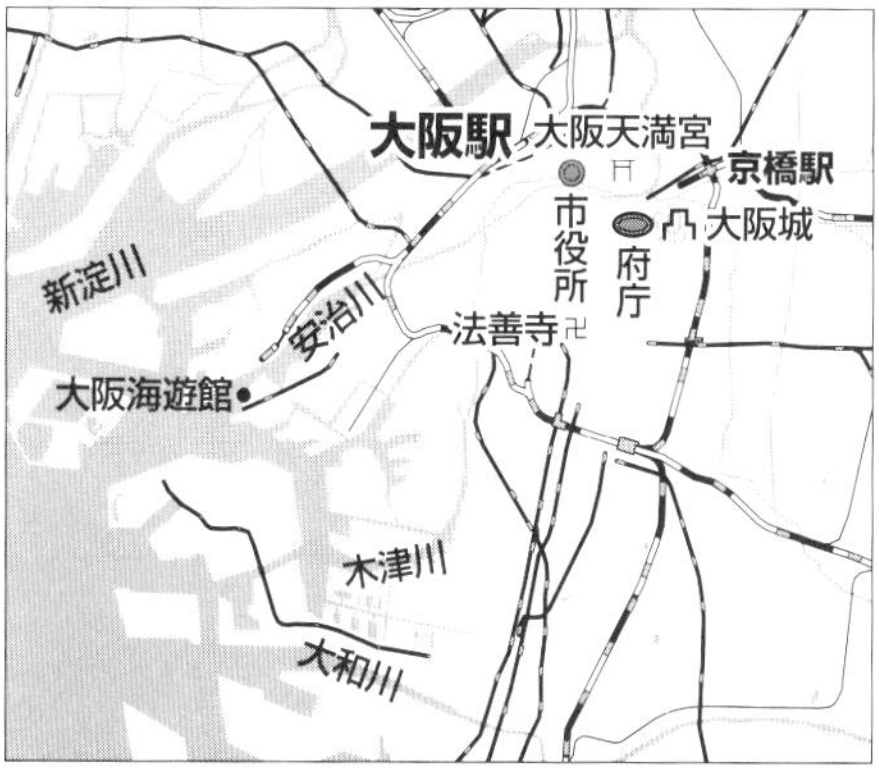

行ってみたい度……………………★★★★★
住んでみたい度……………………★★★★
刺激度………………………………★★★★
いやされ度…………………………★★
ガックリ度…………………………★

　それゆえ、目立つことは大阪商人にとって、成功と繁栄を約束してくれる、なんともありがたい〝武器〟であった。目立つためにはなんでもする。カッコなどつけてはいられない。見栄や外聞など気づかっていては、たちまち商売あがったりという状況におちいってしまうからである。そういう時代が、秀吉が大坂城を築いて以来三百年近く続いた。となれば、そうした生き方が大阪人の、それこそ土性《どしょ》っ骨《ぼね》にしみ込むのは当然だろう。

　そして、秀吉である。一五八三（天正十一）

年に築城が始まり、三年ほどで完成した大坂城は、それまでの城のイメージを一新するスケールを誇るものであった。日本の城郭で、いまふうにいえば地上七階地下一階建て（これには諸説あるが、外観は五層）などというのは大坂城以外にない。しかも、各層の外壁は黒く塗られ、屋根瓦や破風《はふ》にはふんだんに金箔を用いてあったという。また、天守閣の最上階には全面金箔を貼った部屋もあった。

それほど豪壮な城が、もともと埋立地ばかりで高台などほとんどないに等しいという大坂の上町《うえまち》台地に築かれたのである。そこは以前石山本願寺とその寺内町《じないまち》があったところで、織田信長が十一年かけても落とせなかった。本願寺門徒が信長に降伏して退去する際、門徒が火を放って全焼させてしまったその跡地に秀吉が、「三国無双」といわれるほど巨大な城をつくったのだ。

秀吉は築城を手がかりに首都を大坂に遷《うつ》そうという考えだったのだろうが、大坂の人々はもっぱら、その雄大な姿に心を打たれたにちがいない。高層ビルなどない当時のこととて、天に突き出ていた大坂城はさぞかし目立ったはずである。

商いに成功すれば、太閤《たいこう》さん（大阪人はいまでも秀吉のことをこう呼ぶ）みたいになれる、との思いをかき立てられたのは想像に難くない。「太閤さんみたいに」とは、大きな家を建てるということではなく、人生を思いのままにできるという意味である。

それには、声も大きくなければいけない、人の心もつかまなくてはいけない、お客をよその店にとられてはいけない……といった商人道にはげむことが求められる。そして大阪人は、商人だけでなく全員が全員、それを実行してきた。自分だけでなく、まわりのどこを見てもそういう人たちばかりなのだから、それが大阪人の気質になるのは当たり前である。

しかも、秀吉は自分の住まう城をつくっただけでなく、町人の住む町割りも同時に実行している。北はいまの中之島《なかのしま》から南は難波《なんば》あたりまでのエリアを碁盤の目のように区切り、そこに商人たちを住まわせた。城下町というのは防衛上の必要から、わかりにくい街並みにするのが普通である。行き止まりや袋小路を随所につくり、道もできるだけまっすぐにせず、知らぬ間に方向感覚を狂わせるようにするのだ。それを碁盤の目状の街並みにしたのは、商人が動きやすいからである。秀吉は最初から、この街の基礎を商業に置こうと考えていたにちがいない。

秀吉が死去したあと徳川家が大坂を天領とし、地子銀（地租）を永久に免除するという〝経済特区〟としたのも、秀吉に対する大坂人の親近感を刺激したくないという意味もあったが、何よりその考えが正しいと気づいたからである。

ウケを意識したしゃべり

その大阪では、先に述べたように、「目立つこと」が人々の生き方の基本になっているようである。飲んでも歌っても、仕事をしても遊んでも、すべての価値規範はその一点にある。目立つのにいちばん安上がりなのは、しゃべりで人を笑わせることである。大阪人は皆、吉本のお笑い芸人みたいだと思っている人が多いが、まさしくそのとおりで、素人でも周囲のウケをいつも意識したしゃべりが身についているといっていい。

ひとことひとことに、笑いの仕掛けを、意識的にではなく、ごく自然にほどこすようしゃべっている。学生も教師も、おじちゃんもおばちゃんも、サラリーマンもＯＬも、おまわりさんも消防士さんも、駅員さんも駅長さんも、親も子も、夫も妻もそれは例外なしだから、大阪人イコール吉本の芸人といったイメージが定着するのも無理はない。

吉本といっても、テレビの画面で見る芸と、なんばグランド花月やうめだの花月など、ナマで見聞きする芸はまったく違う。テレビの場合、さまざまなコードがあるため口にできないような言葉が、ナマの舞台では機関銃のようにポンポン出てくる。当然、下ネタも多い。だから、笑いの中身も幅が広いし、奥行きも深い。言葉の使い方、間の置き方など、多くの人がそれを聞き知っているから、笑い全般のレベルが高いのだ。

笑いは、同じ空間、時間を共有している人すべてにもたらされる。たまたま電車に乗り合わせたという、ごく薄いつながりであってもそれは変わらない。だから、見ず知らずの人に平気で話しかけることもいとわない。ものの一分も経たないうちに笑わされれば、笑ったほうも気分はいいに決まっている。お互い、それで平和で安穏な時間・空間が確保できればこれほど経済的なことはないでしょうという感覚だろうか。

東京あたり――いや全国どこでもそうだろう――の人たちのセンスからすると、これだけでもう「ついて行けない」ということになる。そのため、「大阪は日本ではない」とまでいう人も出てくるわけだ。そして、そうした思いで周囲をながめてみると、原色で上から下までそろえたドぎついファッション、いかにも即物的な広告宣伝、品性に欠けているとしか思えない行動……といった、大阪（この場合「関西」）のイメージができあがってしまうわけである。

ちなみに、いま「関西」と記したが、これをすべて同じ文化圏だと東京人が思い込んでいることが、実をいうと、京都や神戸の人たちにはどうにも我慢できないらしい。とくに、京都人の大阪嫌いはハンパではないようである。

なにせ、かたや千年以上の長きにわたって天皇が住まわれていた都である。それに比して大阪は商人の街である。いちばん高貴な方と同じ空気を吸っている（きた）京都人にしてみれば、もっとも下賤《げせん》とされる身分の商人などと、同じ空気を吸うのもイヤということなのだろうか。だから、「関西」などという言葉で大阪と一緒にくくられることに抵抗を感じるのだ。まして、「三都（京都・大阪・神戸）物語」など、とんでもないということになる。

神戸はまだ歴史が浅いから、そこまでは行かないようだが、それでも、大阪の騒々しさやせかせかした様（「いらち」という）は、ゆったりおっとりした自分たちの生き方には似つかわしくないと受け止めているようである。「阪神タイガース」の「阪神」は読んで字のごとく「大阪」と「神戸」だが、それが並んでいるのを迷惑がっているかもしれない。応援歌のタイトルは「六甲おろし」だが、甲子園球場あたりに六甲おろしは吹き降ろさないのに……というのが正直な思いだろう。ちなみに、京都人は大阪嫌いという一点だけで、東京の巨人に声援を送る人のほうが多いともいう。

その神戸だが、実は大阪のお金持ちが多く移り住んできた都市でもある。神戸だけにとどまらず、いわゆる「阪神間」の諸都市、伊丹、宝塚、西宮、芦屋などには、大正時代から多くの大阪商人が移住していった。それは大阪があまりに狭すぎるからだ。事実、四十七都道府県のなかで、大阪「府」は面積が一八九二平方キロメートルと、香川県に次いで狭い。ちなみに、政令指定都市で最大の面積となった浜松「市」は一五一一平方キロメートルだから、その差わずか一・二五倍でしかない。

となると、住みたくても大阪市内に家を構えるのは無理ということになる。それでしかたなくか、喜んでかはわからないが、中流以上の人は市の外縁、とくに北部から神戸に向けての地域に移っていった。このエリアは丘陵地帯だから、いかにもせせこましい旧市街に比べ開放感があることも手伝って、高級イメージが定着、「芦屋夫人」などという言葉さえ生まれた。

東京二十三区内の高級住宅地として知られる成城や田園調布が生まれたのはそれよりずっと後だし、ましてや白金（港区）の「シロガネーゼ」など、足もとにも及ばない昔のことだ。実際、大阪市内に、高級住宅地と定評のあるところはほとんどない。全市が下町とオフィス、そして商店街というのが大阪なのである。

街に息づくディープな底力

むしろ、大阪というところに、そうした意味での「高級感」は似合わない。難波や心斎橋《しんさいばし》、西九条《くじょう》とか、さらにもっとディープな感じの鶴橋《つるはし》とか玉造《たまつくり》といった地域のほうが、何ごともカッコをつけずにすむ大阪らしいのだ。梅田周辺のいわゆる「キタ」のほうはもともと田舎だっただけあって、大阪の血がまだ十分に通っていないように思える。東京あたりからやってきたサラリーマンでもほとんど抵抗なく街を歩くことができるだろう。

難波や心斎橋あたりまでなら、なんとかなりそうである。しかしこれが新世界や千日前《せんにちまえ》、天王寺界隈、平野となると、地元の人と一緒でないとちょっと……という気持ちになるのではないか。といって、治安面での心配があるわけではない。

ディープなエリアというのは、東京ではすっかり姿を消してしまっている。東京にはなんでもあるというが、そうした場所は年々失われているからだ。かつては日暮里《にっぽり》とか三河島、あるいは玉の井などにもそうした香りがただよっていたが、いまは違う。

だが、大阪市内にはそういうエリアがまだいくつも存在している。そして、そこにこそ大阪の底力のようなものを感じ取ることができる。猥雑《わいざつ》さとか、ディープな雰囲気というのは、最近のまちづくりでは真っ先に目の敵《かたき》にされ、葬り去られることが多い。

たしかにガラスやミラーを多用した高層ビルやデコボコ一つ見られないアスファルト道路にそうした雰囲気は似合わなさそうである。だが、そうした街は、たしかに一見きれいではあるが、神秘的な魅力には欠けている。そのほうがいいと考える、東京・山の手のセレブもいることだろう。

しかし、そういう人たちはもともとそんなディープなエリアには足を向けようとさえしないわけで、そんな人たちのために街を根こそぎ再開発したり地上げしたりする必要はあるまい。あたり一帯をまんべんなく清潔で美しくきれいにするのがいまのトレンドらしい。だが、それによってつくられるのはどれも皆、東京もどき、あるいは東京郊外まがいの画一的な駅前であり、街並みばかりである。

都会というのはやはり、得体《えたい》は知れなくても「ドキドキ感」や「ワクワク感」を刺激する空間であってほしい。それでなくとも、日本人というのはいとも簡単に、街を壊してしまう。壊すという言葉が悪ければ、つくり変える。古いものは悪とばかりに、旧景を根こそぎ、跡形もなく消し去ってしまうのだ。

すべてを残しましょうなどと主張するつもりはもちろんないが、その街のイメージというか雰囲気くらいはきちんと息づくようなまちづくり、都市づくりがこれから先は求められるのではないだろうか。その意味では大阪は一種の実験場といってもいいかもしれない。

街の姿はある意味で「ハード」である。そこには何十年、いや何百年にわたたって人々がつちかってきた無形の「ソフト」（こんな言葉自体がなかったころから）があるものだ。それを無視して、「ハード」ばかりを優先させようとするのが日本の多くの都市で見られる過ちではないか。

難波から心斎橋に向かって歩くときに感じる、あのなんとも表現しがたい高揚感、これでもか

これでもかとばかりに押し寄せてくる（後ろから迫ってくる）猛烈な人波、それが心斎橋に近づくにつれ徐々にトーンダウンしていくなかで味わう不思議な感覚――。いまの日本ではここでしか味わえない貴重な経験である。

そこから左右の路地に入ると、そこにはまた違った世界がある。御堂筋《みどうすじ》を渡っても、また別の世界があらわれる。ずっとこの地に暮らしている大阪人でさえ感じる、そうした〝探検気分〟がある限り、大阪が沈没することはあるまい。十数年前に鳴り物入りでつくられた大阪駅前のヒルトンプラザ界隈にも、そうした匂いが残っている。あるいは、日本でいちばん評価が高いといわれるホテル＝リッツ・カールトンの周辺でさえそうだ。建物は現代風だが、その周囲の空気は逆立ちしても、東京ふうにはならない。どれほど趣向を凝らしても、大阪は大阪なのである。というか、大阪は、建築家が東京的な未来都市志向をフルに動員したとしても、その「くびき」から逃れることはできないだろう。逆にいうと、それくらい大阪というところは強烈な個性をもった都会なのだ。御堂筋に高層ビルが立ち並ぶようになっても、それは変わらないように思われる。

江戸時代の経済学者、海保青陵《かいほせいりよう》は大坂商人についてこんなことを記している。「京は上品を好む故に大坂のように貨殖《かしよく》することならず、江戸は懶惰《らんだ》ゆえに又大坂のように貨殖することならぬなり、大坂は人品をすててすたすた働きて貨殖する故に忽《たちま》ち富人となるなり」（『論民談』）。見栄も張らなければカッコもつけない点こそ、大阪人の最大の魅力というわけである。そういえば、秀吉もまた「人品に欠ける」といわれていたのではなかったか。

古くは「東洋のベニス」と呼ばれた文化水準の高い商人町

23 堺市

大阪の付属物ではない伝統の力がある

ものの始まり、なんでも堺

堺というところは従来、常に大阪と〝ワンセット〟にされてきた、いうならば不幸な都市である。人口も八十三・三万人と、たいそう多い。だが、「大阪」の観光ガイドはあっても、「堺」単独はもちろん、その周辺地域を含めた形でも、およそその種の全国的な出版物は皆無である。

首都圏でいうならちょうど川崎市のような存在なのかもしれない。川崎市も、首都・東京と、強烈なイメージを持つ横浜市のはざ間にあるのが災いし、影が薄い。東京のほとんどベッドタウンと化してしまっているため、そうなってしまうのはしかたないことなのかもしれない。

だが、それ以上に大きいのは、川崎市が近代以降の日本にあって、工業によって成り立ってきた都市であるという点である。それが、失礼な言い方だが、川崎市の存在感の薄さを後押ししている。堺市の場合も置かれている状況が酷似している。

もちろん、工業というのは日本の近代化、高度成長の柱だったわけだが、たとえば小説の対象にしたくなるような文化やロマンの香りが不足しているのだ。煙突から煙がもくもく上がっている光景は、やはり文学にはなりにくかろう。川崎市の場合、江戸時代から、東海道五十三次の宿場として栄えてはいたが、どちらかというと通過点的な色合いが濃かった。だが、こと堺市の場合、そうしたことはない。いまでこそ大阪のベッドタウンというイメージが強いが、実際には、大阪、さらには奈良、京都より古く、深くて厚みのある歴史を刻んでいたからである。ただ、その歴史があるときから突然消えてしまったことで、人々の意識から遠のいていった――そんなふうに想像するしかないのだ。

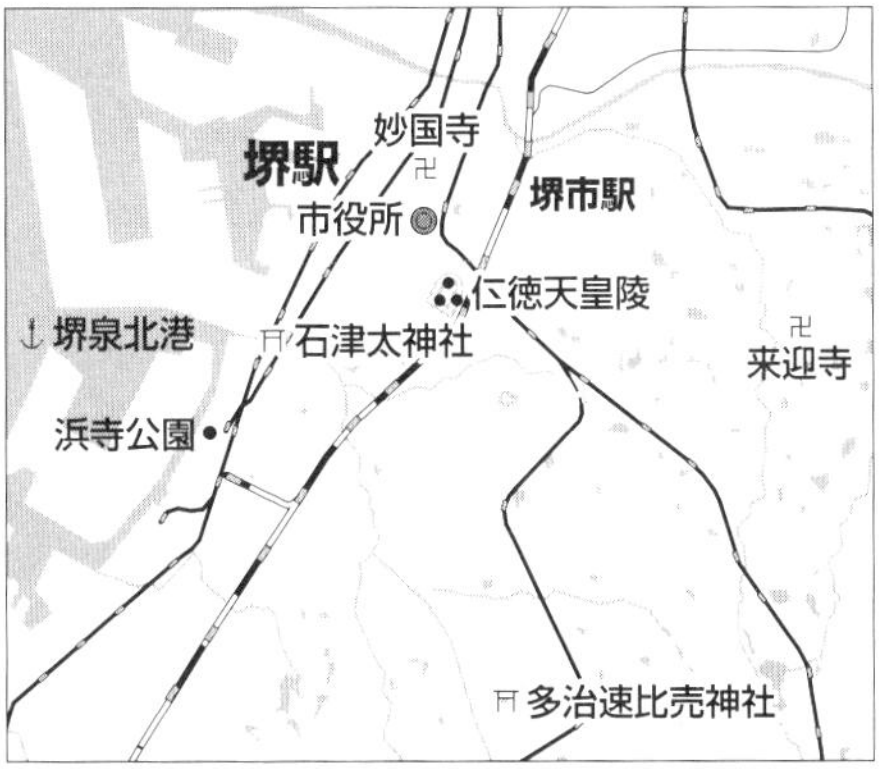

行ってみたい度……………………★★★
住んでみたい度……………………★★
刺激度……………………★★★
いやされ度……………………★★★
ガックリ度……………………★

この本でも、当初の構想では堺市を単独で取り上げるつもりはなかったのだが、ひとつは二〇〇六（平成十八）年四月に政令指定都市になったこと、また、あるきっかけで「ものの始まり、なんでも堺」という言葉（「堺音頭」の一節）があるのを知り、考えを変えた。

たしかに、傘（ルソンから帰国した呂宋助《るそんすけ》左衛門《ざえもん》が豊臣秀吉のおみやげとして持ち帰ったもので、自在に開閉できた）、三味線（琉球から持ち帰った二本弦の楽器を改造）、線香（小西行長《ゆきなが》の兄が朝鮮で製法を習い覚え、つくりはじめた）、私鉄（一八八五年創業の阪堺《はんかい》鉄道＝難波から大和川まで）、大砲（徳川家康の命を受け、国産初の鉄製大筒をつくった）、銀貨（初めて鋳造した）、そのほかにも茶道、金魚、自転車、商業定期航空、カーキ色の軍服、木造洋式燈台など、いずれも堺から始まっている（堺の人が始めた）。

堺が歴史の表舞台に大きく登場してきたのは室町時代から戦国時代にかけての時期である。明との貿易に室町幕府が力を入れるようになった際、その中心になって活躍したのは堺と博多（福岡市）の商人であった。それによって大変な経済力がつき、戦国期には博多とともに、わが国で二つしかない、町民たちが行政・司法のすべてを取り仕切る、たぐいまれな自治都市となったのだ。

たまたま博多は、それがついえた後も商業の町、また城下町としても生き永らえたからいまなお人々の意識に刻まれつづけているのだが、堺は江戸時代の初期まではまだしも、鎖国が実施されてからは、その名前がすっかり消えてしまった感がある。

だが、少なくともそれまでは、日本を代表する都会であった。この地を訪れた諸外国の人々は皆、日本にこんなすごいところがあったのかと驚き、感心し、一時期は博多以上に重要視されていたのである。それはやはり、堺のほうが京都に近かったからだろう。

考えてみれば、堺市には日本最大の古墳＝仁徳天皇陵がある（宮内庁の管轄で、中に立ち入ることはできない。ただ、そのすぐまわりにラブホテルが数軒あるのは、畏《おそ》れ多くないだろうか？）。

仁徳天皇は五世紀前半ごろの天皇（『日本書紀』の記述）である。ほかにもいくつか天皇陵があるのを見ても、いかに古い時代からこの地が開けていたかということがわかる。

戦国時代に入り、紅毛碧眼《こうもうへきがん》の人々が次々と来航するはるか前に、大陸から数多くの人々が日本に渡来している。そのうち、たとえば朝鮮半島や中国の人々が大和王朝との接点を持つには、まず九州北部に上陸し、その後は瀬戸内海を東にたどっていまの大阪湾あたりに到着、そこから陸路をたどっていったのではないか。入港したのが堺だったのか難波だったのかはともかく、そこから斑鳩《いかるが》宮や難波宮、平城京、藤原京、平安京といった都にのぼって行ったのだろう。

商人の町＝大阪の原点

そんな堺だから、全盛期には想像を絶する富も蓄積されていたわけで、それにより、わが国でトップレベルの文化が花を咲かせていたにちがいない。それも、言葉は悪いが、金にあかせてのものだから、気位や能書きばかりの〝貧乏文化〟とはおよそ性格を異にする。

「市民は概して名誉心に富み、真偽を重んじたが、その代り傲慢で気位が高く、暴利をむさぼって、逸楽《いつらく》に耽《ふけ》り、快楽に飽満しつつあった」（三浦周行『大阪と堺』）という指摘もあるくらいで、これは日本のほかの都市ではおよそ考えられない気質・行動様式である。つまり、堺はこの当時、日本にあって日本ではなかったといえる。

たしかに、殿様がおらず、自分たちの中から選んだ会合衆《えごうしゅう》たちによって町全体が治められていた堺では、戦乱を避けるため町の周囲に大きな堀（環濠）をめぐらしていたというからハンパではない。とくに、戦国時代半ば過ぎからはまず鉄砲の輸入、そしてさらに製造・販売まで独占的におこなうようになったから、文字どおり暴利をむさぼっていた。ちなみに、国産の鉄砲を最初につくったのも堺である。そして、みずからその武器を手に自分たちの都市を守ったのである。

そのため、信長も秀吉も、その強大な経済力を危険視というか、むしろそれを手中に収めなくては天下の安定はないということで、最終的には自治権を奪うことになる。信長は堺に二万貫の軍用金を要求し、それを受け容れさせたうえ、直轄地とした。また秀吉は、堺の濠《ほり》をすべて埋め戻させている。大坂城を築いてまちづくりを始めるにあたっては、堺の商人たちの大半を移住させた。また一六一五（元和元）年、大坂夏の陣の直前にはその全域が焼かれている。家康が江戸幕府を開いてからも、堺は直轄領とされ、当初は堺奉行が置かれていた。まだ豊臣氏がいた大坂に対してにらみを利かせるためである。

そして、豊臣氏が滅亡した後、残りの商人も大坂に移住させられた。なかには、大坂以外の地に移っていった者もいたようである。となると、いまでも全国の少なからぬ都市に堺町とか栄町という地名が残っているのがそのなごりだという説ももっともらしく聞こえてくる。大阪商人とか、商人の町・大阪という言葉があるように、およそ「商い」というのは大阪が本家本元と、いまでも多くの人が思っているが、その原点はなんと堺市にあったのである。

しかも、呂宋助左衛門らが東南アジアと堺を行き来していた絶頂期にあっては、堺の商人たちは商売にいそしむだけでなく、僧侶であったり、職人であったり、芸術家であったりもした。会合衆のなかには、小西行長のように大名になった者までいる。千利休、今井宗久、武野紹鷗《じょうおう》、津田宗久など、中世から近世にかけての日本文化史にかならず名前が出てくる人々は皆、もともと堺商人であった。

うなるほどのお金を持ったこれらの商人兼文化人が活躍した時代の堺はだれもが目を見張る都会だったことが想像できる。お金持ちが文化にどんどんお金をつぎ込むわけだから、レベルも高くなるというものだ。ちょうど、昭和の最後から平成の初期にかけて、バブルが日本列島を覆ったときのような感じだったのかもしれない。

都会というのは、ただ単に人口が多いとか、交通が便利だとかいう外面的なことだけでなく、そこに住まう人々が文化にお金を惜しまないという条件が必要である。その意味で、江戸時代初期までの堺は、わが国で数少ない、「都会」と呼べるところだったにちがいない。十六世紀半ば、ポルトガルやスペインから堺を訪れた宣教師たちが一様に「堺は東洋のベニスである」という感想を述べていたというが、それが格好の証明である。

名だたる企業、ユニークな企業が目白押し

ただ、先にも触れたように、堺は江戸時代に入ってしばらく後、存在感をまったく失ってしまった。そして、気がついたときは大阪の付属物のような立場に追いやられていたわけである。

第二次世界大戦中、大阪が空襲を受けたとき、そのとばっちりで空襲を受けること数回。その結果、終戦を迎えたとき、町はほとんど焦土と化していた。それでも、かろうじて当時の遺産のいくつかが残されているようで、堺市も近ごろは観光にすこぶる力を入れている。

ただ、市役所最上階にある展望ホールから周囲を見渡すと、風向きの加減もあるのだろうが、大阪市内（大阪城や通天閣など）はもちろん、六甲山も神戸の港も、葛城《かつらぎ》山も生駒山系の山々もかすんでしまっている。見えるのは、すぐ目の前にある百舌鳥《もず》古墳群くらいのものだ。

たしかに、堺の場合、南海電車に乗るとわかるが、海側の臨海工業地帯には、名だたる企業の工場、発電所、造船所、製油所が連なっており、煙突から煙が終日立ち昇っている。これでは周囲の景色がかすんでしまうのもやむを得まい。

また、堺市にはナカバヤシ（「フエルアルバム」）、サトレストランシステムズ（ファミリーレストラン「和食さと」）、サカイ引越センター、前田製菓（「あたりマエダのクラッカー」）、タマノイ酢、中野物産（都こんぶ）、エクセルヒューマン、美津和タイガー（虎印バット）など、「日本初」という事業、試みを経験しているユニークな企業も少なくない。

商業出版の嚆矢《こうし》も堺である。わが国の商業出版は、江戸時代に入ってからのことだとされているが、堺ではすでに室町時代の初め、一三六四（正平十九）年に正平版『論語（正しくは論語集解《しっかい》）』という書物が印刷・出版されていた。それ以降も、漢詩、仏教書、医学書などが次々と出されたとの記録もあるようで、その意味でも堺の文化水準は相当高かったことがうかがえる。

また、堺市はいまでも、自転車生産のシェアで約四割を占めている。これには理由があり、明治に入り、自転車が輸入されるようになったものの、当時のこととて故障が多かった。その修理をきっかけに部品を生産しはじめたのが堺である。これも、中世の鉄砲づくりの際に蓄積された鍛冶《かじ》の技術で、金属加工に関するノウハウが連綿と受け継がれていたからだ。

こういう風土だから、この地は数多くのユニークな人物を輩出している。河盛好蔵《よしぞう》（フランス文学者）、久野収（哲学者）、河口慧海《えかい》（僧侶、チベット探検家）、鳥居駒吉《とりいこまきち》（現・アサヒビールの創業者）、丹下健三、与謝野晶子、藤本義一、新橋遊吉（ともに直木賞作家）、町田康（芥川賞作家）、武蔵（K―1）、井岡弘樹（ボクシング元世界チャンピオン）、河内洋（中央競馬会騎手→調教師）、三ツ矢歌子、沢口靖子、萬田久子（堺市育ち）、桂三枝、山田花子、さいとう・たかおなど、すべてあげていたら紙数が尽きてしまうほどである。しかも、サービス業系の人が圧倒的に多いのがおもしろい。

拙著『出身県でわかる人の性格』にも記したが、大阪の人たちというのは生来、サービス精神に満ちている。それは狭いところにギッシリと人が暮らしているなかで、お互いのストレスを少しでも減らそうという思いから来ている。これは堺の場合も同じで、人々は基本的にお節介焼きである。でも、気さくな雰囲気と陽気で明るい表情がそうしたことによるうっとうしさを感じさせない。川崎と同じように工業都市、大都市のベッドタウンでありながら、街の雰囲気がまったく違うのはそのためだろう。

24 神戸市

百二十カ国もの人が住む全国一のファッション都市

生活情報が七カ国語で閲覧できる市のホームページ

可住面積と人口のバランスが取れた街

ひと口に大都市といっても、移住可能な土地の面積と人口のバランスとでもいおうか、やはり手ごろなサイズがある。いうまでもないが、東京二十三区エリアは人口密度が高すぎる（可住地人口密度は一万三千二百八十九人で、埼玉県蕨《わらび》市に次いで第二位）。

その点、神戸市はバランスが取れている（可住地人口密度は四千七百九十五人）。しかも、そこにはさまざまな国籍（なんと、百二十カ国に及ぶ）の人、さまざまな民族、さまざまな宗教を信じる人が混在している。こんな都市は日本中探してもほかにない。

神戸市の公式ホームページをのぞいてみて、まず驚くのは七カ国語に対応していることである。観光情報にかぎれば岐阜県高山市は十カ国語、東京都も八カ国語を用意している（京都市も横浜市も三カ国語）が、神戸市の場合、住民向けの生活情報が日本語のほか、中国語（簡体字・繁体字）、韓国語、英語、フランス語、スペイン語、ポルトガル語で閲覧できるようになっている。

このことに、神戸市の特徴が端的に示されている。

たしかに、近代に入り、多くの外国人が住むようになった西日本で最初の都市が神戸である。二〇〇七（平成十九）年で「開港百四十周年」を迎えたというのだから、神戸と諸外国とのつながりもそれと同じだけ時を刻んでいるわけだ。

そうした背景があってのことだろう、神戸というところは、数ある大都市のなかでも突出して個性的なイメージがある。もちろん、どこの都市もそれぞれ豊かな個性を持ってはいるが、かつて「六大都市」という呼び方があった時代から、神戸と横浜はどこか特別といった感じがあった。それはひとえに国際貿易港があったからである。だが横浜についていえば、いまとなっては「首都圏」としてひとくくりにされてしまってもさほど違和感を感じなくなっている。

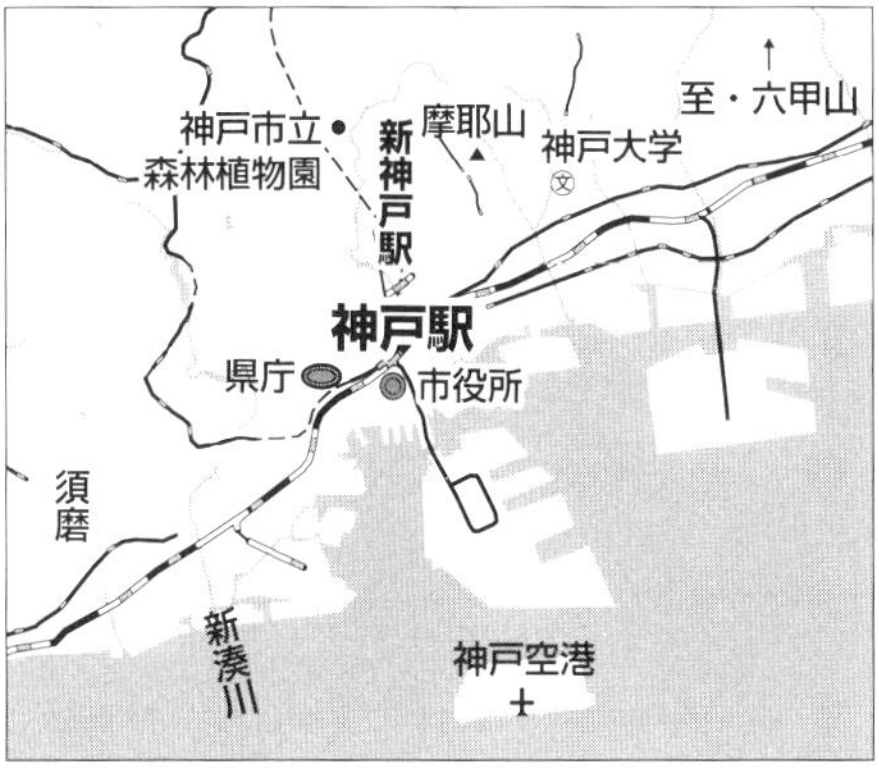

行ってみたい度……………………★★★★★
住んでみたい度……………………★★★★★
刺激度……………………★★★
いやされ度……………………★★★★
ガックリ度……………………★

大阪市を抜いていまや日本第二位の大都市に変貌した横浜に対して、神戸の場合、人口がさほど増えていない。一九六五（昭和四十）年の人口は、神戸が百二十一万七千人、横浜が百七十八万九千人だった。それが、二〇〇七

（平成十九）年三月一日時点では神戸が百五十二万九千人（約二六パーセント増）であるのに対し、横浜はなんと三百六十万七千人とほぼ二倍に増えている。ちなみに、一九四〇（昭和十五）年までは神戸のほうが多かった。

もちろん、横浜市のほうが居住可能な土地の面積が神戸に比べ圧倒的に広いということもある。神戸の場合、行くと実感できるが、市域の北側、三分の二以上が山である。それを切り崩しでもしないかぎり、可住面積は増えない（実際にそれを実行してつくられたのがポートアイランド、六甲アイランドである）。そうしたこともあって、神戸というところはこれ以上人口が増える可能性も薄そうである。

近代都市「コウベ」の歴史

さて、横浜、長崎、函館（当時は箱館）、新潟より遅れること九年、一八六七（慶應三）年に国際貿易港としてスタートしたのとほぼ同時に外国人居留地（現在のＪＲ三ノ宮駅から元町駅の南側一帯）がつくられる。そこは治外法権の区域で、外国人しか住めなかった。

五百メートル四方の土地に、住宅はもちろん、領事館、商社、銀行、商店、ホテル、飲食店など、人々が暮らすのに必要な施設がつくられた。建物はもちろんすべて洋館だし、歩道と車道が分けられ、その境には並木が植えられた。下水道も整えられ、ガス燈も立つなど、そこはまったくの異空間だったから、人々はおそらく度肝を抜かれたにちがいない。その後、諸外国との貿易が盛んになるにつれ、神戸を訪れ、また住まう外国人の数も増えていく。

そこで、居留地を取り囲むようにして雑居地が設けられ、そこにも外国人が家を構えるようになった。そのなごりがテレビドラマで有名になった風見鶏の館(=旧トーマス邸)などのいわゆる「異人館」で、市内北野町にいまでも軒を並べている。また、南京町はその名のとおり中国人が多く住むエリアであった。

もともと神戸人は、外国人と接することに抵抗感がない。それは、国際交流の歴史が長いからだ。神戸が公に外国(人)と接したのはおそらく、十二世紀の終わり頃だろう。平清盛が京から福原《ふくはら》に都を移すべく、その第一ステップとして、奈良時代からすでにあった港=大輪田泊《おおわだのとまり》(現・兵庫区)を大改修し、当時盛んだった宋との貿易船が入港しやすくした。

その後、十四世紀末(室町時代)頃からは兵庫津と呼ばれるようになり、勘合貿易が始まると同時に明からの貿易船が渡来するようになる。当時、兵庫には年間二千隻近くの船が入ってきたという記録もある。その期間、神戸には数多くの外国(主に中国、朝鮮)人が出入りしていた。神戸人の祖先はそうした人たちと接するなかで、日本人とは異なるものの考え方を、知らず知らずのうちに学んでいったのだろう。

江戸時代に入り、十七世紀後半になると、こんどは北前船(西廻り)や内海航路の船がひんぱんに出入りしはじめる。天下の台所・大坂は、港の水深が浅いため大きな船は出入りできず、兵庫津から先はハシケのような小型船に積み替え、大坂まで品物を運び込んでいたのである。

その兵庫津の開港が決まったのは幕末の一八五八（安政五）年であった。だが、このあたりは土地が狭過ぎ、本格的に貿易を始めるにあたっては、空間的な余裕が十分にあった神戸に港を移さざるを得なくなったのである。つまり、近代神戸は明治時代のスタートとともに始まったといっていい。だとすれば、その歴史はたかだか百四十年ということになる。

もちろん、西国街道《さいごくかいどう》（山陽道）の途中にあったこの一帯が、かなり古い時代から開けていたのはまちがいない。万葉集にも歌われている須磨浦《すまうら》、布引《ぬのびき》の滝、福原京、源平が戦った一の谷（ひよどり越え）、湊川《みなとがわ》など、実際、多くの地名が歴史に登場している。

海陸ともに交通の要衝だったから、それこそ全国各地から人が、また文物、情報が入り込んでいただろう。そこへさらに海外との交流も加わり、ボーダレス感覚のようなものが遺伝子として植わっていたともいえる。そうした点では国内の他都市を圧倒しているのではないか。

同じく国際貿易港であった函館や新潟、長崎より外国人居留地の規模がはるかに大きかったこともあろう。だが、それより大きな要因と思われるのは、住める場所が狭いにもかかわらず、住んでいる外国人の数が多いことである。要するに、〝接触密度〟が濃いのだ。

神戸と肩を並べると思えるのは横浜だが、その横浜は先にも触れたように、人の住む場所がいかんせん拡散しすぎている。実際、横浜在住の外国人は六万三千人（総人口の一・八パーセント）に対して、神戸市は四万五千人（三・〇パーセント）。全体の人口比率からすれば、神戸市のほうが断然多い。

今日のように飛行機が輸送手段として一般化する前、外国との行き来は船に負っていた。日本にやってくる外国人が最初に土を踏むのは、あとの交通の便を考えると、横浜か神戸しかない。外国人にとって神戸は、名前がシンプルで親しみやすい。たしかに、「ヨコハマ」と発音するより「コウベ」のほうが覚えやすいだろう。

それは、「コウベ」の名前が国内だけでなく、国際的にもブランドとして十分通用していることからも感じ取れる。都市の名前をブランド化する試みは、最近でこそどこの都市も躍起になって取り組んでいるが、「コウベ」ははるか以前からそれを実現していた（もちろん、意図的ではなかっただろうが）。

神戸ビーフ、神戸ワイン、コウベウォーター、神戸ファッション、最近では神戸スイーツがよく知られている。そういえば、「ユーハイム」も「モロゾフ」も「ゴンチャロフ」も「コスモポリタン」も「ヒロタ」も、また、スイーツではないが「ドンク」のパンやコーヒーのUCC上島珈琲も、神戸発のメーカーだ。

その一方で、神戸には「そばメシ」などというごく庶民的な食べ物もある。東京ではあまりなじみがないが、焼きそばにチャーハンを混ぜ合わせた他愛のないメニューで、なぜかクセになってしまう。発祥の地は東京でいえば下町エリアにあたる、市内の長田《ながた》だそうだが、単にハイカラで気取っているだけの街ではないのだ。

前例のないことにチャレンジする気質

神戸出身の作家・陳舜臣《ちんしゅんしん》は神戸について、「古都のような伝統がない。みんなが新参者。隣を気にしなくていい。〝やってみようか〟と何でも受け入れる。ホスピタリティーを持っている。〝外から来る人は福を持ってくる〟」と語っている。

ゴルフも、バスケットボールも、登山も、ボートも、ヨットも、日本で最初におこなわれたのは神戸であった。古くはコーヒー店、ラムネ、一升ビン、活動写真、パーマ、ブラスバンド、ジャズバンドなどが神戸生まれだ。そういえば、カラオケも神戸発である。

最近では、本格的なボランティア活動も阪神・淡路大震災がきっかけだった。だが、これにははるか昔にその前奏曲のようなできごとがある。それは一九二二（大正十一）年の関東大震災のとき、神戸市と兵庫県は、食料を積んだ救援船を出し、オリエンタルホテルは、被災した外国人に全館を開放したという。

新しいこと、前例のないことに果敢にチャレンジする気質、風土が神戸には根づいているようだ。ポートアイランドという埋立造成地はその典型だろう。「山、海へ行く」という名文句に象徴されるように、六甲山地の土を切り崩して人口島をつくり、商業施設や工場団地を整備、切り崩した山のふもとにはニュータウンを造成するという前代未聞の離れ業《わざ》を実現したのだが、これにより神戸市の人口は十万人ほど増えたそうである。

ただ、ポートアイランドや六甲アイランドも神戸の一部として、それなりの評価を受けてはいるが、私たちのイメージしている「コウベ」にはいまひとつそぐわない。はっきりいって、神戸に欠かせないものではないのだ。むしろ、神戸らしい魅力を損なっているような感さえある。

それにしても、神戸市ほど美しい都市は、日本広しといえども、ほかにないのではないか。山と海が平地ギリギリのところまで迫っているという自然要因や、人口規模が適正であるとか国際貿易港があるといった社会的要因による部分もあるが、街のつくり方の基本というものを神戸人は欧米人からきっちり学んだように思われる。阪神・淡路大震災で市域の多く、それも中心部が被害に遭《あ》い、立ち直りを心配する声もあったが、それをみごとに克服できたのも、そうしたノウハウが蓄積されていたからだろう。

もちろん、住居や道路の復興は緊急性を要していたから、以前の姿とは似ても似つかない姿に変わった地域もある。たしかに、そうしたところは無機質な建築物が立ち並ぶばかりで、人をひきつけるおもしろみのようなものは薄れてしまった。建物や道路こそ新しいものの、そこに流れている空気が変わったからだろう。

それでも、神戸全体としては、震災後もエレガント（優雅）でコンサバティブ（保守的）と評される神戸人（女性）のファッションそのままである。神戸は横浜とともに、海外航路の基点だったが、その行き先は主にヨーロッパであった（横浜は主としてアメリカ）。そうした歴史も街のたたずまい、雰囲気にも大きく影響している。それがまた、多くの女性の心を刺激するのだろう。

都会らしさに満ちた場所というのは、そこに行く人も、その雰囲気に合わせようとする。衣服、履き物、持ち物、メイクなど、だれにいわれなくても、ファッション全体を細かくチェックしてしまうのだ。大阪の女性ですら神戸に出向くときは、それなりの格好をしようと、いつもより鏡に向かう時間が長くなるにちがいない。東京でいうなら、銀座がそうした場所であろうか。

そうした意味でのおしゃれをした女性が多く集まる場所では当然のこと、男性も気を使う。その相乗効果により、街はますますファッショナブルになっていく。これは、都会が都会として発展していくための、いうなれば〝方程式〟である。神戸市が「魅力度ランキング」で、札幌市に次いで第二位に選ばれたのは当然のことなのだ。また、魅力度の細目を見ても、「都会的である」で第二位、「センスがいい」で第一位（いずれもブランド総合研究所調べによる）となっている。

新幹線新神戸駅のホームに降り立つと、驚くことに、すぐ脇に千メートル級の山がそびえ立っている。三宮（三ノ宮）から電車に一五分も乗れば、そこは緑あふれる山があり、ゴルフ場があり、また、豊臣秀吉も好んだという有馬温泉も三〇分足らずのところにある。人工とはいえスキー場も、一時間かからずに行ける。

これほど恵まれた環境に暮らしていれば、人々の心には余裕が生まれてくる。同じ関西にあっても、京都と違って、「都」が置かれていたわけでもないし、大阪のように商業で成り立っていたわけでもない。城下町で殿様がいたわけでもない。突然目の前にあらわれた欧米の文化と出会うことで歴史が始まったのである。その分、土地は狭くても、日本人特有のせせこましいしがらみめいたものは希薄といえる。都会としての神戸の居心地のよさはそのあたりにありそうだ。

アイデア企業が多い**東大阪市**
城以外の観光で勝負したい**姫路市**

　司馬遼太郎記念館と花園ラグビー場が有名な**東大阪市**。それにしても、味も素っ気もない名前である。それもそのはず、昭和の大合併のなかでは北九州市、いわき市（福島県）と並ぶ大規模なもので、大阪市のいわゆる衛星都市が三つ（布施《ふせ》市、河内《かわち》市、枚岡《ひらおか》市）合わさってできたのが一九六七（昭和四十二）年。しかし、大阪市と隣接していることもあり、人口はどんどん増え、いまや五十一・二万人を数える。

　市内には中小の工場が軒を並べ、政令指定都市を除くと、その数はいちばん多い。アイリスオーヤマ（雑貨メーカー）、アートコーポレーション（引っ越し）、元禄寿司（回転寿司の元祖）など、いかにも大阪っぽいアイデアを生かした企業がこの地でスタートを切るなど、創造力にあふれており、単なるベッドタウンではない。

　世界遺産の姫路城で知られている**姫路市**は、平成の大合併で周辺の四町を吸収、人口が五十三・六万人となった。だが城以外に、これといった売り物がない。ただ、奈良時代からすでに開けていた街だから、古刹《こさつ》や由緒ある神社も少なくはなく、これから先、国際的な観光都市として〝勝負〟しようとしている。

　筆者の好物である「御座候《ござそうろう》」という大判焼（回転焼き）の本拠地で、それだけで好きになった都市だが、ほかにも、西松屋（ベビー用品）、三城（メガネのチェーンストア）、グローリー（タバコの自販機など）、ヤマサ蒲鉾など、ユニークな企業の発祥地でもある。大阪・神戸に近すぎるのが災いし、宿泊需要が少ないのが観光地としては痛いかもしれない。

25

岡山市

温暖な気候、交通の至便さでのんびりしすぎていないか

公共施設の垢《あか》抜けないネーミング

新幹線に乗り、停車駅に近づくと、在来線への乗り換え列車の時刻やホームの番号を案内する車掌のアナウンスが始まる。だが岡山駅の場合、そのアナウンスがことのほか長い。なにせ、乗り換え先が山陽本線、津山線、吉備《きび》線、伯備《はくび》線、宇野線、赤穂《あこう》線、瀬戸大橋線と、全部で七つもあるからだ。七つというのは、おそらく全国でいちばん多いのではないだろうか。

そのことでもわかるが、岡山市は交通の要衝である。そして、これは昔から続いている。北の山陰地方に向かっては旭川沿いに街道があったし、南は瀬戸内海をはさんで四国が目と鼻の先にある。東西でいうと、関西と九州との間にあってひんぱんに人々が行き来していた。瀬戸内海は、大陸からやってきた人たちが京都に上るときの通り道でもある。そのため、この地域はかなり早い時期から開けていたようだ。

しかも、瀬戸内海に面しているから、気候が温暖である。また、「晴れの国」というのが県の

キャッチフレーズになっているように、降水量一ミリ以下の年間日数が第一位である。降雨量も少ないから、その意味ではまさしく「山陽」の名に恥じない場所といえよう。

古代この地一帯を支配していた吉備《きび》国は、大和朝廷と並ぶ西の大国だったという。中国山地では鉄が豊富にとれたから、鉄器を使うようになった時期も早い。たしかに、古墳や遺跡がそこかしこにあるし、九世紀初めに建立された吉備津神社など、観光スポットも多い。

だが、観光で岡山市を訪れるという人はさほど多くないだろう。すぐ隣に、観光の吸引力では圧倒的に上を行く倉敷市があるからだ。そちらのほうがロマンの香りに満ちているというイメージがある。それが岡山市のネックといえばネックかもしれない。

行ってみたい度……………………★★
住んでみたい度……………………★★★
刺激度……………………★★
いやされ度……………………★★★
ガックリ度……………………★★

公共施設のネーミングひとつとってみても、いまひとつ垢抜けないというか、センスに問題がありそうな印象を受けた。「ままかりフォーラム（岡山コンベンションセンターの愛称。ままかりは岡山の名物になっている魚）」だの「デジタルミュージアム」だの、いささか安直すぎはしまいか。デジタルはあくまで方法論でしかないから、どんな中身の博物館かよくわからない。そういえば、金沢市にも百万石通りというのがあるが、こちらは実際に城（跡）の前を走っているから、必然性が感じられ、許容範囲だろう。

後楽園（一七〇〇年に完成）と並ぶ市内の観光資源・岡山城（烏城《うじょう》）も、基本的な外観は魅力的なのだが、一九九六（平成八）年、築城四百年を記念し、天守閣の屋根に付いている鯱《しゃち》にピカピカの金箔をほどこしたようである。ところが、これがあまりにまばゆすぎ、渋い外壁とまったく調和していない。どうせなら、それなりの経年変化をほどこすくらいの工夫がほしかった。何がなんでも観光客を引き寄せないとやって行けない……という緊張感のようなものが弱いのかもしれない。

もっとも、これもまた、瀬戸内海沿岸の県、とくに本州側では広島県・岡山県、四国側では香川県・愛媛県のいずれにも共通する、のんびりした気性によるものと思われる。温暖な気候、おだやかな海、ゆるりと流れる川（旭川）、さほど剣呑《けんのん》ではない山々（中国山地）……。そうしたものがからみ合って、このような気質がはぐくまれるのだろうが、それにしても、「ままかりフォーラム」はないいんじゃないの？　といいたくなる。

目立たなくても、自分の思った道を歩みつづける

こうしたことから推測できるのは、岡山市は観光に頼らなくても十分に立ち行く都市だということである。たしかに、新幹線のホームから降りてくる人の大半はビジネスマンだし、空港でも

そうした状況はさほど変わらない。

経済活動がこれほど活発なのは、やはり交通の便のよさによるところが大きい。東京から新幹線「のぞみ」で三時間一七分、新大阪からはわずか四五分だから、大阪など通勤圏といってもいい。さらに、大阪・神戸に向かう長距離バスが一日に数十本も走っているくらいだから、乗客の数も多いのだろう。

結果、わざわざローカル性を強調しなくても、関西や首都圏からひんぱんに人が訪れてくるし、岡山からもどんどん出かけていける。岡山県は中国地方にありながら、経済圏的にはほとんど関西に属しているといっても過言ではない。プロ野球でも、阪神タイガースのファンが多いようだし、倉敷市にあるマスカットスタジアムでは毎年かならず阪神が主催試合をおこなっている。

ただ、これだけ恵まれた環境にあると、どうしたって競争心は薄れてきてしまうだろう。そんなに冒険をしなくてもそこそこやって行けるからである。首都圏のようによりハードな環境のところに行きたいという人は、「お好きにどうぞ」ということになるわけだ。

愛郷心が薄いのも、岡山もほかの地域もそれほど変わりはないだろうという思いが心の底にあるからではないか。交通至便な環境にあることで、どこの地域ともそれほどシビアな距離感を感じていないのである。

岡山はまた、江戸時代から教育が盛んだったことでも知られている。一六四一（寛永十八）年、全国で「藩校」が最初につくられたのも岡山藩（初代藩主・池田光政が設けた花畠《はなばたけ》教場）である。

光政は、これまたわが国で初めてという、庶民を教育する学校（閑谷《しずたに》学校）もつくっている。

そうした伝統からか、江戸時代、寺子屋の数が全国で四番目に多かった（現在の熊本県、長野県、山口県が一〜三位）のも岡山県である（『日本教育史資料』文部科学省）。戦前には旧制高等学校、それもナンバースクール（六高）があった。当然、県民の知的レベルは高いにちがいないが、その半面、どうしても理屈っぽくなりがちだ。

かつて財界で「ミスター合理化」「荒法師」「財界総理」の異名をとった土光《どこう》敏夫（石川島播磨重工業、東芝で社長を歴任、経団連会長も務めた）も岡山市出身で、かつて鈴木善幸内閣の時代に第二次臨調（臨時行政調査会）会長、中曽根康弘内閣の時代は臨時行政改革推進審議会会長として行政改革に辣腕《らつわん》をふるった。国鉄や電電公社の民営化など、土光がいなければ実現しなかっただろう。そのときの土光は、あくまでも「理」を前面に出しながらの主張に徹したから、だれも異を唱えることができなかったようである。

といって、ただ単に理屈っぽかったわけではない。「生涯、電車とバスで通勤」「メザシと麦飯の朝食」に象徴される質素な暮らし向きに示されるような、みずから唱える「理」のとおりの実践があったからのことだ。

岡山人はまた、自分が中心になっていないとストレスを感じるようである。「年上の人のいうことには、自分をおさえても従うほうがよいと思う」と考えている人の割合が、日本一少ないのは岡山県である（ちなみに、いちばん多いのは青森県）。さらに、「本来自分が主張すべきことがあっても、自分の立場が不利になる時はだまっていることが多い」人の割合も、鹿児島県、高知県に次いで少ない（いずれも、ＮＨＫ全国県民意識調査による）。

スポーツでも、集団プレーより個人で黙々と励むもののほうが性に合っているのではないか。マラソンの有森裕子、体操の森末慎二、プロ野球で「送りバントの職人」といわれた川相《かわい》昌弘も岡山市出身であった。

川相は生涯最多犠打（二十四年間で通算五百五十二犠打）という、まことに地味な記録の保持者である。そうした真面目さ、目立たなくてもよいから、自分の思ったことを、まわりがなんと思おうが続ける――そのあたりに岡山人の本質がかいま見えるような気もする。

遊びよりも仕事に邁進

勤勉で真面目な岡山人だから、夜の繁華街もいたって健康的である。ギラギラしたネオンとは縁遠いというか、渋い感じの店が多い。当然、風俗営業には厳しい規制が設けられているようで、そうした類の店は広島市や瀬戸内海をはさんだ向かい側の高松市が引き受けている。たしかに、「晴れの国」にネオンは似合わなさそうである。

ひょっとすると、岡山人は大変な働き者なのかもしれない。事実、「働くということはつらいことだ」と思っている人の割合も少ない（全都道府県で四十位）。たしかに、江戸時代を通じて、藩主・池田氏は常に勤勉を説いてきた。ただ、その一方で学問をさせたから、働くにしても、いかにエネルギーを費やさずに仕事をするかということに腐心するようになったのだろう。合理主義にもとづいて事にあたろうとする傾向が強いのである。

日本で初めて、耕耘機《こううんき》を使うなど、農作業の機械化に挑んだのも岡山県人だという。いまでも、岡山市にはベンチャー企業が多い。ベンチャーから発展して巨大になった林原、ベネッセといった企業もある。

また岡山市は、石津謙介の出身地である。昭和四十年代、日本中の若者が影響されたアイビールックの本家本元＝ＶＡＮ（ヴァンヂャケット）の創始者でもある石津の功績は、「ＴＰＯ」という言葉を広めるなど、多大なものがある。

教育水準の高い岡山人は、情報に敏感である。石津の場合、それに付加価値をつけてビジネスに仕立ててしまう能力に長《た》けていた。アメリカ東部のエリート大学（通称「アイビーリーグ」）で学ぶ大学生の定番だったファッションを、日本ではどんな若者にも受け入れられるような仕掛けをほどこしたため、大ブームになったのだ。アイビーブームをきっかけに、ファッションにめざめた男性はけっして少なくないだろう。石津が出なければ、いまでも日本人男性の多くは十年一日のごとき〝どぶネズミルック〟で通していたかもしれない。

石津を生んだ背景には、この地で古くから盛んだった服飾産業がある。いまでもジーンズの半分以上は岡山県でつくられているし、事務用・作業用・衛生用衣服の出荷額でも全国一だ。だが、その前史として、学生服の生産がある。最盛期には、国内の学生服の九割が岡山県でつくられていた（いまでも三分の二近い）というから、ハンパではない。カンコー（菅公）とかトンボといった学生服の有名ブランドの本社も岡山市にある（ヨットは倉敷市）。

といって、岡山人がとりたてておしゃれなわけではないからおもしろい。「流行おくれのものを着たとしても気にならないほうだ」と思っている人の割合が岡山県は全国四十四位なのである。そうしたことに右往左往するより、仕事に打ち込んでいたほうが人生は充実するとの思いが強いのだろう。

岡山人が遊びより仕事に重きを置いていることは、岡山市最大の観光資源だろうと思われる後楽園を見ても感じられる。後楽園は日本三大庭園の一つであるだけに、たしかに素晴らしい。だが、できた当時は園内の大半が田畑だったのだという（七月にはお田植え祭もおこなわれている）。つまり、単に藩主が静養したり賓客を接待したりするためだけでなく、それなりに実用にも供されていたのである。

岡山藩を治めていた池田氏（後楽園をつくったのは四代藩主・綱政）の祖は尾張国出身で姫路城主だった池田輝政の次男＝忠継だ。輝政の母親は徳川家康の次女＝督姫だから、忠継は家康の外孫にあたる。となると、岡山人もいやおうなしに、質素勤勉を旨とする名古屋人の影響をたっぷり受けているわけで、生活の中心が仕事になるのも、納得できようというものである。

26 松江市

永遠に時計が止まったような街の好ましさともの足りなさ

お年寄り率ナンバーワンの、美しくスローな街

小泉八雲が愛した風景

冬のさ中に訪れたせいもあるのかもしれないが、れっきとした県庁所在地（島根県）であるにもかかわらず、本当にそうなのだろうかと首をかしげたくなるくらい、松江市は活気に乏しい。全国で六十五歳以上のお年寄り人口の比率がもっとも高い（四人に一人強）ということもあろう。

逆に、揺るぎのない秩序のようなものがガッチリ確立しているようにも思える。日本でいちばん国政選挙の投票率が高い――それも戦後ずっとである――ことからもそれは想像できそうだ。だが、それは裏返していうと、冒険心や好奇心が介在する余地がないことでもある。となると、外に向かうエネルギーが弱くなってしまうのもいたしかたないかもしれない。こう書くと、お年寄りから叱責《しっせき》を受けそうだが、松江―島根が山陰地方にあるということを考えれば、合点が行くのではないか。

ＪＲの松江駅を降り立つと、駅前は美しく整備されており、街中にはゴミがまったくない。タ

バコの吸い殻ひとつ落ちていないのには驚いてしまう。観光が唯一といってよいほどの収入源であることを考えると理解できなくもないが、よほど公徳心の強い人たちが暮らしているのではないかと思わされる。そして、これもまた活気の乏しさを増幅している。

もちろん、すぐ近く（出雲大社）に八百万《やおよろず》の神々がましますのだから、市民も、観光や商用で訪れる人もそうそう悪いことはできないだろう。また、神々のおかげかどうかはわからないが、松江市が面している、湖としては日本で七番目に大きい宍道《しんじ》湖の夕日は、全国一美しいともいう。

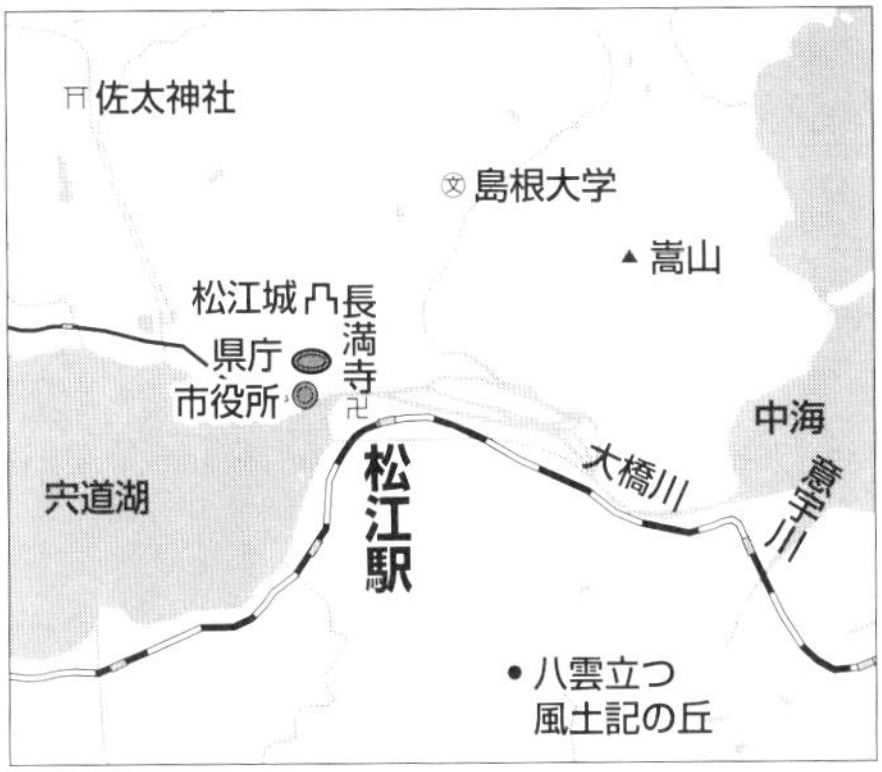

行ってみたい度	★★★
住んでみたい度	★★
刺激度	★★
いやされ度	★★★★
ガックリ度	★★

かつて小泉八雲（ラフカディオ・ハーン）がこの地に教師として赴任したとき、ひと目ぼれしたのも理解できるというものだ。

だが、その八雲も、わずか一年三カ月でこの地を去っている。理由は、とにかく寒い、ということだったそうな。ただし、奥さんはこの地で娶《めと》っている（松江の士族・小泉湊の娘＝セツ）。女性に限らずこの地の人は一様につつましやかで、人情豊か、また働き者である。その点、八雲は非常にラッキーだったかもしれない。

松江市は目立った産業がないせいか、人口も極端に少ない。県庁所在地としては山口市に次いで下から二番目である（二十万人を切っているのはこの二市だけ）。かといって、吹けば飛ぶようなところではない。

宍道湖の圧倒的な存在感によって「水郷」とも「水の都」とも呼ばれる松江市は、観光都市としての歴史が長い。いまでこそ観光は全国各地でまちおこしのキーになっているが、松江市は半世紀以上も前の一九五一（昭和二十六）年に「松江国際文化観光都市建設法」を制定している。このとき国際観光文化都市を宣言したのは奈良市、京都市だから、キャリアは長く、レベルも高そうである。国内外からの観光客の数は奈良や京都に比べれば少ないだろうが、街の美しさはどちらもかなうまい。ホコリっぽさがまったくないのである。

逆に、観光以外には何もないといってもいいだろう。産業らしい産業が皆無なのだから、それもやむを得ない。しかしそれだけに、観光に関しては行政のサポート体制がしっかりしており、細かなところまで手が及んでいる。自分の好きなように市内をめぐることのできる料金格安のバスが二種類走っており、観光客にはありがたい。だが、なんといっても出色は「堀川めぐり」だろう。

これは松江城のお堀を遊覧船に乗って楽しむというものだが、冬など、船の真ん中に掘りごたつがしつらえられており、雪でも積もっていれば、なんともロマンチックである。春も、サクラが花を開く時期は、大いに盛り上がりそうだ。富山城のお堀にも松川遊覧船というのがあるが、こちらは冬ともなると、予約なしでは運行してくれないから、それとはだいぶ違う。また、宍道湖畔にある県立美術館の一階にある大きなエントランスロビーからは、湖に沈む夕日が楽しめる仕掛けになっている。

お茶をたしなむ松江人

ところが、行政の側がそれほどまでに観光に力を入れているのに、肝心の松江人ときたら、えらくそっけないのである。観光は、究極のサービス業である。いかにしてリピーターを増やすか――それこそが、観光都市として成り立っていくかどうかの分岐点になるのではないか。

ところが、松江の人々はサービス精神となるとどうも苦手のようだ。人柄はけっして悪くはないのだが、口下手なのだろう。だから、宣伝力が弱い。これだけ美しい景色があり、おいしい食べ物があり、行き届いたサポート体制があるのに、なんとも惜しいことである。

冬など、魚介類をはじめ食べ物が年間を通じていちばんおいしい季節なのだが、私が訪れていた三日間も、人の姿はまばらであった。だから、いまひとつ気分が高揚してこない。道路を走るクルマもまばらといっては失礼だが、非常に少ない。人口密度が高すぎるのも考えものだが、低すぎる（三百六十五人。東京都＝五千五百六十四人の約十五分の一）のも、寒々しい感じがする。

松江市は島根県でも旧出雲国に属するが、出雲人の気質としてよく指摘されるのは、「排他的」「保守的」「無口で、思っていることをはっきりいわない」「控え目で表情が乏しい」などである。五木寛之は「松江は永遠に静かなくすんだ町なのだろう。上品といえば上品だが、それだけになまなましい人間悲喜劇のエネルギーは外目には感じられない土地だ。そこが松江の良さでもあり、また物足りなさでもあるだろう」（『地図にない旅』）と評しているが、ひとことでいうなら地味なのである。目立つことを嫌う、自分をアピールしたり売り込んだりすることを潔《いさぎよ》しとしない気風も、それと重なり合いそうだ。

市内観光の目玉となっているのは松江城である。豊臣秀吉に仕えた堀尾吉晴《よしはる》が一六一一（慶長十六）年に築いたものだ。その後、堀尾忠氏、忠晴、さらに京極《きょうごく》忠高が城主となったが、京極氏も家が絶えてしまったため、松平直政（徳川家康の次男＝結城《ゆうき》秀康の三男）が信州松本から移封され、以後、十代二百三十四年間にわたって松平氏が治めることになる。徳川氏の系列だから、その本質に愛知県人的な資質を備えていることは十分想像される。宣伝・アピールが下手なのは、そうしたことが影響しているのかもしれない。

その七代目が名君といわれた不昧公《ふまい》・松平治郷《はるさと》である。松江城では毎年秋、市民参加の大茶会が催されるそうだが、松江人はお茶がことのほか好きだという。イギリスではないが、古くから続いている会社や商店、また家庭で、午後三時になるとお茶の時間を持ち、きちんと抹茶を立てるというのだからハンパではない。ボトル入りお茶の消費量は全国でも最下位に近い。お年寄りが多いから、本当のお茶がよく飲まれているということでもある。

それにしても、なぜ松江でお茶が……というと、治郷が無類のお茶好きだったからである。治郷はお茶だけでなく、食べ物にもめっぽう造詣が深いことで知られる。

治郷はそれまで財政が困窮していた藩政を、家老に朝日茂安（丹波）を起用して改革をおこない、一気に好転させる。もともと政治より茶道を好んだ治郷は、それで安心したのかどうかはわからないが、その後は茶道の振興に熱を入れ、みずから大部の研究書まで書き残している。また治郷は、それまで道具にばかり偏る傾向のあった茶道に対し、形式にとらわれない不昧流を提唱、一般庶民にも広げた。お茶が盛んなところにはかならず多くの銘菓が生まれる。たしかに、市内にはやたらお茶菓子の店が多い。

実際、松江市は京都、金沢と並んで日本三大和菓子処の一つとしても知られ、いまなお続く「山川」「若草」といった高級茶菓子の産地である。なかでも、落雁の一種である「山川」（風流堂）は、大和屋の越乃雪（新潟県長岡市）、森八の長生殿（石川県金沢市）とともに、「日本三大銘菓」の一つに数えられている。

これほどお茶をたしなむ人が多い松江だから、ここにいると時間がゆっくり進んでいるような感覚にとらわれる（要は、万事にスローということなのだが）。結局、松江というところは、明治維新あたりで時計が止まってしまっているのかもしれない。

たしかに、明治になって日本全国津々浦々で鉄道が敷かれていったのに、この松江に米子からの鉄道が通じたのは、一九〇八（明治四十一）年のことである。山陽エリアに比べると二十年も遅れている。その結果、この地方は近代資本主義的な産業構造とほとんど無縁のまま、今日まで来てしまっているのである。

27 広島市

けっしてガラは悪くはない
瀬戸内海のようなのどかさと淡白な気質

路面電車の発達は全国一

サミットを開くべき地

この街で生まれ育ち、いまは別のところで暮らしている人はどうかわからないが、初めて行くとき、いくばくかの緊張感をともなうのが広島市である。近ごろは中学や高校の修学旅行で広島を訪れる人も多いと聞くが、それは「平和教育」を兼ねてという観点があるからだろう。だが、そうした経験のない私のような者にとっては、「ここが、あの原爆を落とされた（かつての軍都）広島なんだ（広島市には戦前、大本営があった）」という感慨をぬぐい去ることができなかった。そして、これは多くの人に共通しているのではないか。

広島の地を初めて踏んだのは、もう二十年ほど前のことである。以来、いずれも出張ではあったが、何度行ってもそうした緊張感は消えない。とくに、原爆ドームを目にしたときは、いわくいいがたい思いにとらわれる。サミット（先進国首脳会議）をなぜこの地で開かないのか、不思議でならない。原爆ドームを目の当たりにし、原爆資料館を見学し、平和記念公園の碑の前にたたずめば、世界のリーダーたちの考え方もたちどころに変わるのではないかと思うからだ。

その広島市が政令指定都市になってもう三十年近くが経とうとしている。長らく中国地方最大の都市でありつづけているから、たたずまいもそれらしい。オフィスビルやマンションといった高層の建物も多いし、戦災に遭《あ》った都市の常として、道路の幅も広い。駅前を走る路面電車（広島電鉄）もご愛嬌といった感じで、それが地方都市らしいのどかさをとりたててかもし出しているわけではない。基本的にはビジネスの街なのだろう。

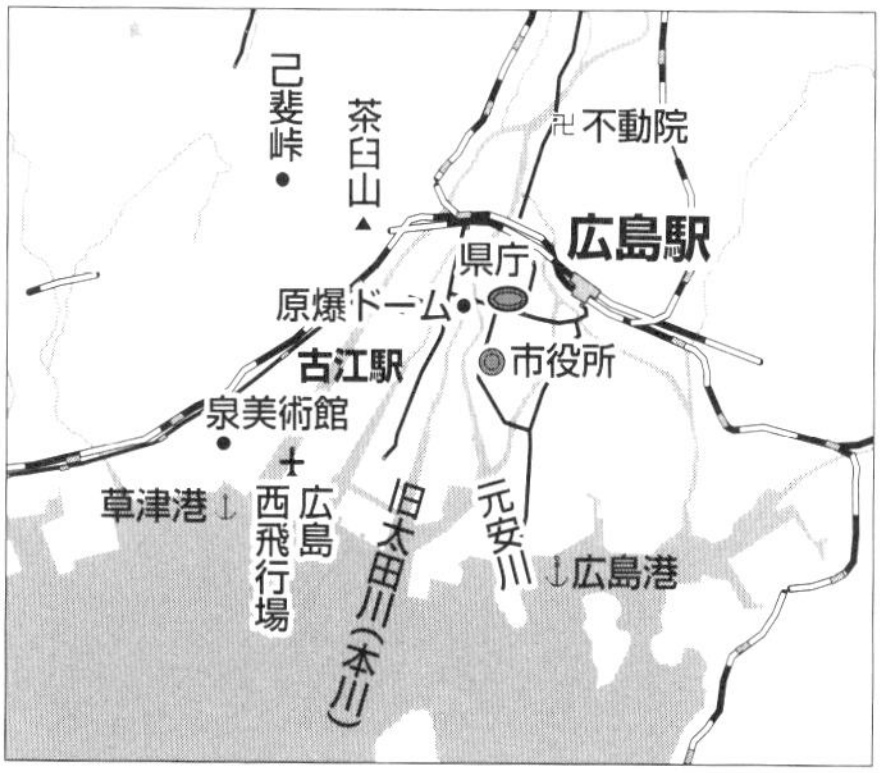

行ってみたい度……………………………★★★
住んでみたい度……………………………★★★★
刺激度……………………………………★★★
いやされ度………………………………★★
ガックリ度………………………………★★

だが多くの人は、原爆、ヤクザの割拠、どちらかというと柄の悪いファンが多いプロ野球チーム、手堅い作戦で勝ちをつかむ広島商（最近はあまりお目にかからないが）、お好み焼き、もみじ饅頭、マツダなど、広島というと、断片的で脈絡のない事柄やものを思い浮かべるのではないか。何度か行くうちに、そのうちのいくつかは有機的に結びついていることがわかるのだが、それはそれ。この街の風土、人々の気質は昔もいまもさほど変わっていないのではないかという気がする。

瀬戸内海というおだやかな海に面しているだけに、気性も同じく温和でのんびりとしている。ビジネスの街とはいっても、東京のようにある種殺気立ったものは感じられない。人々の動きもいたってゆるりとしている。耳に飛び込んでくる「〜じゃけ」「のー」という、この地独特の方言も、そうした印象を強めるのにひと役買っていそうだ。

それにしても、広島は、映画『仁義なき戦い』（深作欣二監督）の印象からか、ある意味でハンディを背負っている都市である。「史実をもとに」ということを強調していたからよけい、広島イコール「ヤクザの街」といったイメージがインプットされたままでいる人も多いにちがいない。もちろん、作品に描かれた話は遠い過去のことで、いまとなってはそんなことがあろうはずもないのだが、映画のほうは視覚的にも音声的にもきわだったリアリズムに訴える手法でつくられていただけに強烈なインパクトがあった。

現在の広島市にヤクザは一人もいないということもないだろうが、実際には、薬研堀《やげんぼり》、流川《ながれかわ》町といった、中国地方最大といわれる歓楽街を歩いても、それなりの猥雑《わいざつ》さはあるものの、危なっかしい雰囲気はほとんどないし、少なくとも東京・新宿の歌舞伎町よりは安全そうである。むしろ、「えーっ、これが広島の人なワケ?」と、肩すかしを食らう人のほうが多いかもしれない。

芸能界、スポーツ界に人材を輩出

さて、そんな広島市だが、路面電車が全国でいちばん発達しているユニークな都市である。市内はもちろん、遠くは宮島（廿日市市《はつかいち》）まで行っているのだからハンパではない。人口百万人以上の都市でこれほど路面電車が走っているところはほかにない。一九一〇（明治四十三）年の開業以来、一度も規模を縮小することなく、市内に八路線、それに宮島線を加え九路線が今日もなお走っている。富山市のところでも触れたが、これから先ＬＲＴ（ライトレールトランジット）化も進みそうだから、近い将来は都市交通のお手本になるかもしれない。

昭和四十年代半ばから五十年代初めにかけてモータリゼーションが大きく進む中、この地でも路面電車廃止の声が高まったようだが、広島電鉄がそれをなんとか抑え込んだ。

広島は江戸時代まで安芸《あき》国に属していた。この安芸国の人々の気質について、次のような指摘がある。「人の気質実多き国風なれども、気自然と狭くして、我は人の言葉を待ち、人は我を先にせんことを常に風儀として、人の善を見てもさして褒美《ほうび》せず、悪を見ても誹《そし》る儀もなく、唯己々《ただおのおの》が一分を振舞ふ意地にして抜きんでたる人、千人に十人とこれ無くして、世間の嘲哢《ちょうろう》をも厭《いと》はざる風儀なり」（『人国記』）。

要は、あまり人のことをとやかくかまわず、わが道を行く人が多いということなのだろうが、それもやはり温暖な気候のせいかもしれない。また、街そのものが市内を流れる旧太田川（本川）のいくつかの三角州にできている。いまの市街地はかなり広大だが、旧市街は三角州の中だけであった。毛利輝元がつくった広島城も、その真ん中に建っている。

おもしろいことに、広島はそれほど古くから開けていた街ではないのだ。もともとは吉田（現在の安芸高田市）という、中国山地に抱かれたところにある山城を拠点にしていた毛利氏が戦国時代、輝元の代に入ってから勢力を伸ばしはじめ、最終的に中国地方のほぼ全域（安芸・周防《すおう》・長門・備中・備後《びんご》・因幡《いなば》・伯耆《ほうき》・出雲・隠岐《おき》・石見《いわみ》）を領有する大大名に成長していった。その過程で、毛利元就《もとなり》が瀬戸内海まで進出してきたのを機に、広島城を新たに築いたのである。

だが、関ヶ原の合戦で秀吉に組した毛利氏は、江戸幕府になってからいまの山口県に封じ込まれてしまった。その後、広島城に入ってきたのは福島正則（尾張名古屋出身）である。福島正則は広島の街を城下町としてみごとに整備したが、幕府に断わりなく城を大きくしたためおとがめを受け、転封・改易されてしまう。それにより、紀伊和歌山から入ってきた浅野長晟《ながあきら》も、尾張出身である。長晟は家康の次女（振姫）と結婚していたこともあり、将軍家とのつながりが深い。当時警戒の対象であった毛利氏を牽制する意図があったにちがいない。

それにしても、広島の地がこうまで深く、尾張—名古屋と縁が深いのは興味深くないだろうか。最近でこそあまり聞かなくなったが、かつてプロ野球のファンでいちばん柄が悪いのは中日（名古屋）と広島だといわれていた時代がある。

いまでもそのなごりは多少ありそうだが、ホームゲームで負けでもしようものなら、相手チームの選手が乗ったバスを止めるようなことを平気でする。警官隊が出動したことも少なくない。また、シーズンも後半になり、チームに優勝の望みがなくなると、球場にまったく足を運ばなくなるところもよく似ており、両都市には一脈相通じるものがあるのかもしれない。

かつて広島カープのコーチを務めたこともある広岡達朗は、自身、広島県呉市の出だが、「広島にないのは地下鉄とマナーだけだ」と語ったという。たしかに、ファンの行動を見ればそういう言葉が口をついて出てくるのも納得できる。だが、それが名古屋と通底していたとは、なんともおもしろい。

地元を離れ、海外でひと旗揚げる

名古屋の場合、徳川御三家が治めており、「平均」「標準」からはみ出すことがなかなか許されない気風が強いが、広島はその点、江戸からも遠いし、徳川家そのものが治めていたわけではない。だから、名古屋流のものの考え方や行動パターンと共通するものが多少はあるにせよ、その密度はかなり薄くなっているだろう。

それは、地元を離れようとする傾向が強いのを見てもわかる。名古屋出身者の多くは最終的に名古屋に戻りたがる。だが、広島の場合は、むしろ地元を離れよう、果ては外国に行ってひと旗揚げようという人が多いのだ。

一八八五（明治十八）年から十年間で、なんと十一万人以上もの広島県人がハワイへ渡っている。これは二位の熊本県（四千二百人余）をはるかに上まわり、四十七都道府県中、断トツである。その後も、アメリカ本土、南米、台湾、朝鮮、中国などアジア諸国、また国内でも北海道に移り住んだ人の数は相当なものがある（札幌市の隣にある北広島市がそのなごり）。

もちろん、その当時の広島県が経済的に厳しい状況で、背に腹はかえられないということもあろうが、それにしても、海外に出るというのはけっして尋常な決断ではない。広島人は、楽天的で淡白、冒険心（度胸といったほうがいいかもしれない）に富んでいるのであろう。一人で放り出されても生き抜いていける芯の強さ、生活力の強さともいえる。

それゆえ、広島市は芸能界やスポーツ界に多くの有名人を輩出している。芸能界では杉村春子、平幹二朗、風見しんご、新藤兼人、二葉あき子、扇ひろ子、西城秀樹、矢沢永吉、奥田民生などがいる。また、三宅一生、森下洋子も広島市出身だ。スポーツ界では、山本浩二、達川光男、金本知憲、木村和司、田中秀道、為末大、森島寛晃など、いずれも存在感の強い面々ばかりである。文学の世界には阿川弘之、直井潔、鈴木三重吉などがいる。

皆、芯の強さを感じさせるし、どこか偽悪ぶったところや斜にかまえた雰囲気を感じさせる人もいる。もともとが温暖な自然環境、のんびりとした風土の中で、自身の内に眠る闘争心を引っ張り出すのに、そうした面をわざとうち出すことが必要だったのかもしれない。もっとも、そうでなければスポーツ界や芸能界では生きていけないということもあるのだろうが……。

岡山市も江戸時代、尾張出身の池田氏が治めていたが、こちらは代々、学問を好み、また勤勉を人生訓にすえているような殿様ばかりである。早々と藩校もつくり、一般庶民に対してもそうした教育をほどこしたことについては、岡山市のところで述べた。当然、商人稼業というのを低く見ていたにちがいない。

　これとは対照的に、広島の浅野氏は同じ尾張出身で学問を好みはしたが、それを家臣や領民に強いることはしなかった。むしろ、積極的に経済活動を奨励、カキ、鉄、備後表（タタミ）や安芸木綿、塩などの特産品を育てていった。それがこの地に、尾張の気風とは一線も二線も画す自由闊達《かったつ》さ、積極性をはぐくんだのではないか。

　ただ、道徳観念は全国でもきわだって伝統的なところがある。「どうしても許せない悪いこと」として、広島県人は「他人にウソをつくこと」（四十七都道府県で二位）、「夫婦の間以外の性的関係」（同一位）、「かけごと」（同九位）の三つすべてについて、全国平均を上まわっている（NHK全国県民意識調査）ことからもそれがわかる。

　広島人は、そういう気風の自分たちが好きなようで、とにかくお国自慢をしたがる。何かにつけて、「広島じゃけ」という言葉が出てくる。首都圏や関西などに出ている広島人は、しきりに同郷人どうしで集まるし、他県の出身者に対し、広島出身の著名人や社会で成功している人について自慢する。でも、それだけ郷土に誇りを持っているのは、ある意味でうらやましい。

　ただ、団結して何かを成し遂げるとなると、あまり得意ではないらしい。おだやかな瀬戸内式気候で、「そこまでシャカリキにならなくても……」という、あっさりした気質がつい顔を出してくるのではないだろうか。ほかの地域から移り住んできた人に対し広島人化することを強いたりすることもない。その分、名古屋などより「都会」としては成熟している気がする。

28 松山市

おだやかで余裕が感じられる城と湯と文学の街

人間関係が気楽な四国最大の都市

あふれ返る「坊っちゃん」ブランド

街のどこを歩いていても城が見えるというのは、日本人にとってはなぜか気分がいいものである。松山市もそうで、城をつくったのは三河国出身の加藤嘉明《よしあきら》である。賤ヶ岳《しずがたけ》の合戦で七本槍の一人として活躍、その後、文禄・慶長の役で手柄を立てた功により、豊臣秀吉から伊予正木（現在の松山市松前町《まさき》）六万石を安堵《あんど》された。

関ヶ原の合戦では徳川家康について、二十万石に増え、新しく城を建てることになったのだが、その場所に選んだのがいまの松山市内にある勝山という山であった。勝山は標高が一三二メートル。ほかの都市の城に比べかなり高い位置に建っているため、いやでも目に入ってくるというわけだ。

また、中心街からタクシーで一〇分足らずのところに温泉（道後温泉）があるのも、本当にうらやましい。平成の大合併前には、その名も「温泉郡」という郡があったほどで、四国のなかでも豊富な湯量を誇る土地であった。

それともうひとつ。正岡子規の生誕地でもある松山は、通りのそこここに俳句ポストが設置されているのが目につく。一句浮かんだら、いつでも気軽に投げ込んでくださいということだそうだ（定期的に集められ、年に何回か優秀作が表彰されるらしい）。子規門下の高浜虚子《きょし》、河東《かわひがし》碧梧桐《へきごとう》も松山人だし、中村草田男《くさたお》も小中高校時代を松山で過ごしている。そのほか、石田波郷《はきょう》、柳原極堂《きょくどう》も松山市生まれで、俳句に関しては錚々《そうそう》たる名前ばかりである。

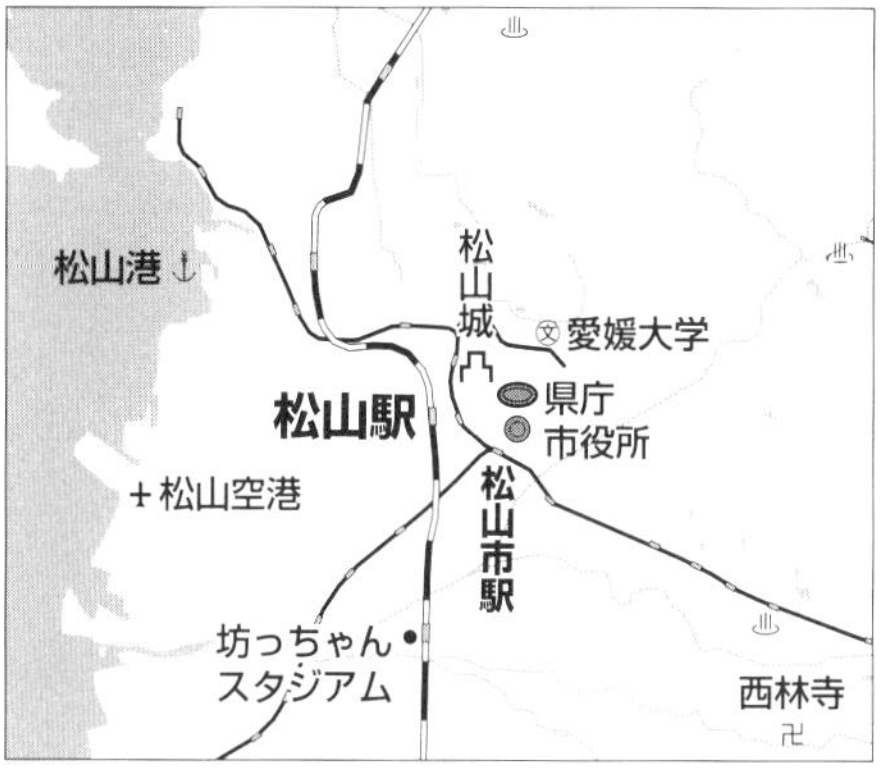

行ってみたい度	★★★★
住んでみたい度	★★★★
刺激度	★★★
いやされ度	★★★★
ガックリ度	★

というわけで、松山市は「城と湯と文学の町」という謳《うた》い文句で、観光都市であることを人々にアピールしている。

文学がらみではもう一つ、「坊っちゃん」も松山市の自慢のようである。この地が夏目漱石の小説『坊っちゃん』の舞台になっているからだが、それにしても、野球場から文学賞まで、「坊っちゃん」ブランドがあふれ返っているのには恐れ入る。

その点は、同じ四国・高知の「坂本龍馬」とどっこいどっこいかもしれない。ただ、実在の人物と小説の主人公とでは、やはり心理的な距離が違うのだろう、当の松山人でさえ、いかがなものかと心の底で思っている人も少なくないようである。

松山市はまた、日本初の百パーセント民間出資という伊予電鉄の路面電車が主だったところを走っているが、それがまた西日本の地方都市特有ののどかさを増幅するのにひと役もふた役も買っている。JR松山駅の駅舎も、明治時代を彷彿させるノスタルジックな外観が〝売り〟だ。

松山城をつくった加藤氏は会津に転封となり、蒲生氏郷《がもううじさと》の孫・忠知が山城から入国したが、子どもに恵まれずお家断絶。そのため桑名から松平（久松）定行（家康の異父同母弟）が任じられて城主となり、明治維新までずっと松山藩を治めることになる。親藩だったこともあり、藩政は江戸時代を通じ安定していた。そうした歴史に加え、瀬戸内海に面して気候も温暖だから、人々の気性は総じて温和である。これといって大きな産業があるわけではないが、現在四国最大の都市（人口五十一・五万）で、街にも活気があり、東京や大阪の流行もそれほど時間をおくことなく、伝播《でんぱ》してきているようである。

城下町というのは概して、お高く止まっている面があるものだ。また、見栄を張ったり、カッコをつけたりなど、どこかよそよそしさがぬぐい切れないところもある。でも、松山の場合、そうしたものはほとんど感じられない。ごく素朴で素直な人たちが集まっているのではないだろうか。こういうところには、人も集まってきやすいにちがいない。

司馬遼太郎によると、南海道（紀伊と讃岐《さぬき》・阿波・伊予・土佐の四国全県）のエリアは「上下なし」といって、「母系社会的で、人間関係が気楽にできて」いるという。なかでも伊予（愛媛県）の場合、とくにのんびりした気質だから、そうした細かなことにはあまりこだわりがないのだろう。

言葉もおだやか、行動もおだやか、生き方もおだやか。万事に感じられる余裕が、観光都市でありながら、古くからの観光地によく見られるセンスのなさ、一回こっきりしか来ないであろう団体客を相手にこすっからい商売をするいやらしさをほとんど払拭《ふっしょく》しているように思える。

松山の誇り、正岡子規

松山は、四国の人々にとってはまた違う受け止められ方をしているかもしれないが、全国的に見ると、高校野球の松山商を通じてくらいでしかなじみがないといっていい。それも最近は、市内の学校が出てくることが少ないから、以前に比べいっそう距離感がある。

そうしたこともあって、いまひとつ実感できない部分も多いのだが、実はたいそう古くから開けていた地域なのだ。道後温泉など、「三千年の歴史を誇る日本最古の温泉」だという。聖徳太子や舒明《じょめい》天皇、斉明天皇、天智《てんじ》天皇、天武天皇など、多くの皇族も訪れているし、山部赤人《やまべのあかひと》や額田王《ぬかたのおおきみ》が詠《よ》んだ「熟田津《にぎたつ》」の歌も残っているというから、筋金入りである。

これは、古くから主要な国内交通路だった瀬戸内海に面している地の利もあり、それこそ邪馬《やま》台《たい》国や吉備《きび》国の時代から、この地には西日本各地の人が出入りしていただろうし、さらには大陸からやってきた人たちとも交流があったと推測できる。それだけにさばけた人が多いにちがいない。何ごとにつけあくせくしないところも、そうした中でつちかわれたものだろう。

ただ、夏目漱石は『坊っちゃん』の中で、松山と松山人をそれこそケチョンケチョンにこきおろしている。とにかくスピーディーというか、テキパキ進めないと落ち着かない東京人の英語教師「坊っちゃん」にとって松山は、洗練されていない、あるいはあまりにゆるりとしすぎているように感じられたのだろう。

「坊っちゃん」の松山に対する第一印象は、「野蛮」であった。そして、「気のきかぬ田舎者」ばかりで、「こんな所に住んで御城下だなどといばっている人間はかあいそうなものだ」と、もう言いたい放題にくさしている。あげくのはては、「古い前世紀の建築」の県庁だの、「神楽坂を半分に狭くしたぐらいな道幅」の大通りだの、いいがかりとしか思えないようなことまでいう。

だが、そんな漱石に対してさえ、松山人は怒りを感じていないようである。それどころか、「坊っちゃん」を地域ブランド化し、徹底的に活用してさえいる。ふところが深いという見方もできるだろうが、要は単なるお人好しでしかないのではないかと思ってしまいそうだ。

漱石の松山・松山人に対するなんとも辛辣《しんらつ》な評価は、一高（東大の予備門）時代の同級生である正岡子規に対するコンプレックスの裏返しだという説もある。逆にいえば、子規はそれほど優秀だったのかもしれない。だからこそ子規は、松山の誇りなのである。「俳句の町」を自認しているのも、もちろんそのためだ。道後温泉のすぐ近くにある正岡子規記念博物館には、子規のさまざまな作品も展示されているが、次の句を目にしたときは感心した。

「世の人は　四国猿とぞ　笑ふなる　四国の猿の　子猿ぞわれは」

四国、なかでも松山は、模倣はうまいが「創造性」にははなはだ乏しいという評価でもあったのだろうか。それを逆手にとったこの句は、なんとも痛快である。

たしかに、弘前―津軽などとは正反対といってもいい、松山市のような温暖な気候風土では、小説家も育ちにくいだろう（それでも、伴野朗《とものろう》、天童荒太《あらた》は松山市出身）。渡辺淳一がロサンゼルスを初めて訪れたとき、「ここじゃ、小説は書けないね」と語ったそうである。「こんなに温かくて、空気が乾燥したところに暮らしていては、創造力はかきたてられない」ということらしい。

文学のなかでも小説は、想像力―創造力だけが執筆のエネルギー源といった感じがする。子規の唱えた作風は、創造力より目の前の現実に重きを置け（これを「模倣」と表現することもできそうだ）ということだが、そうした考え方に傾くのも理解できる。

娯楽に長《た》けた松山人

闘争心とでもいうのか、心身のエネルギーをふりしぼって作品をつくりあげるギリギリの創造力のようなものとは松山人は縁が薄そうである。だが、もっとお手軽な分野となると、そうでもないのではないか。そういえば、野球拳が生まれたのもここ松山である。

一九二四（大正十三）年、伊予電鉄野球部が香川県の高商・高中クラブ連合に負けた夜、懇親会でのかくし芸大会で雪辱《せつじょく》を果たそうと即興で考え出されたのだという。考案したのは、野球部副監督の松山人だそうだが、野球拳はその後全国に広まり、宴会芸の定番となった。

また松山人にかぎらず愛媛県人は、「趣味・娯楽に費やす時間」が日本一長いし、「テレビや印刷物などのメディアを楽しむ時間」も第二位だ。逆に、「仕事」「学業」の時間はともに四十四位である。「通勤・通学」にかける時間は全国でいちばん短い（いずれも総務省統計局「社会生活基本調査（平成十三年）」による）。

自分の自由になる時間をそれだけ確保できれば、ものの考え方もしっかりしてくるだろうし、さまざまな情報も集めることができそうだ。「流行おくれのものを着たとしても気にならない」と考えている人が愛媛県はいちばん多い（ちなみに、いちばん少ないのは福島県）が、だからといって、ダサい服装の人が目につくわけではない。

むしろ自分なりのセンスのよさで勝負しようとしている人の姿が目につく。名古屋人のように有名ブランド商品に頼ろうとするふうはないし、大阪人のように、他人を押しのけてでも自分が目立とうという派手さや強引さも感じられない。そのあたりは、同じ四国でも、大阪の影響が強い徳島市などとはかなり趣《おもむき》が異なる。

日露戦争で活躍した秋山好古《よしふる》・真之《さねゆき》の兄弟（司馬遼太郎『坂の上の雲』の主人公）も松山出身である。二人とも、戦時中の自身の行動について自慢げに口にすることは一度もなかったという。東京に比べればもちろん見劣りするだろうが、いい意味での都会性というか、スマートで成熟した感性が感じられるといったらほめ過ぎだろうか。

ソフトをアピールしたい**鳥取市**
浮世離れした印象の**山口市**

県自体の人口が六十・四万人と全国で最少だから、県都・**鳥取市**も二十・一万人とこぢんまりしている。それも、平成の大合併で六町二村を併合したからであって、それ以前はわずか十五・一万人であった。

　鳥取といえばやはり砂丘だが、観光スポットとしてはこれくらいしかない。あとは摩尼寺《まにでら》と鳥取城跡だろうが、砂丘というのも、一度見ればいいわけで、リピート需要を掘り起こすにはインパクト不足である。とりたてて産業もないだけに、観光でやっていくしかないが、そうなるとソフト勝負ということになる。一〇三センチ反射望遠鏡やプラネタリウム、それに宿泊施設まで備えた国内有数の天文台（さじアストロパーク）など、都会では絶対に味わえない天体との接近が実現できる施設なのだから、もっとアピールしてもいいのではないか。

　山口市は県庁所在地のなかでもっとも人口が少ない（十九・一万人）。だが、観光・文化的資源となるとふんだんにある。戦国時代は大内氏の城下町として「西の京都」と呼ばれていた。京都からも多くの文化人が訪れていたし、大内氏がキリシタン大名だったこともあり、フランシスコ・ザビエルも来るなど、外国との接点も少なくなかったからだ。

　そのせいだろう、一種独得の雰囲気というか、どこか浮世離れした印象がある。これは、経済活動を下関市、宇部《うべ》市、周南《しゅうなん》市など瀬戸内海に面した都市が担っており、山口市は文化と観光、それと行政に特化された街だからである。その分、いやされ度はかなり高い。

29 高知市

かつての酔っぱらい天国から脱して懐かしいまちづくりで売り出せ

ビールの年間消費量は、断トツの全国一位

桂浜から見る太平洋の雄大さ

高知の空港（所在地は南国市）は、その名も「高知龍馬空港」という。以前は高知空港という、ごくありきたりの名前だったが、二〇〇三（平成十五）年、めでたく改名が実現した。欧米では、パリのシャルル・ド・ゴール空港やニューヨークのカーネギー・ホールなど、公共施設に人名をつけるのはそれほどめずらしくない。その点、高知の「龍馬」は日本で初めてのことで、これから先、花巻「宮沢賢治」空港とか鹿児島「西郷隆盛」空港などができるかもしれない。

空港だけでなく、高知ではとにかく、「坂本龍馬」が絶大なブランドになっている。店の名前から、日本酒、焼酎、キーホルダー、人形、湯のみ、灰皿、携帯電話用ストラップ、ライターまで、とにかく「龍馬」のオンパレードといっても過言ではない。

では、高知の人たちが皆、坂本龍馬のようなキャラクターなのかというと、かならずしもそういうわけではなかろう。とはいえ、市の中心部からバスで三十分ほどのところにある桂浜に行け

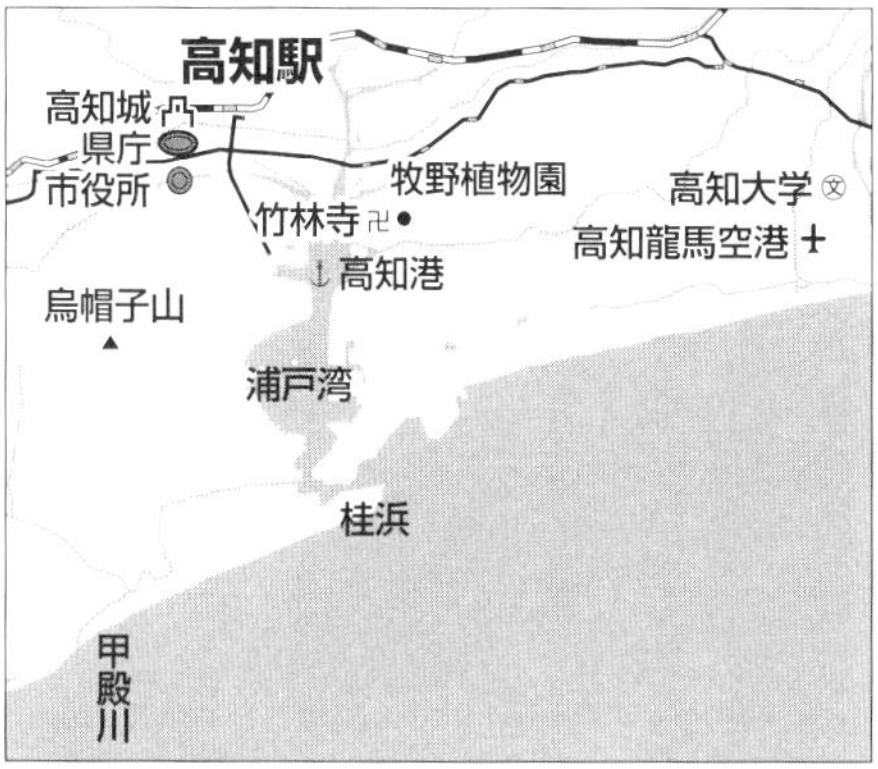

行ってみたい度……………………★★★★
住んでみたい度……………………★★★
刺激度……………………………★★★★
いやされ度…………………………★★★
ガックリ度…………………………★

ば、多くの人が「なるほど、これだから、龍馬はこの地から出たんだ」との思いを抱くにちがいない。桂浜から見る太平洋の雄大さに比べると、島国日本のちまちました争いごとなど、龍馬ならずとも、ちゃんちゃらおかしいものに見えたはずである。龍馬の発想は、今日的な言い方をすればボーダレス、グローバルなものであった。空港の名前をさしたる抵抗もなく変えることができたのも、高知人がそうした感覚をいまなお強く持っているからにちがいない。

龍馬を生んだ高知は、戦国時代まで長宗我部《ちょうそかべ》氏が治めていた。長宗我部氏は関ヶ原で西軍についたためこの地を追われ、代わって尾張出身の山内一豊《やまのうちかずとよ》が遠州（静岡県）掛川からやってきたのは一六〇一（慶長六）年のことである。通常、他国から入ってきた大名は、それまでその地を治めていた大名の家臣を数多く雇用する。だが一豊は、重要なポストを外部から集めた人材で固めるとともに、旧長宗我部系の武士に対し徹底的な対決姿勢で臨む。一豊系は「上士」、それ以外は「郷士」と呼ばれ、同じ武士でも厳格な身分差があった。だが、旧長宗我部氏の家臣の多くはこれに反発、それが後々まで尾を引き、藩内に根深い確執として残った。

地図を見れば一目瞭然だが、高知県の南側は全面的に太平洋に面し、北側は険しい四国山脈にふさがれている。高知県の全面積の八三・八パーセントは林野で、これは日本一だ。平野らしい平野は、高知市周辺にしかない。その狭い平野でそうした確執がくすぶりつづけたわけだが、さしもの太平洋もそれを洗い流すことはできなかったようだ。

それにしても高知城は、土佐二十万石の城主が住まう城としてはいかにも小ぶりである。飾り気もなく、いたってシンプルな構造の平山城で、近くから写真を撮ろうとカメラを向けても、ファインダーの中に天守閣と追手門がすっぽり収まってしまう。関ヶ原では徳川家康に組したものの、もともとが豊臣秀吉の配下にいた山内一豊だから、痛くもない腹を探られる危険をおかしたくなかったのだろう。尾張の人間は何より冒険を嫌う。

地方都市にはまれな私立中学・高校の多さ

高知の郷士たちは皆、身分の高い上士に対し強い敵愾《てきがい》心を抱きながら二百六十年を生きてきた。その間ずっと、藩主・山内氏のような生き方だけはすまいと、肝に銘じていたのかもしれない。そのせいか、高知人には、いわゆる「お役人」タイプがほとんど見当たらない。

板垣退助、植木枝盛《えもり》、馬場辰猪《たつい》といった自由民権運動の闘士から、中江兆民、後藤象二郎、濱口雄幸《おさち》、大町桂月《けいげつ》、片山敏彦、安岡章太郎、宮尾登美子、横山隆一、黒鉄《くろがね》ヒロシ（出身は佐川町だが、土佐中学・高校卒)、西原理恵子、北村久寿雄《くすお》(一九三二年のロサンゼルス五輪水泳男子一五〇〇メートル金メダリスト)、広末涼子まで、錚々《そうそう》たる顔ぶれだが、共通するのは、どこかとがっているというか、一本、強い骨がびしっと通っているということである。在野というか、常に体制に対しても申しそうなイメージがある。といって、怖い感じがするわけではない。それは広い太平洋に面していることからくるおおらかさ、明るさによるものだろう。

この地方の男性を表現する言葉に「いごっそう」というのがある。高知の方言で、がんこ一徹・負けず嫌いを意味するのだが、かといってけっして強面《こわもて》なわけではない。常に周囲をなごませる余裕、あるいはユーモアがともなっている。

「官」を嫌うゆえだろうか、高知市内には、地方都市にはめずらしく私立の中学・高校が多い。全国的にいえることだが、私立の中学・高校が多いのは大都市、それも「都会」と決まっている。その点、県庁所在地とはいえ人口もたかだか三十三万余の高知市内には、先にあげた土佐中学・高校、高知学芸中学・高校、土佐塾中学・高校、高知中学・高校、土佐女子中学・高校など、高校野球や大学進学ランキングにさほど関心のない人でも、名前を聞けばすぐ思い出す有名校がある。しかも、どこも皆、文武両道というか、偏差値もかなり高い(高校野球の強豪・明徳義塾は高知市内ではなく須崎市)。

公立では県立の高知追手前《おうてまえ》高校がなんといっても有名だが、大学進学ということになると、私立のほうが圧倒的に優勢である。文部科学省の官僚によって決められた方針のもとで、どちらかといえば個性の乏しい教育しかほどこすことのできない公立校とは一線を画したかたちで、独自の教育をおこなおうとするのは、やはり「いごっそう」のなせる業《わざ》である。白黒をはっきりさせないとどうにも納得できないとなれば、私立の学校が多いのも理解できるし、それぞれが負けず嫌いの精神を貫き通せば、進学競争にも拍車がかかろうというものだ。

この負けず嫌いの精神は、日常生活でもしばしば顔を出す。たとえば、酒である。高知市は酒類の一世帯あたり年間消費金額が全国の都道府県庁所在都市（＋政令指定都市）のなかで、秋田市、新潟市、広島市に次いで第四位（二〇〇三〜〇五年の平均）となっている。秋田も新潟も、また広島も古くからの蔵元があり、日本酒の生産地として名高い。だが、高知の場合、蔵元の数は二十足らずと、さほど多くない。そもそも高知県は全国でも屈指の酒飲み県だが、それは高知市も同じで、ここでは酒を飲めないと一人前とはみなされないとさえいわれる。

宴会の最初にビールで乾杯というのは、どこででも見られる光景だが、そのビールもグラスを干すと、隣どうし、向かい合ったどうし、かならずお代わりを注《つ》ぎ合い、残さずに飲む。そのため、高知県はビールの一世帯あたり年間消費量が全国で断トツの第一位（第二位・新潟市、第三位・富山市に大差をつけている）である。ビールが終われば次は日本酒・焼酎、あるいはウイスキーということになり、そうしたものの一切をひっくるめて第四位なのだから、これは相当の量といえよう。

未婚者の割合が多いのはなぜ？

たしかに、飲み屋の数も多い。高知城の東側からJR高知駅の南側にかけての一帯が市内随一の繁華街エリアだが、土佐料理、魚料理を始めとして、居酒屋がこれでもかというほど並んでいる。お客の数も多い。筆者が高知を取材で訪れたのは日曜日だったが、昼間の買い物客の数より、夜、その種の店に入る目的で歩いている人の数のほうがはるかに多そうな印象を受けた。

しかし、これだけ多く酒を飲んでいると、他人事《ひとごと》ながら、生活（仕事）のほうは大丈夫なのかという心配も出てくる。また、健康状態についても気がかりである。

高知にかぎらないが、同じ日本でも南方系の人が多い地域というのは、どうしても働き者が少ない。むしろ、仕事は気が向いたときにすればいいといった考え方をしている人のほうが多いようだ。表向き働き者のように見える人ほど、心の底では大きなストレスを感じているにちがいない。いまの全国断酒連合会の前身ともいえる断酒新生会が一九五八（昭和三十三）年、全国に先駆けて結成されたのは高知市であった。

高知県では、四国では唯一、公営競馬もおこなわれている。デビュー以来百戦以上してもとうとう勝てず、そのまま引退した〝迷馬〟ハルウララで一躍全国にその名を知られるようになった高知競馬である。パチンコの設置台数も多い。おまけに大酒を飲むとくれば、どうしたって生産性は上がらない。

持ち家世帯比率や一世帯あたり乗用車保有台数も全国で最下位に近い。もっとも、これは考えようで、皆が皆、家を持たなくてはならないわけではないし、持てば当然のこと、住宅ローンの返済もあるから、かえって生活が不自由になるという見方もできる。クルマにしても同じことがいえそうだ。だが、これまた、意地悪い言い方をすれば、働かないのだから家も建たないと考えるのが自然だろう。

働かなければ、結婚するのもままならない。事実、高知市は人口に占める未婚者の割合が多い。三十代女性の既婚者割合は全国第四十一位で、これは東京など首都圏あるいはほかの大都市およびその周辺並みである。要は、安定した生活を保障してくれそうな男性が少ないからにちがいない。

仕事より酒、ギャンブルが好きなどというと、いったいどんな都市なのかと疑念を抱かれかねないが、治安の面でとくに不安があるわけではない。つまりは、それほどあくせくしなくても暮らしが成り立つようにできているのである。そして、本来なら仕事に向かうエネルギーが、酒を飲みながらの議論に差し向けられるということだ。口角泡を飛ばしての議論に全精力を使い果たしてしまえば、翌日の仕事もどうしたっておろそかになる。

バラエティー豊かな路面電車たち

地方都市特有の、どこかのんびりした雰囲気をさらに強く感じさせるのが路面電車である。一九〇三（明治三十六）年創業の土佐電気鉄道が走らせているのだが、なんとも個性的な車両が多い。それもどうりで、自社の車輌に加え、ヨーロッパ各国や国内の各都市（名古屋、福岡、下関）でその昔走っていたものまであるから、えらくバラエティーに富んでいる。

しかも、地方都市にしては運行本数が多い。市の中心部ともなると、まっ昼間でも三、四分に一本といった間隔である。東の後免《ごめん》から西の伊野まで総延長約二十二キロに及ぶ路線でも、二十分間隔で走っている。

クルマともバスとも異なる独得のリズム、音、震動で広い道路の真ん中（なんと二車線分）をゆるりと走る様を目にしていると、東京や大阪のサラリーマンのように、朝昼の別なく汗水をたらしながら小走りに走るのが、なんともばかばかしく思えてくるから不思議である。

熊本や岡山もそうだが、路面電車が市内を走っている地方都市というのは、総じて温もりを感じさせるし、時間の流れも遅いのではないかと錯覚しそうになる。昭和四十年代半ば、高度経済成長のまっただ中のころ、東京、大阪、名古屋、横浜、福岡など、大都市では路面電車が次々と廃止されていった。道路を走るクルマの数が異常に増え、路面電車がその走行を妨げるというのが主な理由だったようだが、実際には、「こんなのんびりしたものを走らせていたら、皆が仕事をしなくなるのではないか」という不安を抱いた経営者や高級官僚の一存で廃止させられたのではないかと邪推したくなった。

ところが最近は、地方都市での話だが、一度は廃止した路面電車を復活させようという動きが見られるという。日本の場合、最近とくにそうした傾向が強いのだが、どこの地方都市の駅に降り立っても、東京近辺のどこかで見たような景色、いわゆる「駅前」の典型的な姿が目に入ってくる。独特の個性を感じさせる地方都市はどんどん減りつつある。だが、東京のターミナル駅を模した没個性的な駅前ばかり見させられると、旅をする楽しみも半減しそうである。どこもかしこもステーション（駅）ビルにすればいいなどというわけがない。

その点、高知の駅前はまだ救いがある。比較的古めかしい駅舎のすぐ前に、路面電車の停留所があるからだ。その周囲にこじんまりとしたタクシーやバスの乗り場があり、電車を降り、改札を抜け駅舎から街に出たとき、どこかほっとするものを感じさせる。

これを「駅前再開発」という、いかにももっともらしい名前のもと、無機質なビルや一見美しい駅前広場（ロータリー）のようなものをつくったとたん、どんな歴史ある地方都市も、その個性を失ってしまう。熊本駅や富山駅のように、路面電車に合った駅前の姿というものがやはりあるのではないか。高知市も、市内を走る路面電車の持ち味を生かしながら、より魅力的なまちづくりを実現してほしいものである。

早くから観光に力を入れてきた倉敷市
広島県内で異彩を放つ福山市

倉敷市が観光都市として注目を浴びはじめたのは一九七〇年代初めからである。当時としては（いまでもそうだが）珍しい、赤レンガ造りの紡績工場をホテルに改装したアイビースクエアが話題を呼び、全国から多くの人が訪れた。街のなかに美観地区を設けるなど、先進的な施策が功を奏し、いまでもにぎわいを見せている。

人口も四十七・一万人で、これは中国地方では三番目に大きい。ただ、もともと商業で栄えていた倉敷市と、工業都市の玉島市（水島地区の重化学コンビナートが有名）、児島市（ジーンズ、制服の一大生産地）が対等合併してできた（一九六七年）こともあり、名前は倉敷市だが、いまひとつ一体感に欠けるきらいがある。

広島県第二の都市・**福山市**は、人口規模（四十六万人）のわりに地味ではあるが、県内では異彩を放つ個性的な街である。明治の廃藩置県で一時期、岡山県に編入されたことがあるなど、もともと広島より岡山、さらに関西方面とのつながりが強いことも影響しているようだ。いまでも広島市に対するライバル意識は強い。

初代福山藩主が三河（愛知県）刈谷城主だった水野勝成《かつなり》（徳川家康のいとこ）だったこともあり、言葉も三河、さらに尾張の影響が強く、広島弁とはかなり違う。商売も尾張名古屋ふうのシビアさがあるが、瀬戸内海に面した鞆《とも》の浦《うら》という港がかつて栄えていた（朝鮮通信使も寄港）こともあり、さばさばした気風も見られる。中国地方では珍しく、おしゃれの感度も高いのは、四国北部へのアクセスがいいことで、お互い刺激し合っている影響もあるのだろう。

30 福岡市

お祭り好きの粋な生き方
街全体から発せられるエネルギー

焼鳥屋に家族で行くのは当たり前

福岡は、食生活がことのほか充実している都市である。玄界灘《げんかいなだ》に面したこの街は、新鮮な魚介類が一年中、豊富に出まわっている。なにせ、足の速さでは一、二を争うサバが生のままで食べられるというのだから、かなりのものである。当然、寿司、和食、居酒屋、中華、韓国、フレンチ、イタリアンなど、どのジャンルをとってもおいしい食べ物にありつける。基本的に飲食店のレベルは高いから、当たりはずれが少ない。しかも、値段も手ごろだ。

九州の一角にあるから、焼酎の品数は豊富である。また、あまり知られていないが、福岡県には江戸時代以来、日本酒の蔵元が数多くあり、日本酒の名産地でもある。

そのうえ、当地は美女が多いことでも有名だ。美しい女性は、水がきれいなところに生まれるという。その点、福岡市はけっして恵まれているとはいい難い。また、「七難を隠す」とされる白い肌だが、この地の女性はけっして色白というわけではない。だが、とにかく美人が多いのだ。

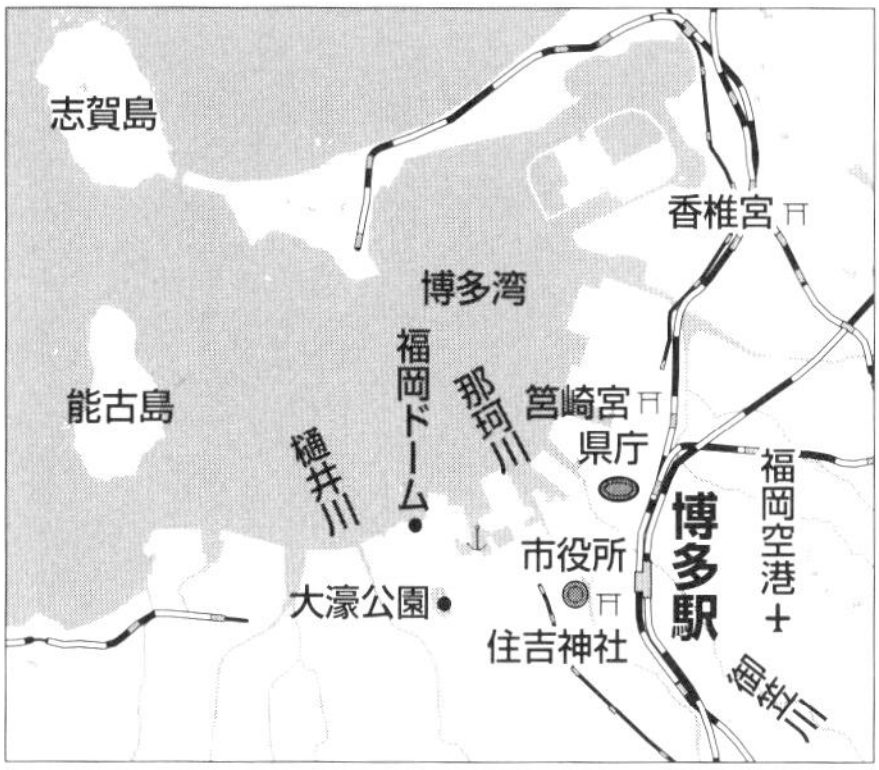

行ってみたい度……………………………★★★★
住んでみたい度……………………………★★★★★
刺激度…………………………………………★★★★★
いやされ度……………………………………★★★
ガックリ度……………………………………★

理由はおそらく、相当古い時代から、異民族との混血が進んでいたからだと思われる。

海外を行き来する人の数がいまでも日本でいちばん多い博多港を抱えている福岡は、少なくとも二千年ほど前から、大陸や南方から多くの人がやってきていた。その範囲は中国、朝鮮、さらには琉球、はてはルソン（フィリピン）やマレー半島、ベトナム、さらにはインドネシアにまで及んでいたようである。もちろん、もっともひんぱんだったのは中国・朝鮮だろうが、長い間そうした状況が続いた結果、混血がくり返され、筋金入りの美女が生まれてきたにちがいない。

これだけ条件がそろえば、「転勤したい都市」のナンバーワンに選ばれるのも無条件で理解できる。古くから外国人と接してきているから開放的で、どんな人でも受け入れてくれる。都会人らしく、好奇心も強そうだ。市内には二十カ国以上の外国料理の店があるのが、それを示している。

それでいて、福岡人には気取ったところがない。福岡は商人たちが多く住んでいた旧博多部と、城下町で武士と職人が大部分を占めていた旧福岡部の二つが一緒になってできた都市である。これまで何度か指摘したように、城下町には概して気位の高い人が少なくない。ところが、福岡の場合、博多部の影響もあって、そうしたことが許されない風土、どんな人も根の部分では同じという考え方が支配していたのではないか。外国から来る人も、顔や体つき、言葉は違うが、結局は自分たちとさして変わらないことを、肌身で感じていたのだろう。まして、同じ日本にいる者どうしなら、それほど大きな違いがあるはずがないというわけである。

だから、初めて転勤で赴任した人だろうが、出張で行った人だろうが、だれ彼の区別なく、地元の人と同じようにもてなしてくれる。これで居心地が悪かろうはずがない。結局、気がついたときには福岡にはまり込んでいる自分に気づくのである。家族でこの地に来ている人も、それは変わらない。そのため、ご主人が別のところに転勤を命じられても、奥さんや子どもたちはそのまま福岡に残るなどというケースも少なくない。

二千年以上にわたって国際社会でもまれつづけているせいか、客あしらいも天下一品だ。何より気持ちいいのは、客であることを感じさせないアットホームな雰囲気である。高級クラブだろうが、安手のスナックだろうが、全国チェーンの居酒屋だろうが、それは変わらない。

だいたい、焼鳥屋に家族で行き、カウンターにずらっと並んで食べる・飲むなどという習慣がある都市は、全国どこを探したって見当たるまい。でも、福岡ではそれがごく当たり前なのである。子どもの頃からそういう場を体験していれば、客あしらいがうまくなるのも当然といえば当然かもしれない。

仕事をするのは、休日を楽しむため

そんな福岡人にも、弱点はある。それは、熱しやすくさめやすいことである。とくに、旧博多部に育った人はその傾向が強いという。ただ、現代にあっては、そうした区分はさほど意味を持つまい。

熱しやすくさめやすいとは、メリハリがあるという見方もできるが、要は持続性に欠けるわけで、何をしてもムラが出てきそうである。とくに根を詰めないとできないジャンルの仕事は、安心して任せられないかもしれない。ただ、逆にいうと、だからこそ、サービス業には向いていそうである。実際、福岡市は労働力人口に占めるサービス業従事者の比率が、政令指定都市の中ではトップ（八〇・三パーセント）である（二位は仙台市＝七九・二パーセント、三位は札幌市＝七八・九パーセント）。

ただ、サービスする側はそれなりに大変だ。というのも、お客さんがどんどん〝浮気〟してしまうからである。たしかに、福岡は、大げさでなく、行くたびに新しい店ができている。それが気になりしばらく経ったら行こうと思って、足を運んでみると、ついこの前できたばかりなのに、影もかたちもなくなっていたなどというケースも珍しくない。

それだけ競争が激しいとなると、当然レベルは高い。逆に、味はもちろん、サービスや雰囲気、内装など、少しでも見劣りする点があると、お客さんはすぐに離れていってしまう。残っている店、長く続いているところは、福岡ならではのそうした厳しい淘汰《とうた》をくぐり抜けてきているわけだから、安心して入ることができるというわけだ。

また、熱しやすくさめやすいといっても、皆が皆そうなのだから、それはそれでうまくまわっているのかもしれない。それに、福岡は、根っからの仕事好きという人が少ない、日本ではまれな都市である。ほかにあるとすれば、せいぜい那覇くらいのものだろう。

日本人は普通、仕事を最優先しながら、自分や家族の生活を組み立てていく。かりに、家族と一緒に旅行しようと計画していたとしても、いざ、出かける段になって、どうしても都合がつかないとなれば、家族にあやまってでも、結局仕事に行くことになりそうだ。休日は、文字どおり体を休めるための副次的な存在でしかない。

だが、福岡人は違う。基本的に、休日を楽しむために仕事をしているのである。実はこれも、長い国際交流の積み重ねのなかで学んだことで、人間として生きていくことの楽しみは、オフタイムをいかに中身の濃いものにするかということにあると考えているのである。仕事はあくまで、その手段でしかない。欧米ではごく当たり前の考え方である。

単身赴任などという制度があるのは、世界中でもおそらく日本だけであろう。欧米の会社で上司がそんなことを命じたりしたら、基本的人権を踏みにじる行為だとして、即刻、訴えられるにちがいない。どこに行こうが、どんな仕事であろうが、家族である以上、常に一緒にいるのが当たり前だからだ。

月曜日から金曜日まではひたすら、というよりそこそこ働く。でも、それは土曜日・日曜日を楽しむのに必要な資金を得るためと割り切っているのが福岡人なのである。そのせいか、福岡にはお祭りが多い。ほとんど毎月のように、どこかしらでお祭りがおこなわれている。いちばんのメインは、五月初めの博多どんたくと七月中旬の博多祇園山笠《やまかさ》で、とくに山笠のときは、旧博多部のエリアはいつもとまったく違った顔を見せる。

旧博多部では、この期間（六月半ばからお祭り当日まで）だけは長半纏が正装として認められているという。赤い灯・青い灯がにぎにぎしくともる中洲《なかす》の町を、半纏に草履といういでたちの男どうしが動きまわっているのは、なんとも不思議な光景である。いったい、お祭りのときというのは、だれもが一種ハイな精神状態になるものだが、九州随一とはいえ、さほど広くもない中洲の繁華街にそうした人が群れ集うわけだから、そこは「異空間」といっていい。

二十代の人口割合が高い

一方、どんたくはもともと松囃子《ばやし》といって、江戸時代、町民たちが毎年、新春を迎えるに際して福岡城に年賀の挨拶に出向いた行事を起源としている。当時も皆、思い切り趣向を凝らしたいでたちで参加したらしいが、いまも、その中身はいわば〝大仮装行列〟である。それに〝街中どこでも学芸会〟的な要素が加わっている。全体的にはけっしてレベルが高いとはいえないが、毎年ゴールデンウイークのときにおこなわれることもあり、同時期のイベントしては全国でいちばん多くの人が集まることでもよく知られている。

歌・踊り・演奏など、市民によるありとあらゆるパフォーマンスが渾然《こんぜん》一体となって練り歩くのがメイン行事で、これには外国人の参加者も目立つ。それにしても、福岡市民百四十二・三万のうち三万数千人が参加する様子は壮観である。子どもの頃から、大勢の人の前でパフォーマンスをする機会があれば、いつか私も……という気持ちがはぐくまれるにちがいない。福岡県は全国一の芸能人供給県として知られているが、それもむべなるかなという気がする。

このように、「ハレ」がややもすると日常＝「ケ」と化しかねない福岡市だから、大都市であるわりに失業率はけっして低くない。平日の昼ひなかから、パチンコ店にはギッシリ客が入っている。都道府県別・労働力人口一千人あたりの自己破産件数を見ても、福岡県は上位の常連である。でも、それで街が落ち込んでいるのか、退廃的な雰囲気に覆われているのかというと、そうでもないのである。これは、福岡が若い人の街であることが大きく影響している。

福岡市は、京都市に次いで、人口のなかで学生（大学と短大）の占める割合が多い（五・九パーセント）。と同時に、若年層（二十代）の人口割合も政令指定都市のなかではいちばん高い。そうした若者が集まってくる中心部の天神、大名といった地域は活気にあふれ、街を歩いているだけでも元気になれそうな感じがする。

しかも、この天神や大名の界隈には、それこそ九州全域から若者たちが集まってくる。九州というのは、東京などに住んでいるとピンとこないが、意外と小さい。高速バスを利用すると、鹿児島からだとさすがに四時間弱（JRなら二時間半足らず）かかるが、熊本・長崎からなら二時間前後で着ける。そのため、列車でもバスやクルマでも、福岡まで行くのはそれほどしんどいことではない。

週末ともなると、他県のナンバープレートをつけたクルマが市内を走り、中心部の駐車場の前はどこも、そうしたクルマが順番待ちしている光景に出くわす。福岡のミニ東京化を彷彿させるこうした現象はけっして好ましいこととは思わないが、それだけ吸引力が強いのだろう。名古屋も、たしかに近郊、隣接県の多くの若者たちが来ることは来るのだが、その大半はブランドもののショッピング（ただし、新品もあれば中古品もある）が目的である。そのため、アナーキーというと大げさだが、いかにも若者らしい奔放なエネルギーは感じられない。

そこへ行くと、福岡の場合は、さまざまな姿かっこうの人があふれており、「こんなヤツもいる」「あんな人でも生きていける」といった、希望めいたものが湧いてくる。若い人どうしが刺激し合うことができる分、健康的な感じがする。

しかも福岡は、そうした空気をいつも吸っているからだろう、中年を過ぎた人も、あまり疲れていない印象を受ける。街全体から発せられるエネルギーが福岡人の精神を活性化するのにちがいない。都市の人口バランスが偏ってしまうと、街全体が小さくしょぼくれて見えるようになるが、福岡はそうした点では理想的な都市である。

街の歴史がつちかった遊び心

こうした活気の源はいったいなんなのだろうかと、考えさせられる。私の個人的な推測ではあるが、これはおそらく、福岡という街の歴史ではないか。旧博多部はもともと商人たちの町と記したが、それはもう千数百年も続いている。しかも、鎖国の時代を除き、とにかく、かならずどこからか外国人が来ていたのが博多なのだ。大陸や琉球、さらには南方の国々を相手に手広く貿易をおこなっていた博多商人には、日本特有の島国根性が見受けられない。

豊臣秀吉は堺の活況を目の当たりにしたとき、自分の考えが基本的に正しいということを痛感したはずだが、九州平定を終え、戦火のためほぼ灰燼《かいじん》に帰していた博多に立ち寄ったときも、同じことを感じたであろう。貿易、商業こそ天下国家を発展させるいちばんの原動力なのだと。それを保護してやれば経済は発展し、それが人心を安定させ、平和で豊かな社会ができる——この図式をいかに短期間で実現するか、それが天下人となった自分の役割である。そうしたことに思いをはせたにちがいない。それは、秀吉が仕えた織田信長の頭の中にあったこととも共通していたはずである。

二人ともそうしたアイデアを完成させる前に武運尽き、残念ながらそれが日の目を見ることはなかったのだが、江戸時代もひきつづき、博多では商業が盛んであった。もちろん、汗水流して何かを生産するわけではないということで、商業はすべての職業のなかでもっとも卑しいとされたのだが、身分がいちばん上の武士にしても、苦しくなればその商人をアテにしていた。どこの藩も、財政が逼迫《ひっぱく》してくると、身分制度をカサに着ながら、商人にお金を借りる（その大半は踏み倒してしまった）ことで急場をしのいだのである。

もちろん、商人たちが繁栄した裏には、武士たちによる不断の情報提供があったわけだが、博多の場合、そうした御用商人がいたわけではない。それでも、もともと商才に長《た》けた者が多かったから、博多も、隣接する城下町・福岡も、商業経済による豊かさを享受することができた。

当然、さまざまな文化も発達したし、それを楽しむすべも多くの人々が身につけていったにちがいない。それが、九州という、江戸から見れば遠い辺境の地でありながら、おしゃれな都市空間を生み、人々の心に遊び心をつちかい、スマートで粋な生き方をはぐくんでいったのだろう。

仕事に打ち込むだけが人生ではない、むしろ多少の遊びがなければいい仕事もできないという考え方が、長い歴史の中で知らずしらずのうちに普遍化していったのが福岡なのである。この街の、東京や大阪、あるいは札幌などとも異質の余裕、沖縄ほどではないにせよ、時間がゆるりと経過していくさまは、そうしたことに起因しているように思えてならない。

そして、それが首都圏あたりから転勤してきたサラリーマンにとって、本来の生き方、ありうべき時間の過ごし方として受け止められる。そんなことが可能な都市などあるはずがないとあきらめていたら、なんと目の前に……ということで、はっと目を覚まさせられたといった感じだろうか。「転勤したい都市」第一位というのは、おいしい食べ物や酒、多くの美女だけが理由ではけっしてないのである。

31 北九州市

政令指定都市で唯一、人口が減少しつづけている

どこかしら寂涼感ただよう街
挽回の妙手はあるのか？

昭和三十年代後半は、〝スター都市〟

ご存じかもしれないが、北九州市は、ここ数年全国を騒がせてきた平成の大合併の〝はしり〟である。一九六三（昭和三十八）年に、当時の小倉、戸畑《とばた》、若松、八幡《やはた》、そして門司《もじ》の五市が一緒になって生まれた、東京、大阪、名古屋の三大都市圏以外で初めての政令指定都市なのだ。ただ、当時の人口は百三万二千余だったが、一九七九（昭和五十四）年の百六万八千余をピークに減少を続けている。

高齢化率（総人口に占める六十五歳以上の人口割合）が二一・二パーセントと、全政令指定都市のなかで最高（ちなみに、第二位は京都市で一九・七パーセント）なのが災いし、二〇〇五（平成十七）年にはついに百万人を割り込んでしまった。政令指定都市の中で人口が減っているのは北九州市だけである。

こう書くと、いかにもたそがれつつある都市であるかのように思われるかもしれない。たしか

に、北九州市が誕生したときの大騒ぎを思うと、いま、その存在感はあまりに薄いといえる。ただ、それだけに市当局は必死になってその挽回を図ろうと考えているようだ。

いまから思えば、高度成長をめざし日本全土が工業の発展で突っ走っていた昭和三十年代後半、北九州市は〝スター〟であった。筆者がまだ小学生のころだったか、若戸《わかと》大橋という橋の開通を記念する切手が売り出され、郵便局に買いに行った記憶がある。残念ながら、この切手はその後あまり人気が出なかったが、一九六二（昭和三十七）年に完成した当時は、「東洋一の吊り橋」ということで大きな話題になり、全国から観光客が詰めかけたそうだ。

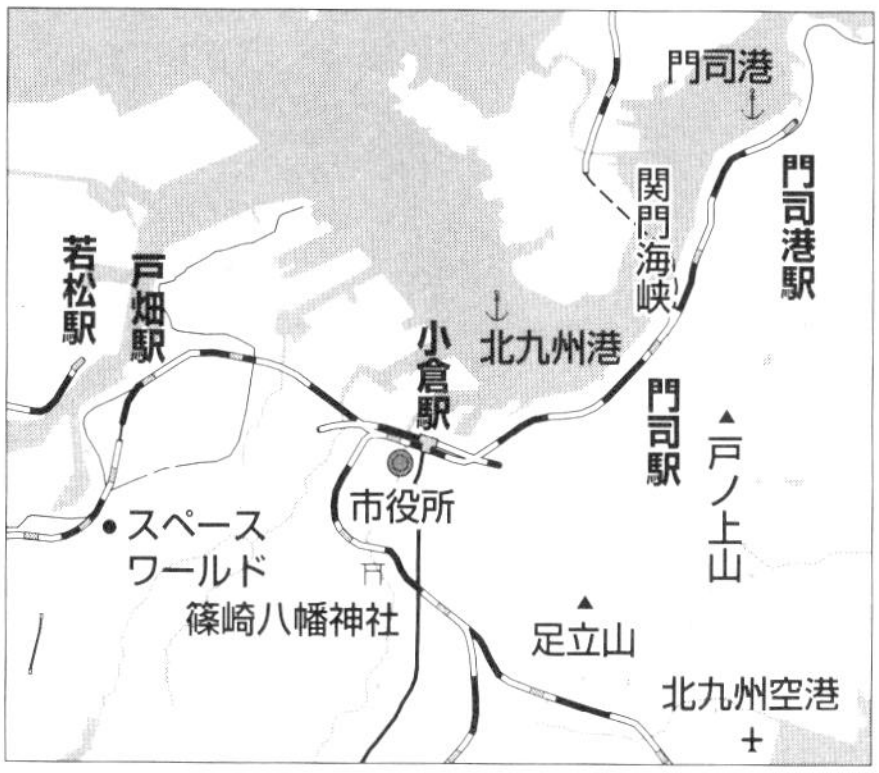

行ってみたい度……………………★★
住んでみたい度……………………★★★
刺激度……………………★★★★
いやされ度……………………★★
ガックリ度……………………★★

北九州市のかつてはシンボル的な存在だった、洞海《どうかい》湾をまたぐその若戸大橋を初めて目にしたのは二〇〇七（平成十九）年四月のことである。完成後すでに半世紀近くが経ち、これよりはるかにスケールの大きな橋が全国各地につくられているからさほどの感動はなかったが、その当時はやはり大変なものだったのだろう。

ちょうど塗り替えられて間もなかったのか、まぶしいほど真っ赤な橋のすぐ下には市営の渡し船が通っている。わずか三分という乗船時間だが、船上から見渡す両岸の光景は完成当時とほとんど変わっていないのではないか。橋が完成するまでは、車も載せられるフェリーが運航されており、これは日本初（一九三四年）のカーフェリーでもあった。

それにしても驚いたのは、この橋にまだ通行料が課されていることだ。普通車で百円なのだが、つい最近まで二百円だったのを値下げしたのだという。旧道路公団（現・JH）がつくった有料道路は、建設費をペイしたら無料にするはずではなかったのかと思うのだが、維持費もあるし、別の新しい有料道路と一体管理することなどを理由に、いまだ無料化されていないようである（現在は北九州道路公社が管理）。なにせ、一日の通行車輌台数が四万五千台を超えるのだから、ドル箱といっていい。

若戸大橋は文字どおり、北九州市の若松区と戸畑区とを結んでいるが、この通行料金がネックになり（通勤で利用する人は毎月の負担もバカにならない）、若松区では軽自動車を持っている人がほかの区と比べると断然多いそうである。軽だと、通行料が半額の五十円ですむからだ。

その若松は、北九州の筑豊《ちくほう》炭田で産出した石炭の積み出し港として長らく栄えていたが、いまでは石炭産業もすっかりさびれてしまい、往時の勢いはない。対岸の戸畑は、長らく遠洋漁業と捕鯨の基地港として栄え、新日鐵、旭硝子、日本水産など、巨大企業の工場がひしめいていた。いまもそれらの工場はあるが、どこか元気に欠けている感じがする。

一九〇一（明治三十四）年、日清戦争の賠償金で日本初の近代製鉄所（官営八幡製鉄所、のちの新日鐵）が設けられた八幡は長い間、「鉄の町」と呼ばれてきた。だがその後、工場の大半が戸畑に移ったこともあって、昔日《せきじつ》の面影はとうになく、重厚長大産業の衰えを痛切に感じさせられる。そうした苦境から脱しようと、新日鐵の工場跡地に鳴り物入りでつくられたスペースワールドも、最近は入場者数が激減、二〇〇五（平成十七）年には民事再生法を申請し北海道の会社が支援に乗り出したものの、いまや存亡の淵《ふち》にあるといってもいい。

突出したにぎわいの小倉駅周辺

そうしたこともあるのだろう、JR小倉駅周辺の繁華街を除いては、市内のどこもいまひとつ活気に乏しい。というか、ほかのエリアがあまりに静かなため、小倉駅周辺のにぎわいばかりが突出しているように感じられるのである。

新幹線も停まる小倉駅の南口周辺には、伊勢丹、井筒屋のデパートをはじめ、全国で初めて（一九五一年・魚町銀天街商店街）というアーケード付きの商店街が縦横に走っている。これらの商店街は道幅も狭く、人出の多い週末ともなるとすれ違うのも大変である。

小倉はもともと小倉藩の城下町である。小倉城は駅にほど近い、紫川《むらさき》（名前とは裏腹によんでしまっているが）沿いにあるが、そのすぐ向かい側に「リバーウォーク北九州」という、二〇〇三（平成十五）年にオープンした大きな複合施設がある。

ここにはショッピングモール、飲食店、劇場、美術館、シネマコンプレックス、大学、新聞社、放送局などが入っているのだが、建物の外観が派手な原色であるため、とにかく目立つ。ただ、そのおかげでせっかくの小倉城の存在感が薄れてしまっている。きれいに整備された河川敷や川沿いの遊歩道などとはみごとに調和しているが、歴史との融合という点ではどうだろうか。

小倉城はもともと毛利元就《もとなり》が築いたとされる小さな城を、一六〇二（慶長七）年に細川忠興《ただおき》が大きなものにつくりかえ、細川氏が肥後（熊本県）に転封された後は、播磨国《はりま》（兵庫県）明石からやってきた譜代大名の小笠原氏が幕末まで城主を務めた。本州と九州との接点にあるため、九州諸大名の監視という役目を幕府からおおせつかったのである。

実際、当時の小倉は長崎街道、中津街道の起点でもあり、人の往来も多かったようだ。また、関門海峡に面した門司が小倉の外港で、鎖国令が出る前までは諸外国との貿易も盛んにおこなわれた。さまざまな文物も入ってきたし、商業活動も活発だった。そのせいか、城下町であったわりに敷居は高くなく、人々は気さくである。焼きうどんが初めてつくられたとか、鶏肉の消費量が全国一、二を争うほど多い（とにかく焼鳥をよく食べる）といった統計からも、それはうかがい知れる。

また、小倉は競輪の発祥地としても知られており、一九四八（昭和二十三）年に日本で最初の競輪場がつくられている。同じ年に福岡県で開催された国民体育大会のためにつくった競技場をそのまま競輪に転用したのだという。

おもしろいのは、これほど大きな駅前にいまどきめずらしく、大きなパチンコ店がひしめき合っていることだ。映画の主人公で、「小倉生まれで玄海育ち……」と歌にも歌われた無法松《むほうまつ》（荒くれ者で評判だった人力車夫・富島松五郎の通称）がギャンブルにうつつを抜かしていたわけではないが、そのことにさほど違和感を覚えない。

もちろん、地元・九州ではそうしたイメージはないのかもしれない。だが、この地に行ったことのない人のほとんどは、北九州も筑豊の炭田地帯も一緒くたになっているから、炭鉱夫は命がけで仕事をしている→高給を取っている→明日をも知れぬ人生だから、手にしたお金はどんどん使う→使い途は飲む・打つ・買う……という連想が働いてしまうのではないか。そういえば、小倉はパンチパーマ発祥の地でもあるというし、全国の都市で唯一、競馬、競輪、競艇という三つの公営ギャンブルがそろっている（小倉競馬、若松競艇）。二〇〇二（平成十四）年に廃止されてしまったが、門司でも競輪がおこなわれていた。

その門司は、九州の玄関口として長らく隆盛を極め、一九五八（昭和三十三）年までは関門連絡船のターミナルでもあった。しかし、圧巻はなんといっても関門海峡である。関門海峡を見おろす和布刈《めかり》公園からの眺望は感動的である。

地図の上でしか知らない狭い海峡というものを実際に目の当たりにすると、大自然の不可思議さに思いを至さざるを得ない。手を伸ばせば届くのではないかと思えるような位置に対岸の下関や源平が戦った壇《だん》ノ浦《うら》、宮本武蔵と佐々木小次郎が刃《やいば》を交えた巌流島《がんりゅうじま》が見えるのだ。天気がよければ、フグで有名な唐戸《からと》市場（下関市）のセリ市の模様さえ見えそうである。

一九九五（平成七）年からは、「門司港レトロ」と名づけられた観光スポットが人気を呼び、休日ともなると大変な人出でにぎわっている。長らく九州の鉄道輸送の拠点であった旧国鉄門司駅はその後ＪＲ門司港駅と名前を変え、駅の周辺が、市内各所にあった古い洋風建築物を移築してきたり、古いタイプの周遊バスを走らせたりなど、「レトロ」をコンセプトとする観光地として大々的に整備されたのだ。

「北九州人」と簡単にはくくれない歴史

このように、北九州市はもともとまったく異なる成り立ちと強烈な個性を持った五つの市が合併して成立した人工都市だから、「北九州人」などという言葉で簡単にくくるのはむずかしそうである。現に、小倉祇園太鼓や戸畑祇園大山笠など、伝統的な祭りはいまなお旧市をベースにおこなわれている。ちなみに、現在の戸畑区、八幡東区の西部、八幡西区、若松区は筑前《ちくぜん》国、門司区、小倉北区、小倉南区、八幡東区の東部は豊前《ぶぜん》国に属していた。それが明治維新後の廃藩置県によって最終的に福岡県として一体化されただけのことなのである。

もちろん、豊前も筑前も戦国時代は山口に本拠を置く大内氏が支配していたから、九州より本州、とくに山口県の影響が強い。とくに豊前はその傾向が強く、関門海峡をながめていると、それも納得が行く。実際、二〇〇六（平成十八）年から供用が始まった新北九州空港から福岡（博多）までは七〇キロ以上あるのに対し、下関とはわずか二〇数キロしか離れていない。

北九州空港は海上に設けられているため、二十四時間稼動できるのが大きなセールスポイントになっている。羽田への始発便の出発が朝五時半、羽田からの最終便の到着が午前一時過ぎだが、乗客の多くはやはり福岡のビジネスマンだろう。だが、空港から福岡市内へはけっして便がいいとはいえない。直行バスがないから、小倉駅までバスで行き（所要三五分）新幹線に乗り換える（博多まで二〇分弱）しかすべがないのである。だが下関までは、一時間一〇分かかるが直行バスで行くことができる。福岡と空港をダイレクトで結ぶバス便がないのはいかにも不便に思える。

同じ福岡県にありながら、北九州市と福岡市（博多）は、一緒に力を合わせて何かに取り組もうということがほとんどない。新幹線ならわずか二十分足らずで行き来できるにもかかわらず、互いが互いを無視しているといういい過ぎかもしれないが、どうにも表現しがたいよそよそしさが感じられてならない。

北九州市の場合、工業都市の宿命といってもいいのだが、観光客（ビジター）を集める才覚、つまり宣伝があまり上手ではない。そのため県外の人も、「福岡」というと「博多（福岡市）」しか思い浮かばないのである。

近ごろ、全国各地で「フィルムコミッション」というシステムが確立しつつある。これは、映画やテレビドラマの制作に欠かせないロケ地を提供するとともに、撮影許可手続きやエキストラの動員まで含めたロケ全般のケアを地方自治体と市民が一体になっておこなうというもので、北九州市も早い時期（一九八九年）からかなり力を入れてきた。最近では『この胸いっぱいの愛を』『東京タワー』『初恋』『デスノート（前編）』『出口のない海』など、多くのヒット作がこの地でロケをおこなっている。そうした作品に映っている場面を見ると、門司港周辺以外にも、レトロな雰囲気を持った場所が北九州市内にはまだふんだんに残っていることがうかがえる。

だとすれば、これから先、市の活性化を進める大きな柱として、レトロに徹底的に特化することを考えてもいいのではないだろうか。そう考えると、西鉄がかつて市内を走らせていた路面電車を廃止してしまったのがなんとも惜しい気がしてならない。

それにしても、北九州市誕生以前から対岸の下関市とのつながりが深かったことを考えると、はたしてこの合併が正しかったのか、いまだに判断しがたいところがある。現に、いまでも毎年八月十三日におこなわれ、百十万人もの観客を集めている関門海峡花火大会は両市が合同で開催している。明治以来連綿と続いてきた「県」という枠を思い切って取り払い、それこそ「関門市」でもつくったほうが、よほどおもしろい感じがする。

東京都でも近ごろ、千代田区・中央区・港区の三区を合併して「日本版ワシントンＤＣ」とし、都と切り離してはどうかというアイデアがある。道州制の議論もこれから本格化するだろうが、それを機に、従来の枠組みにとらわれない、柔軟かつ大胆な発想で取り組む必要があるかもしれない。お祭り好きでせっかちという、北九州人気質を大いに生かした方向転換を期待したい。

四国の玄関口ではなくなった高松市
吉野川が流れる「水の都」徳島市

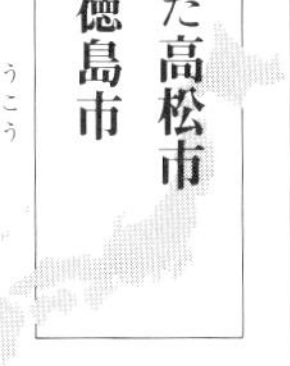

香川県の県都・**高松市**はかつて宇高《うこう》連絡線によって本州と結ばれ、四国の玄関口という役割を長らく果たしてきた。しかし現在は三つの本四架橋がいずれも高松から離れたところに位置しているため、そうした使命は終えている。しかし、人口は四十一・八万人と四国二番目で、「ゆめタウン」という四国最大のショッピングセンターもあり、多くの人を集めている。

もともとは高松藩の城下町で、江戸時代初期はかつて豊臣秀吉に仕えていた尾張の生駒《いこま》氏、そのあとは水戸徳川家から光圀《みつくに》の兄・松平頼重《よりしげ》から始まる松平氏が治めた。高松人の気質を指す「へらこい」という言葉がある。「抜け目がない」という意味である。利にはさといが小成に甘んじる、冒険心の薄さをも含んでいるあたりには、「愛知県」（尾張）の影響がありそうだ。

一方、阿波踊りで知られる**徳島市**（人口二十六・六万人）も、戦国末期から江戸時代を通じ、尾張出身の蜂須賀《はちすか》氏が治めていた。おかげで節約・勤勉は四国随一といわれ、貯蓄残高も高い。コンパクトな市域に、市のシンボルともいえる眉山《びさん》（標高二九〇メートル）と四国最大の吉野川とがあい成す地方性がこの都市の魅力である。「水の都」との呼称もあるように、もともとが河口の三角州につくられた街だけに、おだやかでのんびりとした気質が強い。

八月十二～十五日に開催される阿波踊りには毎年百二十万～百三十万人もの観客が訪れる。だが、交通網の発達でほとんど日帰りが可能になった昨今、宿泊者の数も以前ほどでなくなり、うまみが減ったとの声もあるようだ。

鎖国体制のもと、貿易を通じて窓口を開いていた唯一の港町

32 長崎市

「異国情緒」とも違う独特の〝長崎文化〟個性は永遠にそのままであれ

感じられない、観光ガイドの「異国情緒」

広島に行くときは、どういうわけか緊張感をぬぐい切れないと書いた。だが、申し訳ない気もするのだが、長崎の場合はそういう感覚がほとんどない。同じように、第二次世界大戦の終わりに原爆を投下されているのにかかわらずである。これは、いったいどういうことなのだろう。

長崎の場合、原爆の爆心地が市の中心部でなかったため、被害が広島ほどひどくなく、市内に古くからあった史跡も無事残された。そのおかげで、長崎は広島と比べ、観光都市のイメージが断然強い。たしかに、原爆の廃絶推進や恒久平和実現へのメッセージも市として発信してはいる。それはそれで大変貴重である。だが、それとは別の関心をひく強烈な魅力があるようなのだ。

長崎は異国情緒に満ちあふれていると、どの観光ガイドにも書かれている。だが筆者には、JRの長崎駅に降り立っても、あるいは空港から市内に入っても、そういった雰囲気がきわだっているとは思えない。

行ってみたい度……………………………★★★★
住んでみたい度……………………………★★★
刺激度……………………………………★★★★
いやされ度………………………………★★★
ガックリ度………………………………★★

観光スポットの筆頭にあげられている南山手のグラバー園――。園内に点在する、重要文化財指定のグラバー邸やリンガー住宅、オルト住宅などを見ても、たしかに洋館ではあるのだが、函館や神戸で見るほど「和」との距離を感じさせない。まるで周囲に溶け込んでいるかのようである。市内にある中華街も、横浜や神戸のそれに比べれば規模が小さく、油断すると通り過ぎてしまうくらいだ。大浦天主堂や浦上天主堂も、そこにあるのが当たり前のようにごく自然な感じで建っている。

街を歩いても、ポルトガルやスペインの香りがする観光スポットがふんだんにあるわけではない。鎖国の実施により、そうした建物はことごとく破壊されてしまったからである。せいぜいが江戸時代から残る神社仏閣、中国風の寺院、あとは眼鏡《めがね》橋くらいで、出島もまだ復元の途上にある。それでも、周囲に山が迫り起伏に富んでいるため、とにかく坂の多い街並みを歩いていると、なんとも表現のしようのない不思議な感覚にとらわれる。異国のものを完全に取り込んでしまった街とでもいおうか。

長崎観光の呼び物に、季節ごとの個性あふれる祭りがある。春の帆船祭り、夏の精霊《しょうろう》流し、秋の長崎くんち、冬の長崎ランタンフェスティバルと、他の都市では経験できないダイナミックな祭りばかりである。帆船祭りはともかく、爆竹が打ち鳴らされる精霊流し、激しい動きが見る者をとりこにする長崎くんちなど、さすが長崎ならではという印象を抱くことだろう。

長崎は、函館（当時は箱館）や新潟、あるいは横浜と同じく一八五九（安政六）年に開港された。だが、長い鎖国体制のもとにあっても長崎だけは、ほかの開港地と違い、実質的には三百年近く長い歴史を持っている。ご存じのように、幕府（長崎奉行）の管理下とはいえ、全国でただ一カ所、オランダや中国と貿易を通じて窓口を開いていたからだ。

そのため、異国情緒といったレベルをすっかり突き抜けている、というか、なじんでいるといったほうがわかりやすいかもしれない。長崎に行って味わう不思議な感覚とは、文字どおり和洋中が完全にミックスした、独得の「長崎文化」によるものなのではないか。

それを象徴していると思われるのが、卓袱《しっぽく》料理である。和洋中がミックスした数人分の献立を卓袱（中国風の朱塗り円形テーブル）の上に置いた大きな皿に載せ、それを皆で箸をつつきながら食べるというものである。山海の新鮮な食材をそれぞれの国の流儀で料理した卓袱料理は、多様な文化が融合しているこの地の人々にごく自然に受け入れられたのだろう。

キリスト教に影響を受けた風土

鎖国時代の長崎でオランダと中国を相手に貿易がおこなわれていたのは「出島」と「唐人屋敷《とうじんやしき》」である。出島は文字どおり、一・五ヘクタールほどの扇形をした小さな島であったが、実際には街のすぐ目の前に浮かんでいた。人々が彼らの身に着けているもの、所作《しょさ》振る舞いを目にする機会もあったにちがいなく、それが知らずしらずのうちにさまざまな影響を与えたことは想像に難くない。旧正月ともなれば、唐人屋敷からは激しい爆竹の音が聞こえてきたのではないか。

長崎が開港する以前、貿易の中心になっていたのは、県の北にある玄界灘に面した平戸《ひらど》島である。以前からこの地には中国船がたびたびやってきていたが、一五五〇（天文十九）年にはポルトガルの貿易船が初めて入港してきた。同じ年の九月には、前年薩摩に来航したフランシスコ・ザビエルが島津貴久《たかひさ》のはからいで平戸に移り、布教を始めている。

その後さらに、スペイン、オランダ、イギリスなどの貿易船が来航、それぞれ商館を設け、活発な取引がおこなわれた。ポルトガルとスペインはその後、平戸から横瀬（佐世保市の近く）を経て、一五七一（元亀二）年からは長崎に拠点を移す。それにともなって長崎はしばらくの間だが、イエズス会領となったこともある。

だが、一六三三（寛永十）年の第一次鎖国令から始まり、島原の乱を経て、最終的には一六三九（寛永十六）年以降はオランダと中国以外の船の来航が禁じられる。そして、一六四一（寛永十八）年、平戸のオランダ商館が長崎に移り、この二カ国以外との貿易にピリオドが打たれた。

時を同じくして、ザビエルにより伝えられていたキリスト教の布教も完全にストップさせられる。すでに豊臣秀吉の時代、一五八七（天正十五）年にバテレン（キリシタン）追放令が出されていたものの、取り締まりはまだそれほど本格化していなかった。だが、一六一二（慶長十七）年に徳川家康が直轄領におけるキリシタンの信仰を禁じ、さらに二代将軍・秀忠が一六二三（元和八）年にキリシタン禁止令を出すにいたり、状況は一変した。幕府として徹底的な取り締まりをおこなうようになったのだ。それにより、平戸から始まりすでにいまの長崎県全域に広まっていたキリスト教も、時間はかかったものの、ほとんど根絶やしになる。

ただ、わずか数十年ほどとはいえ、この地一帯に外国の宗教が広まったのは事実で、いまでも長崎県のキリスト教信者の数は県人口の五・一パーセントと、全国でもっとも多い。そうしたこともこの地の風土や人々の気質に大きな影響を与えているにちがいない。

たとえば、長崎県の犯罪発生率が全国でいちばん低いこと（検挙率も非常に高い）にもそれは示されている。また、ＮＨＫの全国県民意識調査を見ても、お金やカケごと、ウソに対しては厳しい見方をしている。

同じ調査で、「昔からあるしきたりは尊重すべきだ」「家庭生活では一人ひとりが好きなことをして過ごすよりも、家族の団らんを大切にしたい」という人の割合が全国一多いのも、欧米的、キリスト教的な価値観の影響ではなかろうか。九州は男尊女卑という考え方が一般的だが、長崎県だけはそれほど強くはない。逆にいうと、それだけ伝統的な日本人とは異なる部分を多く持ち合わせているということだ。

地勢がはぐくんだ長崎文化

長崎市の人口は現在四十五万人を超えているが、これは県の総人口のおよそ三分の一を占めている。そのため吸引力は強い。いくら佐世保バーガーが全国的に知られるようになったとはいっても、長崎から佐世保に遊びに行く人は少ない。佐世保方面に行くとしても、せいぜいハウステンボスまでだろう。むしろ、県内から長崎市に遊びに来る人のほうが多いのではないか。

長崎は大きくえぐれた湾を囲むようにして市域が広がっている。といっても、海に面している部分以外は、低いとはいえすべて山に囲まれているから、平地が極端に少ない。人々は狭い平地に寄り添うようにして暮らさざるを得ない。

そうした地形を利用してつくられたのだろう、市の北側にある稲佐山《いなさ》（標高三三三メートル）の展望台は夜景の名所として広く知られている。長崎の夜景は、函館、神戸と並ぶ「日本三大夜景」の一つにも数えられているが、稲佐山からはほぼ三百六十度のパノラマで楽しめる。九州では、北九州市・皿倉山《さらくら》からの夜景が壮大なスケールで知られているが、三六〇度というのはやはり魅力だ。昼間は昼間で、五島列島や雲仙・天草まで見渡せる日もある。

その稲佐山から長崎市を見下ろすと、独得の長崎文化がはぐくまれてきた理由の一端が、長崎の地勢にあるということに気づく。つまり、中国、オランダ、さらにさかのぼればポルトガルやスペイン、イギリスからも各国・各民族固有の文化が入ってきた。そのうえ、長崎は天領でもあったから、江戸と行き来する人も少なくなかった。おかげで、日本の端にありながら、ふだんから最新の情報、文物に取り囲まれていたわけである。

そして、それらが狭い空間の中で混ざり合うのだから、そのスピードは速いし、密度も濃い。当然、新しいもの好きにもなるだろうし、男と女、また武士と町人との垣根といったものも自然と低くなり、気さくな長崎人気質がはぐくまれたのではないか。

幕末の一時期（一八五五〜五九年）、長崎には海軍伝習所が開設された。勝海舟《かつかいしゅう》もそこで学んでいる。坂本龍馬が、わが国で初めてといわれる株式会社（「亀山社中《しゃちゅう》」という貿易商社）をつくったのもこの長崎であった。龍馬の思想は、端的にいえば、男女も平等、藩主も藩士も平等（社員も平等）、武士も町人も平等という、当時としては画期的なものである。

この時期、そうした最先端の思想が受け入れられたのは、長崎という街自体に、そうしたものを抵抗なく受け入れる素地があったからという以外、考えられない。それこそ長崎の空気を吸うだけで、かなり固い頭もたたき壊されてしまったのではなかろうか。

実際、長崎は貿易だけの街ではなかった。鎖国の間も、ケンペル（オランダ商館付きの医師で、帰国後『日本誌』を著す）、医師で植物学者でもあったシーボルト、造船業の基礎を築いたグラバーなど多くの有能な人物が訪れて滞在、さまざまに貢献している。シーボルトの開いた医学校（鳴滝《なるたき》塾）は、それまで和漢に偏していた医学を大きく変えた。

諸藩からは蘭学を学ぶため、前途有為《うい》の武士や学者がこぞって長崎にやってきた。当時としては最先端の学問に触れることができたわけだから、彼らが大いに刺激を受けたのはまちがいなく、その興奮を周囲にも伝えたことだろう。それを地元の町人や女性が聞き覚える機会も多かったはずである。

ただ、最先端の情報といっても、始めのうちは刺激的だが、そのうち、少々のことでは驚かなくなっていったことは十分推測できる。日本と中国、さらにはヨーロッパが渾然《こんぜん》一体となった文化が長崎人にとっては「日常」と化していった。それが異国情緒の希薄さにつながっているという気がするのだ。

その長崎は福岡からＪＲの特急でわずか二時間足らずの距離のところに位置している。ＪＲ各社のなかでも九州というのは、車輛、とくに特急列車が非常にしゃれたデザインをしており、博多・長崎間を結んでいる「かもめ」もその例に漏れない。

また、高速バスでも二時間半ほどで、九州一の繁華街・天神（福岡市）まで行ける。だから、最近は長崎の若い人たちもひんぱんに福岡に行っているという。そこで受ける刺激が九州の端っこ、それも山と海とで囲まれた狭い長崎に伝えられれば、年ごとに福岡（博多）化していくのも無理はない。もっとも、これは長崎にかぎったことではなく、九州全体として福岡への一極集中が進んでいるようだ。だが、それをはねのけてでも、長崎は永遠に長崎であってほしいものである。

33 熊本市

熊本城を中心にさらなる集客をねらう「水の都」

上水道に使う水のすべてを地下水でまかなう

政令指定都市をめざす旧城下町

九州を代表する都市はとたずねられれば、どうしたって、政令指定都市の一つで、人口も百万をゆうに超える福岡（博多）を筆頭にあげるのが妥当だろう。だが、それに勝るとも劣らないインパクトを感じさせるのが熊本市である。六十七万弱という人口は、北九州市に次いで九州第三位だが、存在感となると北九州市より断然大きい。

事実、周辺の宇土《うと》市、宇城《うき》市、合志《こうし》市の三市十町一村を含めた熊本都市圏として、政令指定都市への昇格をめざす動きも以前から根強い。新潟市、静岡市、浜松市（静岡県）、堺市（大阪府）などが、百万人に満たないままで政令指定都市になっていることによる刺激もあるのかもしれない。政令指定都市への昇格をめざしている地方都市のなかでも、熊本市は現在最右翼というか、その資格が十二分にあると感じさせられる。最大の要因は、城の立派さである。こう書くと、おや？　と思う方もいよう。なんでいまさら城なのか、と。

だが熊本城は、名古屋城、大坂城と並んで「日本三名城」の一つにも数えられ、とにかくハンパな城ではない。防御に重きを置いただけあって、実戦でもその強さが遺憾なく発揮された。明治初期の西南戦争（一八七七年）の際は、南から進撃してきた薩摩軍の五十二日間に及ぶ攻撃に、落城することなく耐えたのである。熊本城に籠城《ろうじょう》した政府軍兵士が三千四百人だったのに対し、攻めた薩摩軍は一万三千人を超えていた。それでも、最後は薩摩軍を追いやった。

その熊本城を築いたのは、豊臣秀吉とも血がつながる加藤清正（双方の母親がいとこどうし）である。一六〇一（慶長六）年から一六〇七（同十二）年までの七年近くを費やし、当時としては最先端の建築・土木技術を駆使して完成させた。秀吉としては、一時はみずからに刃《やいば》を向けた島津氏の薩摩と境を接するこの地には、ことのほか頑強な防御線を張っておきたかったにちがいない。当時、石垣積みとしては画期的な「算木積《さんぎづみ》（はね出し）」という方式を用いたため、石垣の勾配は急で、しかも上に行けば行くほど反《そ》りがきつくなるため、攻め落とすのは容易ではなかったという。五十四万石という豊かな経

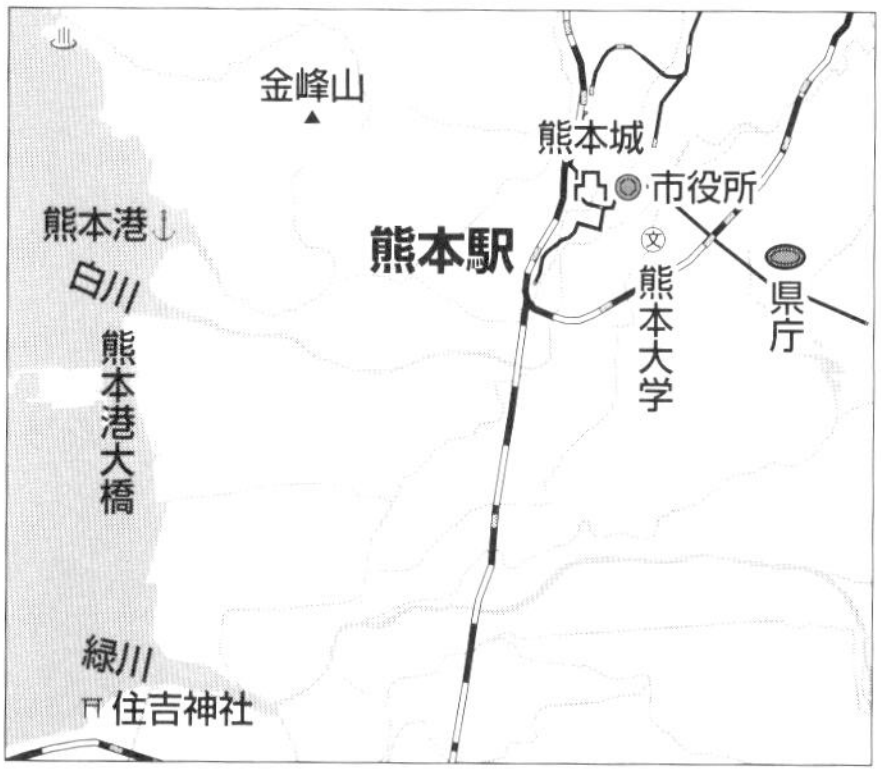

行ってみたい度……………………★★★
住んでみたい度……………………★★★★★
刺激度……………………………★★★★
いやされ度…………………………★★★★
ガックリ度…………………………★

済力のなせる業《わざ》といってしまえばそれまでだが、これほど堅牢《けんろう》な城を築き上げるには、熊本人の頑固さ、生真面目さも大きく寄与しているのではないか。

尾張名古屋出身の清正は堅実な性格の持ち主で、築城にあたっても、その才覚を十二分に発揮している。城をつくるのに合わせて、周囲のすべての川の流れを改修したり掘り変えたりすることで、強力な防御を可能にするとともに、新田を造成したり、さらには防災、交通、築港など、それまでの熊本を抜本的に変えてしまう、いま流にいえば「まちづくり」をしたのである。よくもここまで効率よく事をし遂げることができたものだ。

こうしてできた熊本城は全熊本人のアイデンティティーといっても過言ではない。ついでながら、熊本の一大行事＝藤崎八幡宮例大祭（ボシタ祭り）も、清正が朝鮮出兵のとき勝利を祈願したことがきっかけで始まったものだ。

清正が秀吉から、それまでの佐々成政《さっさなりまさ》の後、肥後の北半分二十五万石を与えられて（南半分は小西行長《ゆきなが》で二十四万石）以降、石高は急増した。加藤氏の改易後、細川忠利が一六三二（寛永九）年に入部したときは肥後五十四万石といわれたが、実際には七十五万石近くに達していたという。清正（加藤氏）がこの地を治めたのは四十四年間であったが、二百三十年もの長い間藩主として君臨した細川氏よりはるかに尊敬を集めているのは、そうしたことも背景にある。

観光の目玉は城と水

熊本市は、二〇〇七（平成十九）年に築城四百周年を迎えるにあたり、本丸大御殿の再建・復元をはじめ、この城を市の観光の目玉にしようと考えているようだ。それ以外にも水前寺成趣園《じょうしゅえん》（公園）、小泉八雲（ラフカディオ・ハーン）、夏目漱石など当地ゆかりの文化人の居宅や教育施設など、観光スポットには事欠かない。

加藤氏の後をうけて豊前国小倉からやってきたのが細川忠利である。三河国（愛知県）を発祥とする細川氏は、明治維新まで、二百三十年ほど当地を治めたが、多くの名君を輩出した。なかでも、一七四七（延享四）年に藩主となった八代・重賢《しげかた》（銀台公）は出色の存在といえる。

重賢は宝暦年間（一七五一〜六四）に大胆な藩政改革をおこない、その一環として藩校「時習館」や、全国で初めての医師養成機関「再春館」、薬草の研究で知られる「蕃滋園《ばんじえん》」などを設けた。いまでも熊本市が「文教の府」と呼ばれるのは、こうした重賢の実績が大きく寄与している。

そうした伝統があったからだろう、熊本には旧制第五高等学校（当初は第五高等中学校）が福岡県と熾烈《しれつ》な誘致合戦のすえ、置かれた。ナンバースクール（同じ旧制高等学校でもナンバースクールは格が高いとされている）の一つとして、一八八七（明治二十）年、仙台の二高、金沢の四高に次いで設立されたものだ。いまと違い、九州の雄といえば当時は熊本県であり、県都・熊本市内には政府の出先機関が数多く設けられていたことが有利にはたらいたようだ。

ちなみに、講道館柔道の創始者・嘉納治五郎《かのうじごろう》が三代目の校長を務めている。夏目漱石も英語の教師として赴任しているし、小泉八雲や秋月悌次郎もここで教鞭をとった。OBも、池田勇人《はやと》、佐藤栄作という、戦後を代表する二人の総理大臣をはじめ、重光葵《しげみつまもる》（外務大臣）、一万田尚登《いちまだひさと》（大蔵大臣、日本銀行総裁）、森永貞一郎（日本銀行総裁）、広岡知男（朝日新聞社社長）、大内兵衛《ひょうえ》（法政大学総長）など、錚々たる顔ぶれがそろっている。

だから、熊本人の教育に対する情熱はいまでも強い。江戸時代、寺子屋の数がもっとも多かったし、いまも一世帯あたりの「教育関連消費（二〇〇二〜〇四年の平均）」は九州の主要都市では第一位、全国でも広島市、東京区部に次ぐ高水準だ。当然のこと、男女とも平均して知的レベルが高い。となると、女性もどうしたって勝ち気な面が頭をもたげてきそうである。明治以後、女性の自立と地位向上をめざし、勇猛果敢な運動を展開した竹崎順子、矢島楫子《かじ》（ともに益城《ましき》町出身）、高群《たかむれ》逸枝《いつえ》（宇城市出身）などが熊本市の周辺地域から輩出している。そうした熊本人女性を、「肥後の猛婦」と評論家の大宅壮一は呼んだ。そういえば、熊本県の現知事は女性である。

そうした強い面を持つ一方で、熊本市の人々は気さくでお人好し、情にもろいところがある。それはおそらく、水に由来するのではなかろうか。市内に何カ所もの湧水《ゆうすい》地がある熊本市は、「水の都」とも呼ばれる。水がとてもおいしいのだ。実際、熊本市では、上水道に使う水のすべてを地下水でまかなっているという。これは、人口が六十万人を超える都市ではめずらしい。

そのため、熊本市の水はミネラルなどがほどよく溶け込んでいて、味もまろやかである。熊本県全体をみても、環境省の「名水百選」に四カ所（菊池水源・轟《とどろき》水源・池山水源・白川水源）が名前を連ねており、四十七都道府県ではいちばん多い。水がおいしければ米が、酒が、そして食べ物もおいしい。そうしたものが常日ごろから体に入っていれば、自然と素直な気質がはぐくまれそうである。

頑固一徹な「もっこす」と新しいもの好きな「わさもん」

その熊本人男性の気質を表現する言葉としてかならず持ち出されるのが「もっこす」である。ひとことで説明すると、頑固で意地っ張りということだろうか。九州では昔から「槍は柳川、剣術ァ久留米、意地は熊本、気は薩摩」といわれる。人のいうことに簡単に左右されず、自分の意見を押し通そうとするわけだが、それが高じると「肥後の議論倒れ」ということになる。

だが、この「もっこす」というのは、地元でもそうそうたくさんいるわけではないらしい。むしろ、それくらいの頑固さを持って生きることができればいいという、一種のあこがれのようなものかもしれない。それより熊本人の気質に共通しているのは、熊本弁でいう「わさもん」である。こちらは「新しいもの好き」という意味で、この地のロケーションが大きく影響しているように思える。

北は陸路で博多とつながり、西は島原湾で、その向こうには長崎がある。南に八代湾（不知火《しらぬい》海）を下れば、東シナ海を経て琉球まで海路で行ける。有明海沿岸の高瀬（熊本市の北西・菊池川の河口）、川尻《かわしり》（市内を流れる加勢《かせ》川に面した水運拠点）といった港では大坂方面との交易が盛んにおこなわれていた（十六世紀には海外との貿易も）。そのため、新しいものを抵抗感なく受け入れる気質がはぐくまれていった。

清正の熊本城築城を軸にすえたまちづくりも、もとをたどれば尾張名古屋流の堅実主義（この場合は、それに加え卓越した土木技術）という、それまでの熊本人が知らなかったものの考え方を抵抗なく受け入れた結果である。さらに、細川氏の初代藩主・忠利が造営した水前寺成趣園にしても、遊びということに価値を見いだしているからで、いずれも、熊本人のロマンティシズム、心の広さがあってこそのことだろう。

それ故、頑固一徹な「もっこす」も手放しで受け入れるし、一方で神風連《じんぷうれん》の乱（明治維新政府に対する旧士族の反乱）のような無謀な計画に加わることもする。あるいは、多くのジャーナリストを輩出しているのも、そうしたロマンティシズムが後押ししているのかもしれない。

それでいて、何かをかたくなに守り通すことにそれほどこだわりは持たないところもある。実利より、理想の実現に向けて、正確にいうならその一端でも、自分がかかわることで気持ちが満たされるのだろう。日本における赤十字活動発祥の地は熊本市だが（西南戦争で負傷した兵士の治療にあたった博愛社がその前身）、それも、熊本人の心の広さなくしては考えにくい。

明治維新から三年後、熊本には陸軍の鎮西鎮台《ちんぜいちんだい》（後に熊本鎮台に改称→第六師団）が置かれた。街の真ん中に基地があるのだから、それがかもし出す独特の雰囲気が街全体を覆うのはしかたあるまい。それが生来の頑固さや生真面目さをさらに助長していったのも想像に難くない。

加藤清正はいまでも熊本人から「清正公《せいしょこ》さん」と呼ばれ、親しまれているという（実際、清正が熊本の出身だと思っている他県人も少なくない）。勤勉を尊び、遊びにかけるお金を節約しようとする気風はそのせいかもしれない。実際、「娯楽サービス関連消費（二〇〇二～〇四年の平均）」を見ると、熊本市は長崎市に次いで九州の主要都市では下から二番目である。だが、それも豊かな経済力、教養に裏打ちされてのことで、その分、自信を持っているということだろう。そのせいか、「冠婚葬祭関係費（同）」となると、九州の都市では断トツの最下位。それで浮かせた分を貯蓄にまわしているのかもしれない。

繁華街は、熊本城の近くにある上通りと下通り周辺に集中している。すべて高いアーケードに覆われていて、周辺には高層ビルが見当たらない。だが、逆にそれが温かい人間味を感じさせてくれる。路面電車がのどかに走っているのも、そうしたイメージを与えるのにひと役買っているかもしれない。

旧城下町になぜか共通するプライドの高さは熊本人も変わらないが、それでも名物の馬刺（これも清正が持ち込んだそうな）を口にすれば、気分は清正の時代に戻ってしまいそうだ。馬刺にはやはり焼酎が合う。その後は、きりっとしたバーテンダーのいるバーでさっぱりした味わいのカクテルを一杯。そうしたバーがけっこう多いのも、旧城下町ならではである。

34 鹿児島市

この異郷の地から再び真の国際人を生んでほしい

焼酎の飲酒量は全国第二位

何度訪れても変わらない「日本とは違う国」という印象

シュロの木々や噴煙を上げる桜島など、目に見える部分もたぶんに影響しているのだろうが、鹿児島市（県も）はやはり、異郷の地である。異郷というより、ズバリ「外国」と書いたほうがわかりやすいかもしれない。

以前から、山口（長州）、高知（土佐）、佐賀・長崎（肥前）、そして鹿児島（薩摩）の五県（四カ国）は、日本のなかでも〝端っこ〟にあるがために、そうでない地域とはまったく異質の風土・気質があると感じていた。最初のうち、それは一過性のものかと思ったが、実際にはそうではない。なかでも鹿児島は、何度行っても、ここはやはり違う国だという印象が変わらないのだ。

ＪＲの駅（以前の西鹿児島、現在は鹿児島中央）に着いても、市街地からはかなり北の台地上にある空港に降り立っても、まず受けるのはそうした印象で、街中に入ると、それがさらに強まっていく。こちらの気持ちを「（はるばる）外国に来た」というふうに変えていくのだ。

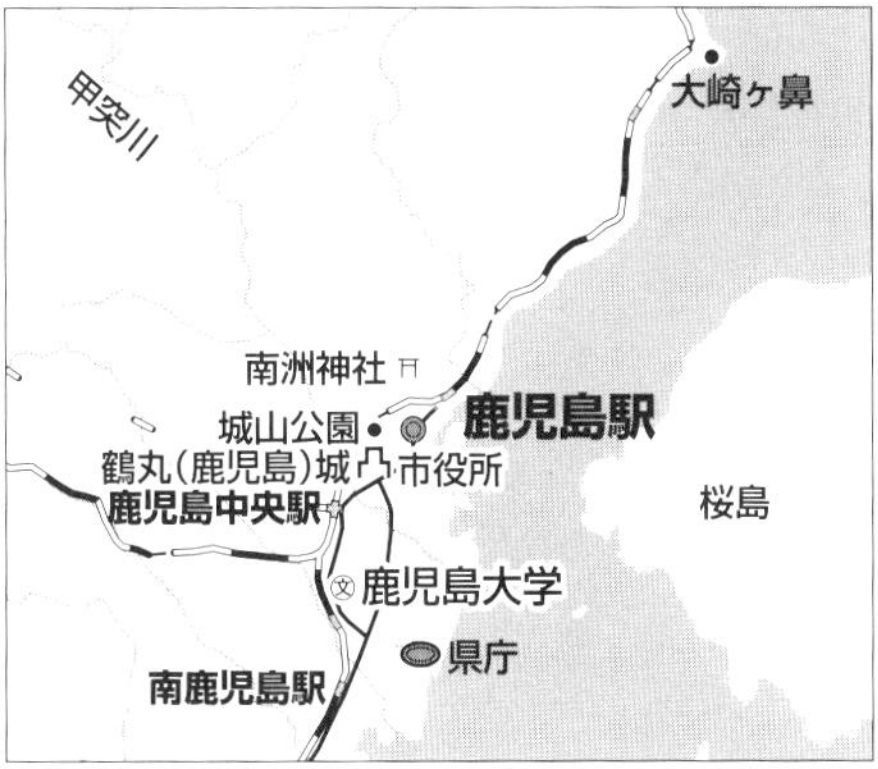

行ってみたい度……………………………★★★★
住んでみたい度……………………………★★★
刺激度……………………………………★★★
いやされ度………………………………★★★
ガックリ度………………………………★

ただ単に、場所が九州の端だからとか、方言がきついからとか、日本酒の蔵元がひとつもないからとかといったことではなさそうである。もともとが、「隼人《はやと》」と呼ばれる、大和朝廷からすれば異民族だったからなのか。それとも、この地を、かれこれ八百年間にわたって治めていた特異な大名・島津氏を頂点とする体制がそうさせたのだろうか。

島津氏というのは、数ある日本の大名家のなかでもきわめてまれなのだが、一つの地域にとてつもなく長い間とどまっていたことで知られる。その発祥は現在の宮崎県都城《みやこのじょう》市あたりといわれている。歴史にその名前が登場するのは初代・島津忠久からで、時期的には、鎌倉時代の初めとほぼ重なる（そもそも、忠久自身、源頼朝の落とし子ともいわれている）。そこから数えても、明治維新まで六百七、八十年。なるほど、その間、ほかの大名が薩摩・大隅《おおすみ》の両国（鹿児島県）と日向《ひゅうが》国（宮崎県）にまたがる地域を牛耳ったことはただの一度もないのだから、その影響は想像以上に強そうだ。

薩摩藩は、人口のおよそ四分の一が士分だったという。他藩では五～六パーセントが普通だったから、異常な多さである。ただ、ほとんどの武士は経済的に困窮し、藩からあてがわれる扶持《ふち》だけでは、とてもではないが暮らしていけなかったようだ。

そもそも、薩摩藩全体が非常に貧しかった。土地のほとんどはシラス（桜島の噴火による堆積物）に覆われ、とてもではないが米の生産などおぼつかない。サツマイモはその代用品でしかなかったわけで、日本酒の蔵元がないのは当然のことなのだ。そうした生活環境にあったから、なんとかして貧困から脱したいとの思いはひときわ強かったにちがいない。明治維新後、東京をはじめ他地域に出ていった鹿児島出身者のほとんどは、それっきり地元に戻らなかったそうだが、それもむべなるかなという気がする。

たしかに、いまでも鹿児島県の一人あたり県民所得は沖縄県、青森県に次いで低く、全国で四十五位にとどまっている。また、高齢者単身世帯の割合も四十七都道府県で最高である。ここにも、子どもたちが生家を出たきり戻ってきていないことが如実《によじつ》に示されている。

だがそのわりには、天文館《てんもんかん》という、九州では福岡の中洲、天神に次いで大規模な繁華街には多くの商業施設があるし、夜のにぎわいも相当なものがある。県民所得が四十五位の県庁所在地だとはとても思えない。鹿児島県より県民所得が高い県の県都でも、〝繁華街〟の名が泣くようなさびれた繁華街しかないところが多いくらいである。

ウジウジと考えない「ぼっけもん」

『薩摩見聞記』という明治期の書物に、鹿児島人の気質について、「土着の人は概して質朴正直なり。言語動作差《さ》して取り飾り上手等なく、軽操浮薄《ふはく》、譎詐《けつさ》、変幻、巧《たく》みに人を欺《あざむ》き、人を陥《おとしいれ》る等の事は甚《はなは》だ稀《まれ》なり」とある。要は、純朴で実直、誠実なのである。

もともとが海洋民族であったにちがいない鹿児島人は、毎日、海という大自然を相手に暮らしていた。陸地に根づいて営々と農作業にたずさわる農耕民族とはおよそ出自を異《こと》にしているのである。海にいれば、ウジウジと考えているヒマなどない。瞬時の判断、瞬時の行動がみずからの命を守ることにつながるわけだから、そうした気質がはぐくまれるのは必然だろう。

この地では昔から「ぼっけもん」といって、豪胆な気風の男性が好まれた。あれこれ理屈をこねるのではなく、黙って行動する、飲むべき酒は飲むといったイメージだろうか。それが真の薩摩隼人だというわけだ。逆にいえば、それから遠い男性ほど、さげすまれることになる。

関ヶ原の合戦で、西軍についたために敗走を余儀なくされた島津義久率いる薩摩の兵士が、わずか千数百人ほどの軍勢で正面突破を図り、東軍のまっただ中を駆け抜けていった（島津の退け口）のはいまでも語り継がれている。これも、瞬時の判断力のなせる業《わざ》といえる。理屈としては誤っていても、相手の意表をつき、しかもそれに気合・精神力が加われば不可能なことはないという、薩摩隼人的なものの考え方があってのことだろう。

そうした、ある意味で毅然とした気質がなければ、気候は年間を通じて温暖なものの、年がら年中桜島から噴き出してくる火山灰によるモヤモヤを吹っ切ることなど、できないのかもしれない。実際、桜島の降灰量はハンパでないらしく、季節や場所によっても差はあるようだが、年間で一平方メートルあたり数十～数百グラム（多い年は千グラムを超えることも）に達する。そのため、たとえ快晴であっても、この地の女性は傘やスカーフ、コートを手放さないともいう。

また、だからこそ、屋外を歩きまわるより、屋根のついた場所にいようとするのだろう。鹿児島市内のパチンコ店をのぞいてみると、驚くことに、平日の昼ひなかから席がびっしり埋まっている。主婦やお年寄りだけでなく、働き盛りの年齢の男性もけっこう目につくのだ。鹿児島県は全国でも唯一の公営ギャンブルがない県だから、それもやむを得なさそうである（ここ数年、人口十万人あたりのパチンコ店舗数・台数とも、栃木県と一、二を争うほど上位にある）。

ただ、土曜・日曜ならそれも理解できなくはないが、平日の昼間となるといささか心配になる。実際、鹿児島県の自己破産件数は全国第四位である。これでは、いくらふだん節約につとめたとしても（一世帯あたり使用電力量は最下位）、まったく意味をなさないではないか。

夜は夜で、飲食店にいる客の多いことに驚く。たしかに、鹿児島人の飲みっぷりは相当のものがある。飲むのはもちろん焼酎（それも県内産のもの）で、一世帯あたり年間飲酒量が宮崎市に次いで全国第二位となっている。このあたり、ともどもに維新回天の推進力となった高知市とよく似ているのもおもしろい。

海洋民族の気質が骨抜きに？

高知人は酒を飲み交わしながら議論をすることを好む。ときには議論のために酒を飲むこともあるほどだ。だが、鹿児島人はそうではない。「議を言うな」という言葉があるように、そうしたことはむしろ嫌うのである。それより態度で示せということなのだろう。

同じように、地勢的には海に向けて開いている高知、鹿児島の両市だが、気質となると、それくらい大きな違いがある。それはサービス精神の差にもあらわれているように思える。高知市も、目立った産業がないから、観光に頼るところ大である。人口規模では高知市のほぼ倍近くある鹿児島市もそれは同じで、観光には大変な力を入れている。実際、一年間の県内を訪れる観光客の数は九百万人（高知県は約五百万人）というから、かなりの数である。

そのせいか鹿児島市観光課の公式ホームページは内容が非常に充実している。言語も、日本語だけでなく、中国語（繁体字と簡体字）、ハングル、そして英語と、四カ国語バージョンがある。しかも、おすすめモデルコースや交通のご案内など、こと細かに示されていて、使い勝手もいい。高知市の場合は外郭団体にまかせてしまっているせいもあるのだろうが、いまひとつである。

もっとも、鹿児島は「東洋のナポリ」という異名もあり、市内には名所旧跡、博物館・美術館、庭園など、観光スポットも多い。島津家の別邸だった仙巌園《せんがんえん》やそれに隣接する尚古集成館《しょうこしゅうせいかん》など、出色である。また、郷土の英雄・西郷隆盛に関連するものは特別扱いされているほど多く、鹿児島人がいかに深く西郷隆盛を崇敬《すうけい》しているかがよくわかる。

ただ、これも考えようで、高知人はいまだ海洋民族の気質を保ちつづけているのかもしれない。逆に、鹿児島人はそうした部分をすっかり骨抜きにされ、地べたに張りついて生きていこうという考え方に変わってしまったともいえる。

「まけるな、ウソをつくな、弱い者をいじめるな」の合言葉

たしかに鹿児島は、早い時期から外国との接点があった。日本が奈良時代から国として正式に中国などと交流をするようになったとき、そのルートの一つとして、鹿児島県域と大陸とを結ぶ航路が選ばれている。明朝期の史書『武備誌』に「三津」といって、わが国の国際的な港としてあげられていたのは、唐僧・鑑真が上陸した薩摩の坊津《ぼうのつ》、筑前の博多津、伊勢の安濃津《あのつ》（三重県津市）である。国際的な感覚・発想スタイルがかなり早い時期から植えつけられていたのではないかと想像するのはけっしてむずかしくないだろう。

十六世紀半ばには、かのフランシスコ・ザビエルも鹿児島にやってきている。ザビエルは十カ月ほど鹿児島にいたが、帰国する際に、薩摩の青年を一人、留学のため同行させるほど、この地が気に入ったようである。それは、古来身についていたと思われる鹿児島の人たちの国際感覚に、自分と共通するものを見いだしたからではなかろうか。

また、薩摩藩は幕末のころ、藩をあげて欧米列強に学ぼうと、若者を欧米に留学させている。名君のほまれ高い十一代藩主・斉彬《なりあきら》は藩の近代化に力を注ぎ、集成館機械工場をつくり、当時

としては驚くべきスピードで工業を興すことに成功した。一八六七（慶應三）年のパリ万国博覧会には薩摩「国」として、江戸幕府に内緒で醤油、薩摩焼を出品したこと（肥前佐賀藩も出展）も忘れてはならない。余談だが、英語で醤油のことを〝soy〟というが、それは薩摩弁で「ソイ」というからだとの説もある。

いずれにしても、斉彬がいなければ、西郷隆盛も大久保利通も取り立てられなかっただろうし、そうなれば明治維新のタイミングも変わっていたかもしれない。幕府のにらみが利かなくなっていた幕末近くとはいえ、一藩でありながらそうしたことができたのは、薩摩藩が幕府の支配下にあったようでいて、江戸時代を通じ独自の藩政をおこなっていたからである。また、他藩の者が自由に出入りできないように厳重な関所を設け、実質的な鎖国を実施していたこともある。全国津々浦々に広まっていた浄土真宗の信仰を禁じたのも薩摩藩だけである。

もう一つは、那覇市の項にも記したが、中国や東南アジア諸国との交易で利益をあげていた琉球を実質的な属国にしていたため、薩摩藩はほかの藩には及びもつかない経済力を確保できていたからだ。そればかりか、半ば藩公認で中国や朝鮮との密貿易に手を染めていたふしもある。

また、奄美群島で栽培していた黒糖を専売化することで得ていた利益も大きい。樟脳《しょうのう》、タバコ、サツマイモ、薩摩焼などの特産品、また金やスズといった鉱山の開発も藩の経済をうるおすのに貢献したはずである。そうした経済力の裏づけがあったればこそ、八代藩主・重豪《しげひで》や斉彬も、藩の近代化に力を注ぐことができた。薩摩藩は「藩」とはいえ、実質的には独立国も同然だったのだ。江戸時代にあっては非常にユニークな存在だったといえる。

当然のことながら、鹿児島人の郷土に対する愛情は強い。市内に「維新ふるさと館」という施設があるのだが、ここでは、薩摩藩がいかにひいでていたかを、手を替え品を替えしながらアピールしている。建物を出たときはだれもがすっかり志士気分というわけだ。

そこで、とくに強調されているのは、薩摩藩独特の「郷中教育《ごじゅう》」である。薩摩藩にはいわゆる寺子屋がほとんどなかった。その代役を果たしていたのが郷中で、これは十七世紀初期から始まったといわれる教育のシステムである。

地域単位で藩士の子弟を集め、年齢によって二才《にせ》（十代半ば～二十代半ば）と稚児《ちご》（六、七歳～十代半ば）という二つのグループに分けたうえで、二才が稚児を教育する形をとっていた。「まけるな、ウソをつくな、弱い者をいじめるな」を合言葉に、四書五経を学び、示現《じげん》流剣術や相撲を習い、心身を鍛えたのである。もちろん、いまとなってはそうした伝統も、すっかり失われてしまっている。だからこそ行政サイド、あるいは地元の経済界などはそれをあやぶむ気持ちが強いのかもしれない。

それでも、意外といっては失礼だが、かつて黒田清輝、藤島武二、東郷青児、海老原喜之助《きのすけ》といった国際的にも著名な画家を多く生んでいる鹿児島市である。鹿児島市は歴史にその名を残している軍人（東郷平八郎、大山巌《いわお》など）の出身地であるだけではないのだ。閉塞感の強いいま、この地から真の国際感覚をもとにした社会変革をになう人物が出現するかもしれない。

プライド高い**佐賀市** 印象が薄い**大分市**
競争心に乏しい**宮崎市**

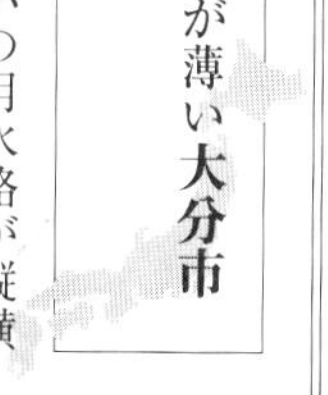

市内を多布施《たふせ》川の支流や大小の用水路が縦横に流れ、ロマンティシズムを感じさせる**佐賀市**。だが、いかんせん福岡（博多）と近すぎる（JR特急で博多駅まで一時間一〇分ほど）こともあって、佐賀県そのものの認知度が低い。その県都だから、立場は苦しい。

江戸時代は肥前藩の城下町で鍋島氏が藩主であった。城下町特有のプライドの高さもあって、宣伝下手というか、人に来てもらうということを潔しとしない気風がいまも見受けられる。県庁なのに、唐津市のほうがにぎやかだ。

人口四十六・三万人の**大分市**も、湯布院《ゆふいん》町や別府市など温泉地の名が広く知られているわりには、県名も市名も印象が薄い。だが、鎌倉時代以降は長らく大友氏の支配下にあり、なかでも戦国時代に登場したキリシタン大名・大友宗麟《そうりん》は東九州最初の商業地（当時は府内《ふない》といった）をつくり、医術、音楽、演劇などの西洋文化をいち早く取り入れた。山でへだてられていることもあり、九州各県より瀬戸内海をへだてた中国地方や大阪との交流が昔から深い。

宮崎市（人口三十六・九万人）の人々は、九州では福岡からもっとも遠い（JR特急で六時間、バスで四時間一五分ほどかかる）せいか、また気候があまりにも温暖なためか、競争心に乏しいところがある。宮崎市出身の有名人は、県庁所在地のなかでも極端に少ない。

だが、東国原《ひがしこくばる》英夫が県知事に就任後、全国的な注目度が高まっている。ソフトの組み立てを中心に、観光都市としての受け入れ態勢をじっくり見直す時機が来ているのではないか。

35 那覇市

「ナンクルナイサ」の言葉がそのまま当てはまる〝ゆるい〟風土

いまも「琉球（王国）」の首都

那覇市ははっきりいって〝外国〟である。青い目の人がたくさん歩いているわけではない。外車がそこかしこを走っているわけではない。横文字の看板があふれているわけでもない。

市内のメインストリート＝国際通りだけでなく、そこからちょっと外れた裏通りを歩いても、その印象は「ヤマト（本土）」とはかなり違う。もちろん、真冬でも太陽がさんさんと照っていること、そのために気温がかなり高いことを差し引いても、街並みは「ヤマト」とはまったく異なる様相を呈している。むしろ、国際通りで入口に「めし処」とか「居酒屋」などという暖簾《のれん》を下げている店を目にすると、違和感を抱くほどだ。だがこれは、那覇市が沖縄県の県都であるというから錯覚してしまうのであって、ハワイのホノルルとも、台湾の台北とも、はたまたベトナムのホーチミンなどとも違う、ここはいまでも「琉球（王国）」の首都なのだ。

ただ、琉球が東アジア、東南アジアという国際社会のなかに数百年も身をさらしていたことを考えれば、それはいささかも不思議なことではない。歴史に記録されているだけでも、十五世紀から明（その後の清も）、朝鮮、安南（ベトナム）、ルソン（フィリピン）、シャム（タイ）、マラッカ（マレーシア）、インドネシアなどを相手に、「琉球」という国として交易を続けてきたわけだから、「ヤマト」とはおよそ年季が違う。琉球王朝の首都が置かれていたのは正確には首里《しゅり》（那覇市内）だが、その港があったのがいまの那覇である。その活況は、当時、日本における海外への窓口であった長崎や博多、堺と比べても遜色《そんしょく》がなかったようだ。

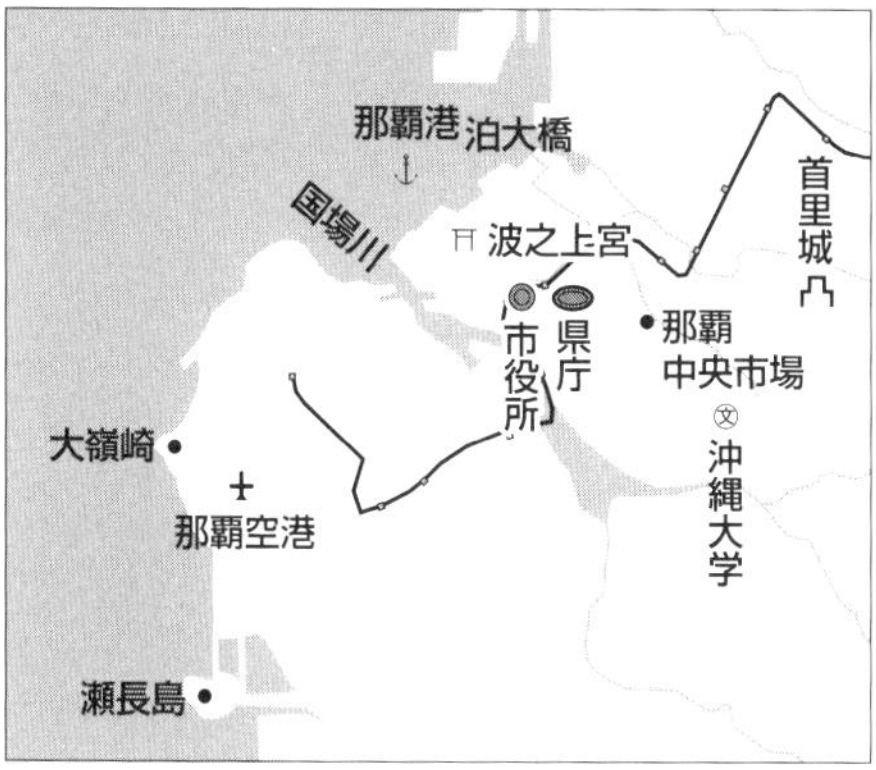

行ってみたい度	★★★★★
住んでみたい度	★★★★★
刺激度	★★★★
いやされ度	★★★★
ガックリ度	★

とくに中国＝明は、歴代王朝のなかでもすべての面で世界最先端を行っていた国である。琉球とのつながりは、周辺諸国のなかでいちばん深いといってよく、琉球の社会もほぼ同様のレベルにあったにちがいない。世界遺産にもなっている琉球の王宮＝首里城の復元された姿を見ると、それがつくづく実感できるし、その豊かさは並大抵のものではなかったことが想像できるだろう。

十七世紀に入り、薩摩藩の侵略を受けるまでそれは続く。ただ、薩摩藩の支配下に入ってからも、中央＝江戸幕府の直接統治は受けなかった。薩摩藩にしても、ここで得られる富をむざむざ江戸に吸い取られないようにさまざま工夫を凝らしていたようだから、琉球としての独自性は、明治に入って「沖縄県」が生まれるまでずっと保たれたのだ。

その琉球を「沖縄県」として、他の県と同じ扱いにしてしまったのが、いわゆる「琉球処分」（一八七九年）である。以来、琉球の名前は表面的には消え、復活したのは第二次世界大戦後、アメリカ軍が駐留するようになってからである。最初は軍政が敷かれたが、一九五二（昭和二十七）年から民政（琉球政府）に切り替わり、一九七二（昭和四十七）年の日本復帰まで、アメリカの統治下で本土とはまったく異なる政治がおこなわれていた。通貨はドルだし、切手も日本とは違う。日本から行くときにはパスポートが必要であった。

そうしたなごりはいまでもあり、那覇空港や市内にはデューティーフリー（免税）の店がある（もっとも、市内の免税店は二〇〇二年、沖縄振興特別措置法の改正により設けられたもの）。沖縄にはもともと観光戻税（関税と消費税が免除される）の制度があったが、現在でも、県外に出る人は、航空券を提示すれば免税価格（市価より一〇～三〇パーセント安い）で買えるのだ。

また、人々の顔つきも「ヤマト」人とは少々違う。沖縄など南西諸島に共通する、背が低くて、彫りが深く浅黒い肌、太くて黒々とした眉毛、大きな目といった特徴を持った人がやはり多い。もちろん、そうした人々が海を渡って九州や四国、あるいは紀伊半島などに流れ着いているから、「ヤマト」人にも彼らの遺伝子は入っている。逆に、室町時代には倭寇《わこう》と呼ばれる海賊が沖縄、さらには宮古諸島、八重山《やえやま》群島などにまで進出、そこここに拠点を置いて活動していた。そうしたなかで混血も起こっているから、モンゴロイドとアングロサクソンほどの差はない。

言葉ももともと琉球語（というか、日本語の原型との説もある）だから、「ヤマト」言葉とは相当のへだたりがある（母音がアイウの三つしかない）。いまも残る純粋の琉球語を耳にすると、その地理的位置からも推測できるが、中国語と日本語が入り混じったような印象を受ける。

ここ数年、増えつづける人口

沖縄県は日本では唯一、全域が亜熱帯（熱帯と温帯の中間にあって、一年のほぼ半分以上は熱帯に近い気候で、最寒月の平均気温は十八度未満だが、それほど寒くはならない）に属している県だ。しかも、太平洋と東シナ海に囲まれている。

一年を通じて温暖だから、明るくて人なつっこく、おおらかでやさしい人たちが多い。基本的に、意地悪な人はいないはずである。暖かいということと、策略をめぐらせたり人をおとしいれたりすることはそもそもなじまない。琉球は小さな島々の集まりであるが、「ヤマト」のように鎖国を経験していないから、島国根性的なものもはぐくまれなかったのだろう。

日本の西南部には「○○時間」といって、約束の時間に五分、一〇分遅れるのは当たり前という習慣があるようだが、沖縄時間となるともうケタ違いで、三、四〇分遅れは当たり前、へたをすると一時間などということもあると聞いた。それでも昔に比べたらよくなったという。沖縄が日本に返還される前のこと、那覇市の市民憲章に「私たちは時間を守りましょう」という一項があったというから、よほどだったにちがいない。

熱帯ほどではないにしろ、年間平均気温が二十三度前後、夏ともなると三〇度代後半の日がずっと続く（三月から十一月までの間は夏物の衣服をタンスにしまえないと、現地の人は話す）とあれば、勤労意欲がなかなか湧いてこないのも理解できる。失業率は全国一だし、一人あたり県民所得も四十七位と最下位である。

といって、すさんだ雰囲気がただよっているのかといえば、けっしてそんなことはない。どこかあっけらかんとしているというか、「人間、なるようにしかならない」という達観した意識が社会全体を覆っているような気がする。だから、那覇―沖縄ではあくせくするのはかえってばかばかしい気さえするのだ。スペインやメキシコのように「アスタ・マニャーナ（「また明日ね」という意味だが、それが転じて「明日できることは、今日やらない」という考え方を指す）にきわめて近い感覚で毎日を生きている人が多いのではないか。実際、「ナンクルナイサ（なんとかなるさ）」という言葉が〝沖縄の代名詞〟だという人もいる。

そういう空気を、とくに東京など大都会から沖縄を訪れた人はすぐに感じ取るのだろう。ここで暮らせばストレスも感じないのではないかとの期待が頭をもたげてくる。「県庁所在地別魅力度ランキング」（ブランド総合研究所）で那覇市が全国で第五位にランクされているのも、そうしたことが背景にありそうだ。

実際、近年、沖縄県にはそうした都会人が数多く移住しはじめており、那覇市の人口はここ数年、増えつづけている。これは地方都市としてはまれな現象である。ただ、那覇市内は土地価格や家賃が高い（九州・沖縄地方では、福岡市に次ぐ）から、いきおい住むのは郊外になるし、より多くの自然が残っている離島に居を定める人も少なくない。

こうしてみると、ビジネスにはあまり向かなそうだが、リタイア後の暮らしを営むにはまったく支障なさそうである。食べ物も、図ったうえでのことではないだろうが、健康志向が強い。スポーツも盛んである。ホノルルとの姉妹都市提携二十五年を記念し一九八五（昭和六十）年にスタートしたNAHAマラソンには、なんと二万人以上が参加するという。

ひと口に二万人というが、沖縄県の人口は百三十二万人（那覇市は三十一・六万人）である。二〇〇七（平成十九）年二月、鳴り物入りでおこなわれた東京マラソンの参加者数でさえ三万人余だった。東京の人口が千二百六十六万人であることを考えると、沖縄のランナーの異常な多さがわかる。単にマラソンが好きというより、仕事で大きく儲けようとか会社で出世しようという気持ちが薄く、それよりプライベートで楽しみを見いだそうとする人が多いのだろう。

司馬遼太郎も「沖縄では、商業は下司《げす》のやることか、すくなくとも生業《なりわい》として賤《いや》しいものだとする伝統的な考え方――とまでゆかなくても感覚――が、まだどこかに残っている」「商売や商人ということに根源的な疑問をもつ素地が沖縄にはあるというのが、沖縄の凄味《すごみ》の一つといっていい」と記している。金儲け＝仕事を第一義にして生きていくことが肌に合わないのである。

これは亜熱帯、熱帯エリアに属する地域に共通するもので、沖縄だけが特別というわけではない。だから、何かにつけアバウトな考え方が前面に出てくる。琉球の言葉でそれを「テーゲー」という。漢字にすると「大概」だが、要は、細かなことを気にせず、おおらかに（言い換えれば、「いい加減に」）かまえましょうということだ。鹿児島にも同じことを意味する「てげ」という言葉があるが、おそらく琉球の影響だろう。

死亡記事がびっしりの地元紙

ただ、こうしたテーゲー主義が悪く出る場合もある。たとえば沖縄県は、死亡交通事故に占める飲酒運転の比率が二二パーセントと、全国で最高だった（二〇〇六年）。たしかに、飲食店の多さ（人口十万人あたりで見ると東京に次いで第二位）や、酒類（とくに焼酎類）の消費量の多さ、それと通勤に車を使う人の割合が全国一であることを合わせて考えると、それもむべなるかなという気はするのだが、これはやはり自慢できることではない。

死亡といえば、那覇を訪れたとき驚いたことがある。地元の新聞（沖縄の場合、琉球新報と沖縄タイムス）のページを繰っていて目を丸くしたのは、死亡広告記事が異様に多いことであった。しかも、一つひとつのスペースが大きいのだ。

東京など首都圏で全国紙だけを読んでいると気づかないが、ほとんどの地方では、地元紙に死亡広告が数多く掲載されている。だが沖縄の場合、その内容が「ヤマト」とかなり違う。東京あたりの感覚だと、死亡広告が出ているのは有名人、文化人、大企業の経営者などにかぎられる。ところが沖縄では、隣のおじいさん、裏通りに住むおばあさんといった人たちなのである（もっとも、これは「ヤマト」でも、地方は同様）。

だが、死亡に至った経緯（病名や、場合によっては不慮の事故によってなどとも）がやたら詳しく書かれているし、普通なら喪主と友人代表くらいしか名前が出ていないのに、親族がほぼ全員名前を連ね、その一人ひとりに、「在大阪市」とか「在鹿児島市」とか記されている。なかには「在米国ロサンゼルス市」などという人までいるとなると、「ヤマト」との違いは歴然だ。

こうした死亡広告が新聞の一面まるまる、場合によっては見開き（二面）で、上から下までびっしり出ているのだ。求人広告のスペースなど足もとにも及ばない。そして、これも不思議に思ったのだが、告別式の時間が午後三時から五時といった、遅い時間に設定されている。そのくらいの時間に始めるようにしておけば、「知らなかった」「聞いていなかった」ということも防げるからという配慮だそうである。

人の死を弔うことが、日常生活の中でいかに大きな意味を持っているかを示すものだろう。というより、那覇にかぎらず沖縄の人は先祖を非常に大切にする。それはお墓の立派さを見ればすぐわかるだろう。

市内にある識名園《しきなえん》という琉球王家の別邸の周辺は沖縄最大の墓地エリアになっているが、そこにあるお墓といったら、びっくりするほどの大きさである。敷地が八畳から十畳くらいの広さで、そこに高さ二メートル近くの墓石、というより小さな一軒家あるいは塔のようなものが建てられている。もちろん、首里城近くにある玉陵《たまうどぅん》＝王家のお墓とは比べるべくもないが、それにしても、なぜ、これほど立派なお墓を？　と誰もが思うにちがいない。

沖縄はつい半世紀ほど前まで、火葬ではなかった。そのため、死者を棺《ひつぎ》に入れ、お墓の中にそのまま納め、数年を経たのちに洗骨してから骨壷に入れていたのだそうである。だとすれば、お墓が大きくなるのも理解できる。同じ年の間に複数の者が亡くなることもあろうから、そのとき納められないというわけにはいくまい。

タクシーの多さは「ナンギー」から

那覇市には意外と坂道が多い。沖縄本島全体として山らしい山はまったくないのだが、那覇市もそれは同じで、首里城が建っている丘がいちばん標高が高い（約一三五メートル）。それでも、あちこちに丘と呼ぶほどでもない起伏があり、それが坂を多くしているのである。そのせいだろう、街中では自転車をまず見かけない。もっとも、那覇市の暑さを考えれば、およそ自転車で走ろうなどという気持ちにはなれまい。

逆に、タクシーの多さには驚く。しかも、初乗り運賃が四百五十円（二〇〇七年三月現在）だから、だれもが気楽にタクシーに乗る。実際、人口十万人あたりのタクシーの事業所数は東京に次いで全国第二位である。人々の感覚としてはバスと並ぶ公共交通機関なのだ。だから、二〇〇三（平成十五）年、那覇空港から首里までモノレールが開通してからしばらくの間、那覇市内の交通事情はかなり変わったようである。

それでも、沖縄人特有の「ナンギー（面倒くさい）」という思いはそうは簡単に変わらないから、結局は元のもくあみというか、相変わらずタクシーの需要は大きい。モノレールの駅まで歩くとか、途中駅で降りてバスに乗り換えるなどということも「ナンギー」に感じてしまうのだろう。

そういう那覇をはじめ、沖縄の人が沖縄から出たがらないのは理解できる。東北や北関東、信越地方の人たちはいとも簡単に地元を離れ、東京・首都圏に出て行こうとする。そして、そこそこ頑張ることで、地歩《ちほ》を築いてしまう。それにより地元の人口は減っていく。だが、沖縄の人はたとえ一度地元を離れても、その息苦しさに耐えられないのか、たいてい戻ってきてしまう。地元に戻ってテーゲーな生き方をしたほうが心地よいと判断するのである。

四十七都道府県のなかで、「県人であるという気持ちを持つ」人の割合が沖縄県は八六・〇パーセントだが、これは全国平均（六八・七パーセント）をはるかに上まわり、断トツの第一位であった。「土地の人情が好き」（八五・四パーセント）も全国平均（六〇・六パーセント）を大きく超える第一位。そして、「県の政治に関心がある」人の割合もトップである。愛国心（正しくは愛郷心）に関しては、日本でいちばん強い県といってさしつかえなさそうである。那覇市は都会だから、そうした感情も多少は薄くなっているだろうが、それでも「ヤマト」の諸都市と比べれば、まだまだ強いにちがいない。

編集協力・本文 DTP ＝アイランズ

編集協力＝ 円水社

地図＝作成 / アイランズ

日本全国　都市の通信簿——主要35都市を採点する

2007年7月2日　第1刷発行

著　者　岩中祥史
装丁者　稲田雅之
発行者　木谷東男
発行所　株式会社草思社
〒151-0051　東京都渋谷区千駄ヶ谷2-33-8
電話　営業03（3470）6565　編集03（3470）6566
振替　00170-9-23552
印　刷　株式会社精興社
製　本　株式会社坂田製本

ISBN978-4-7942-1600-7

Printed in Japan